文部科学省の解剖

青木栄一 編著

東信堂

はじめに

　日本の文部科学省（以下、文科省）が揺れている。読者の皆さんもご承知の通り、この数年、天下り問題を契機として、文科省は一連のスキャンダルや官邸との関係をめぐる問題に直面してきた。一つの問題が沈静化したと思えばまた次の問題が火を噴いてしまう。この繰り返しで文科省はさながらサンドバック状態だった。これに対して文科省も手をこまねいているわけではない。2018年10月30日には文部科学省創生実行本部が大臣の下設置され、大臣を本部長として省内幹部と有識者による議論が開始された。省内若手が立ち上げた「文部科学省未来検討タスクフォース」からは同年12月25日に職員の内省と自己研鑽、組織としての改革を実現するための方策が提案された。こうした問題が表面化するたびに毎日のように大量の報道がなされているが、その多くは安倍長期政権によって官邸から文科省への圧力が強まった結果だとか、文科省職員の脇が甘いからだとか、挙句の果てには文科省は三流官庁だからこんなことをするんだといった、政権批判、文科省バッシングに終始している。

　文科省について日々の報道で目にするものの、その本当の姿は一般の人々に知られていない。本書は行政学という社会科学の一分野の立場から文科省の実態を学術的に明らかにしようとする日本で初めての試みの成果の一端を収めたものである。

　ところで、中学や高校で学ぶ三権分立（立法、行政、司法）のうち、文科省は俗に「霞が関」といわれる行政組織としての中央省庁の一翼を担っている。中央省庁は日本最強のシンクタンクと呼ばれてきた。戦後復興、高度成長を支えてきた日本の成功物語の背景には常に中央省庁がいた。まもなく終わろうとしている平成時代の30年間、そして2000年紀、21世紀を迎えて以来およそ20年間のあいだに、日本の国際社会でのプレゼンスは著しく低下し、かつてほぼ上位独占状

態だった世界の大企業ランキング上位に残っているのはトヨタ自動車だけという状況となってしまった。インバウンドで外国旅行者が大量に日本を訪れているが、日本の魅力が海外にも理解されるようになったというよりは、古いけれどもインフラが整っていて、安全に観光ができて、物価が安く、かつての先進国というのが実際の理由だろう。こうした沈滞、鬱屈した気持ちになっているのは一般の国民だけではないだろう。政治家や行政官もそれぞれ最善を尽くそうとしているはずである。東京オリンピックや大阪万博の開催は再び経済成長を実現させて日本の威信を取り戻そうとしているかのようである。行政の世界でも急速に進展する少子高齢化に伴う社会保障費の激増の直撃を受けながらなんとか毎年の予算編成をやりくりしている。限られたパイをめぐって、地方自治体や関係団体は予算獲得に躍起になる。それぞれが最善と思いながら行動している。

　それにもかかわらず政治への幻滅、行政への不信が深刻化している。私たちは学術界に身を置く研究者であり、その立場からこうした社会の閉塞感にまで思いを馳せながらこの4年間文科省を研究対象に研究を進めてきた。文科省は教育だけではなく、文化、スポーツ、科学技術という、たいへん担当の幅の広い組織である。これらの分野の発展は直接国益につながっていく。中国をはじめとして多くの国で教育政策、科学技術政策に力を入れている。その意味で文科省を三流官庁として揶揄するのは国益を損なうことになりかねない。ところが、日本に目を向けると状況は大きく異なる。

　文科省は誰もが名前を聞いたことがあり、また所管する教育は誰もが一度は経験したことがある分野である。それだけに文科省に対する社会の認識は誤解と思い込みに満ちている危険がある。たとえば、文科省の「役人」は現場を知らないからけしからんとか、ゆとり教育を進めようとしたのにすぐに学力重視に方針転換をしたのは無責任だとか、官邸に振り回される根性のない役所だといった批判である。

　もしかするとそうした誤解や思い込みが学術的解明の妨げにもなってきたのかもしれない。一例をあげてみよう。文科省は三流官庁という俗説がある。たしかに財務省や経済産業省など国家公務員試験上位合格者が好んで選ぶ省庁と文科省は違うかもしれない。しかし、学術的にみて文科省は果たして三流官庁といえる

のだろうか（第2章）。次に、文科省は学校教育を担当しており、地方自治体や学校にあれこれ口出ししているという批判がある。実際に幹部職員のサーベイから文科省がどのように地方自治体との仕事に従事しているかを明らかにする（第3章）。中央省庁の職員は入省した省庁でずっと仕事をするわけではない。官邸、他省庁、地方自治体、独立行政法人、海外機関など多様な組織とのあいだで人的交流を行っている。それでは文科省はこれらの組織に相手にされないほど評価の低いお役所なのだろうか（第4章）。官邸からの指示や要求に文科省が右往左往しているのはすでに人々が知るところになっている。しかし、官邸が強く、文科省が弱腰という単純な構図なのだろうか。官邸との人的交流に着目してその背景を探る（第5章）。文科省は文部省と科学技術庁（以下、科技庁）が統合して設置された組織である。しかし、人々にとって科技庁はなじみがないため、旧文部省の仕事に興味が寄せられ、統合後にどの程度融合したかがあまり問われない。執務空間の配置、具体的政策の展開、そして幹部職員人事からそれを明らかにする（第6章、第7章、第8章）。

　本書の目的は文科省の知られざる「実態」を読者にお伝えすることである。いわば「How」に関する情報提供である。また、そのような実態がなぜ生じるのかという疑問にも一定の回答を提供したい。これはいわゆる「Why」に関する議論である。このような考え方は実証的な行政学のオーソドックスなスタイルである。

　私たちはもともと行政なるもの（行政組織、行政と政治の関係、行政職員）に関心を寄せる研究者たちである。そのような私たちが文科省という共通の研究対象を分析するために時期を区切って全国から集まった。研究者の役割を慣用句で示せば「岡目八目」である。これは決して高みの見物を決め込むという無責任な立場を表明しているわけではない。むしろ、私たちは個々の出来事に対する短期的、情緒的な反応の積み重ねによって事態が悪化することを危惧している。学術的な用語法では「構造」とか「メカニズム」に注目することで、文科省の行動を解明していく。本書でこれから明らかにするように、文科省は自らが気づかない各種の構造的制約の下で最適解を見出そうとしている。その一つが先に紹介した若手チームの提言であろう。しかし、所与の構造の下での最適解を見出すことがまず重要であることは間違いないが、それと同時に、どのような構造の下で文科省が

行動しているかという現状認識を持つことも重要である。さらにいえば、その構造が文科省、教育、科学技術、そして日本の将来にとって不都合だとすれば、構造自体を改革していく必要もあると考えていくべきである。ともあれ、私たちは本書を学術的な知見をふまえた文科省への激励の書だと思っている。

本文中の用語法について説明しておく。「文部系」は文部省の時代から続いていると見なされる人事グループや役職のことを包括した呼称であり、「科技系」は科技庁の時代から続いていると見なされる人事グループや役職のことを包括した呼称である。

本書は独立行政法人日本学術振興会科学研究費補助金基盤研究（B）「中央省庁等改革後の教育・科学技術政策の変容—文部科学省の組織・人事分析からの解明」（課題番号 15H03306、研究代表者 青木栄一）の研究成果の一部である。本書の執筆者は筆者のほかこのプロジェクトのすべての研究分担者、連携研究者から構成されている。また、文科省幹部職員に対して実施したインタビュー形式のサーベイ結果を各章で活用した。この「教育・科学技術行政調査」をはじめ、私たちの研究にご協力いただいた文科省関係者の皆さんに心からお礼を申し上げたい。また、本書の社会的意義を認めて下さり、出版をお引き受けいただいた株式会社東信堂下田勝司社長にお礼を申し上げる。

本書を手に取っていただいた一般の読者の皆さんに行政組織としての文科省の実態を知っていただき、さらに文科省を行政の世界、政治や関係団体を含めたより広い世界という視点から構造的に理解していただけることが私たちにとって最上の喜びである。私たちはこれからも行政を学術研究の立場から解明していくつもりである。本書の刊行をきっかけとして、文科省、ひいては日本の官僚制に関する学術的研究や国民的な議論が深まることを願っている。

2019年1月

執筆者を代表して　青木栄一

目次／文部科学省の解剖

はじめに……………………………………………………………………………… i

第1章　官僚制研究に文部科学省を位置づける
　　　　　　　　　　　　　　　　　　　青木栄一　3

1　官僚サーベイの現代的意義──官僚制研究の文脈………………………… 4
2　三流官庁論の被害者としての文科省………………………………………… 6
3　サーベイの概要……………………………………………………………… 10
4　万能薬からの脱却…………………………………………………………… 14
5　サーベイとサーベイ以外の研究方法の複合……………………………… 15

第2章　サーベイにみる文部科学省官僚の認識と行動
　　　　　　　　　　　　　　　　　　　曽我謙悟　19

1　官僚たちの意識や行動を探るという営み………………………………… 20
2　サーベイの概要と実態把握の方法………………………………………… 22
3　社会や統治全般に関する意識……………………………………………… 23
4　政策決定過程における役割………………………………………………… 27
5　政策決定過程についての認識と行動……………………………………… 30
6　省庁と時期はどこまで認識と行動を説明するのか……………………… 35
　　1　省庁横断的な説明というもう一つの視角……35
　　2　省庁による違いと年による違いの析出……36
7　マルチレベル回帰分析による省庁横断的要因の解明…………………… 39
8　分析結果からわかることと今後の課題…………………………………… 47

第3章　文部科学省の格差是正志向と地方自治観

北村　亘　53

1　地方自治体に対する認識は？ ……………………………………………………… 54
2　理論的検討 ………………………………………………………………………… 55
　　1　「問い」の確認……55
　　2　先行研究……56
　　3　仮説……57
3　データから明らかになった文科省の地方自治観 ……………………………… 59
　　1　四つのタイプ……60
　　2　出身地、入省庁との関係……63
　　3　地方税財政への姿勢……65
　　4　地方自治体の仕事ぶりの評価及び将来の関係性の予測……66
　　5　接触頻度と接触の方向性……67
4　結 論 ……………………………………………………………………………… 69

第4章　組織間関係からみた文部科学省—「三流官庁」論・再考

伊藤正次　75

1　「三流官庁」としての文科省？ ………………………………………………… 76
2　「三流官庁」論の補強？—政策過程における文科省と財務省・経産省 ……… 77
　　1　教育振興基本計画の策定をめぐる文科省と財務省……78
　　2　もんじゅ廃炉の決定をめぐる文科省と経産省……80
　　3　政策過程における文科省……82
3　「三流官庁」論の棄却？—文科省と人事交流 ………………………………… 83
　　1　府省別人事と人事交流……83
　　2　文科省と府省間人事交流……85
　　3　文科省と国・地方間人事交流……89
　　4　文科省における民間人材の受入状況……91

4　考察と課題 ………………………………………………………………… 94

第 5 章　文部科学省と官邸権力
河合晃一　97

   1　文科省と官邸をめぐるクエスチョン ………………………………………… 98
   2　内閣官房の組織と役割 ……………………………………………………… 99
   3　文科省と内閣官房の関係 …………………………………………………… 103
      1　文科省から内閣官房への職員配置状況 —人事データによる分析……103
      2　文科省から官邸への接触状況—サーベイの結果からみる文科省の認識
         ……108
      3　小括……112
   4　政策共同体による政策形成過程の変容—文科省と農水省の事例比較 ……… 113
      1　理論枠組み……113
      2　小泉政権の連絡室参事官制度……118
      3　第一次自公政権期の政策過程……120
      4　第二次安倍政権期以降の変化……124
   5　結論と今後の展望 …………………………………………………………… 127

第 6 章　配置図からみる文部科学省統合の実相
手塚洋輔　135

   1　執務空間と組織内コミュニケーションの交錯 ……………………………… 136
      1　大部屋主義における組織統合……136
      2　本章の課題……136
      3　執務空間に関する資料……138
   2　フロア配置図からみる省庁統合 …………………………………………… 139

　　　　1　省庁再編と庁舎……139
　　　　2　第1期分離の時期（2001〜2004年）……140
　　　　3　第2期仮移転の時期（2004〜2008年）……142
　　　　4　第3期現庁舎の時期（2008年〜）……143
　　3　配席図からみる省庁統合（大臣官房の場合）……144
　　　　1　文部省と科技庁における官房……144
　　　　2　官房総務課……145
　　　　3　官房人事課……146
　　　　4　官房会計課……154
　　4　配席図からみる省庁統合（研究三局の場合）……161
　　　　1　研究三局の特徴……161
　　　　2　原課における分立の構造……162
　　　　3　筆頭課における分立の構造……163
　　5　仕切られた大部屋主義と統合の実相……164

第7章　旧科学技術庁の省庁再編後の行方
　　　　——「総合調整」から「司令塔」への進化？　　　村上裕一　167

　　1　サーベイ結果と本章の問い……168
　　　　1　サーベイ結果にみる科技庁の特徴……168
　　　　2　本章の問い……173
　　　　3　本章の構成……174
　　2　科技庁創設史概観……175
　　　　1　第1期—終戦〜講和条約……175
　　　　2　第2期—朝鮮戦争特需〜挫折……176
　　　　3　第3期—原子力予算成立〜創設……176
　　3　科技庁の「総合調整」機能……177
　　　　1　科技庁の権能をめぐって……178
　　　　2　「総合調整」の態様—地球環境研究などを例に……180

3　科学技術基本法……183
4　科学技術政策の「司令塔」機能……186
　　　1　目玉分野の「剥離」……186
　　　2　省庁再編……191
　　　3　「司令塔」機能の強化……193
5　考察—旧科技庁の省庁再編後の行方……196
　　　1　予算面……197
　　　2　人員面……200
　　　3　科技庁の得失……202
6　本章のまとめ・結論と今後の課題……204
　　　1　本章のまとめ……204
　　　2　本章の結論……205
　　　3　今後の課題……205

第8章　文部科学省設置後の幹部職員省内人事と地方出向人事の変容

　　　　　　　　　　　　　　　　　　　　青木栄一　209

1　人事の観点から官僚制を分析する意義……210
　　　1　なじみの薄い中央省庁の人事……210
　　　2　官僚制の人事研究……211
　　　3　中央省庁等改革後の統合省庁の人事慣行の構想……213
　　　4　出向人事……215
2　幹部職員人事からみる科技系のプレゼンス向上……216
　　　1　文科省の幹部ポスト……216
　　　2　官房幹部ポスト……216
　　　3　原局幹部ポスト……221
　　　4　科技系が得た統合の果実……222
3　地方出向人事からみる文部系ネットワークの変容……224
　　　1　出向人事の概要……224

2　文科省の地方自治体への出向人事……224
4　一つの家屋に同居する二つの家庭？………………………………228

英文要旨　　　　　　　　　　　　　　　　　　　　　　**237**

Chapter 1
Bringing MEXT in the Context of Bureaucracy Research
Eiichi AOKI（Tohoku University）…………………………………238

Chapter 2
How Do MEXT Bureaucrats Think and What Do They Do?:
Quantitative Analysis Based on a Survey of Questionnaires
Kengo SOGA（Kyoto University）…………………………………239

Chapter 3
Analysing MEXT Bureaucrats' attitudes towards Local Government:
Policy Partners or Regulation Targets to Pursue Their Own Policy Goals?
Wataru KITAMURA（Osaka University）…………………………240

Chapter 4
Is MEXT Really a 'Third-rate Ministry'? :
Rethinking the Relationships between MEXT and Other Organizations
Masatsugu ITO（Tokyo Metropolitan University）………………241

Chapter 5
MEXT Bureaucrats and the Prime Ministerial Power in Japan
Koichi KAWAI（Kanazawa University）…………………………242

Chapter 6

The Gap between Organization Chart and Seating Chart:
Examining the Realities of Integrating Ministries from the Viewpoint of Changing Office Space
Yosuke TEZUKA（Osaka City University） ··· 243

Chapter 7

Where Has the Former Science & Technology Agency Gone ?:
The Significance of Its Evolution from a "Comprehensive Coordinator" to a "Control Tower" of Innovation Policy
Yuichi MURAKAMI（Hokkaido University） ·· 244

Chapter 8

Two Families in One House with Living Room Shared
Eiichi AOKI（Tohoku University） ··· 245

巻末資料 ··· 247
事項索引 ··· 269
人名索引 ··· 272
編者・執筆者紹介 ··· 273

文部科学省の解剖

第 1 章
官僚制研究に文部科学省を位置づける

青木栄一

　本章は本書の概要を描くことを目的とする。まず、第 1 節で行政学におけるこれまでの官僚制研究の成果をふりかえり、その中で村松らが行ってきた官僚サーベイの意義を再確認する。本書の直接の関心は文部科学省という単一省の政策選好や行動の解明を目指したものであり、その点は村松らの省庁横断調査と異なる。第 2 節で三流官庁として揶揄されることはあっても、学術的な分析対象とならなかった文科省を、どのようにすれば学術的な分析対象とすることができるか検討していく。第 3 節ではサーベイ結果の概要を紹介する。官邸との距離が遠いこと、財務省に対する苦手意識があることなどがわかった。第 4 節ではこれまでの日本の官僚サーベイの今後の展開について、海外の政府職員対象の調査との比較を交えながら検討していく。本書では組織としての文科省に関心を絞っており、官僚個人や文科省の政策の内容については直接の関心事とはしていないが、今後の研究の発展を見据えて、第 5 節でサーベイ以外の官僚制研究手法について検討を加える。

1　官僚サーベイの現代的意義―官僚制研究の文脈

　日本の社会科学を見渡すと、官僚制研究よりも政党研究や選挙研究に勢いがある印象を持つ。これは民主党政権への政権交代や、その後の自民党の政権復帰など、ドラスティックな政治的変化が選挙を通じて行われたことが背景にある。また、政治主導を標榜した民主党政権の失敗を経て、統治構造改革が官邸主導という帰結として観察されるようになったことも、広い意味での政治への注目の背景にある。

　官僚制研究を政治学の中で主として担うのは行政学である。行政学を官僚制を対象とした政治学的研究と定義すると、そこで想定される日本の官僚制の姿は、決して所与の環境条件下で効率的政策実施を追求するばかりではなく、むしろ所与の条件を変革しようとする能動的なものである。ところが、政治主導や官邸主導の下で描かれるのは、政治なるものに卑屈で、従属的で、忍従し、時として面従腹背し、嵐が過ぎ去るのを待つ官僚制である。しかし、これは時事的な現象を刹那的に理解したい場合には便利な発想かもしれないが、官僚制を構造的に理解するには不十分であろう。社会は官僚制に対してさほど関心を示さなくなっており、それは学界の研究関心にも少なからず影響をしているように思う。

　政党研究や選挙研究に政治学界のマンパワーが注力されるようになり、政治主導や官邸主導といった現象の解明が進む一方で、官僚制に対する政治学、行政学の関心は希薄なものとなっていったようである。しかし、先述したように、日本の政治構造が大きく変化する中で、官僚は霞が関のそれぞれの庁舎に閉じこもっているばかりではないだろう。日々、霞が関を往来し、永田町（国会）へ通いつめ、全国の関係団体と面会しているはずである。このような能動的官僚制を前提とすることが今日でもできると想定すれば、日本の政治構造が変容した今日においても、官僚制がどのようにふるまっているのかを記述し、分析することが改めて必要である。

　そこで、私たち研究グループが注目したのが、行政学者の村松岐夫が実施した官僚サーベイである（以下、村松サーベイ）（村松・久米 2006、村松 2010）。村松サーベイは日本のような能動的官僚制の行動分析に適合的であり、それは今日で

も同様であると私たちは考えた。周知の通り、村松は日本政治を立体的に描くために、官僚制に加えて、政党、圧力団体の3主体に対するサーベイを実施した。そこで描かれたのは、「政官スクラム」のような相互依存しながら政策が立案・実施され、社会問題が克服されていく姿であった（村松2010）。村松がこれらのサーベイを実施した最後の年代はちょうど20世紀の終わり頃であった。日本の政治構造が大きく変わるのはその後の20年の間であるから、村松サーベイの知見は日本の政治構造の大変容前の姿を描いていることになる。

政党、圧力団体に対するサーベイは継続されていった。ところが、官僚制を対象とするサーベイは低調だった。日本政治の中心的な主体（アクター）である3者のうちの一つである官僚制を分析する今日的意義を否定することはできない。私たちは村松サーベイの検出力に期待し、これを再び官僚制の政治学的研究のツールとして用いることを決意した。その際に、大きなハードルとして立ちはだかったのは、調査実務上の経験不足と、質問紙の内容の現代的状況とのマッチング問題である。

調査実務上の経験不足とは、私たちの中には村松サーベイのデータ分析を行った研究者はいるものの、調査の依頼や、実査マネジメントなどを行った経験を持つ者がいないということである。官僚制に対する調査依頼は世論調査とは異なるスキームで行う必要がある。もちろん、私たちは官僚制に対して共通の関心を持っており、量的研究、インタビュー調査、オーラルヒストリー研究、庁舎研究、政策過程研究などを通じて、官僚制を対象とした研究をしてきた。しかし、官僚サーベイについては、私たちはその経験を全く持ち合わせていなかった。そこで、私たちは村松岐夫教授を訪問し、サーベイのマネジメントについてご教示いただいた。その結果、いくつかのことが官僚サーベイには不可欠な手順であることを認識した。本章末尾でその概要を示しておきたい。これは「企業秘密」に属するものかもしれないが、サーベイのマネジメント方法について記録し、公開しておくことが、今後の官僚制研究に貢献すると信じているために、敢えて記しておきたい。

質問紙の内容の現代的状況とのマッチングであるが、大きく分けて三つの変化に対応する必要があった。第1に、官僚制そのものの変化への対応である。中央省庁等改革後の本格的なサーベイとなるため、以前の質問紙から職位などの

表記を変更する必要があった。具体的には、対象となる職位をどう設定するかから検討する必要があった。たとえば私たちは文部科学省を対象としたが、文科省では中央省庁等改革後に、事務次官級の省名審議官として文部科学審議官を設置した。そうした職位を含めて、調査対象をどの職位とするかを検討した。もちろん、質問紙にもそれを反映するべき箇所もあった。たとえば、他のアクターとの接触をたずねる設問である。第2に、日本社会の変化への対応である。政策課題の「名称」も時代によって変化する。つまり、同じ言葉で違う事柄を指す場合もあれば、違う言葉が実は同じ事柄を指すこともある。たとえば、以前のサーベイでは「防衛問題」としていた選択肢を、「外交・安全保障」とした。第3に、日本政治行政の変化への対応である。たとえば、政策形成や執行について各アクターとの調整の困難度についての選択肢については、改めて選定し直した他、調査時点の最新の名称に改めた。たとえば、総合科学技術会議は、総合科学技術・イノベーション会議とした。さらに、この他、社会調査の方法論を参照し、質問文や選択肢を修正した。さらに、以前の調査では、いわば教育社会学的な問題関心が色濃く投影された質問が相当数存在したが、今回の調査では思い切って大幅に削除した。たとえば、生まれ育った家庭での暮らし向き、卒業大学名、卒業高校名、父親学歴、父親職業などは削除した。今後、官僚制の社会学的研究は別途行われるべきものだろう。特に、霞が関が魅力ある就職先ではなくなってきたことを分析するにはそうした研究が必要である。

2　三流官庁論の被害者としての文科省

　村松サーベイでは経済官庁と旧内務省系省庁を中心とした8省庁が対象となった。たとえば、第2回では、経済企画庁、大蔵省、厚生省、農林水産省、通商産業省、労働省、建設省、自治省が対象だった。文部省は3回のサーベイでいずれも対象とはならなかった。村松教授によれば、サーベイの企画当初は文部省、外務省その他省庁を対象とする案もあったが結局、旧内務省系、経済官庁系から各4組織を対象とすることでサンプリング方針を説明したいということになった。特に対象拡大は省庁ごとのサンプルサイズが小さくなり省庁別分析が困難と

なるので問題だと考えたそうである[1]。

　さて、今回は文科省一省を対象とするサーベイを実施した。この背景には、まず学術的な問題意識があった。旧文部省時代より、文科省は三流官庁[2]と卑下されてきた。それもあってか、文部省、文科省は財務省のように学術的な研究対象とされてこなかった。財務省は村松サーベイでも対象となっているし、多くの行政学者、政治学者の関心を引き付けてきた。たとえば、真渕（1994）、上川（2010）などである。他方、文部省、文科省は学術的な研究対象とはならず、せいぜいのところ当事者やジャーナリストが悔恨、自責、怨念を込めて回想する程度の書籍が刊行される程度であった（官僚機構研究会1978、寺脇2013、前川・寺脇2017、前川2018）。

　しかし、三流官庁かどうかはさておき、文科省予算の一般歳出に占めるシェアは厚生労働省、国土交通省に次ぐ第3位（2016年度）である。直営ではないにせよ、義務教育を担う公立小学校は約2万校、公立中学校は約1万校、そこに働く教員は65万人いる。文科省はその人件費の3分の1を義務教育費国庫負担金として賄っている。公立の高等学校は3,500校、17万人の教員（国立、私立を合わせると5,000校、23万人）が携わっていて、中学卒業者の97%が進学しており、事実上の義務教育となっている。さらに、いわゆる高校無償化も進んでおり、文科省予算に占めるシェアも無視できないものとなった。高等教育についても国公私立大学に対する財政援助は文科省予算として行われている。科学技術に関する予算もまた巨額である。このように、教育や科学技術に大きな影響を与えているはずの文科省[3]であるが、学術的な関心を集めず、時折生じる不祥事やスキャンダルについては、やはり三流官庁論の文脈で理解されてしまうだけである。

　そこで、私たちは官僚サーベイを行うにあたり、文科省を対象とすることとした。もちろん、潤沢に研究費が措置されていれば、村松サーベイの対象となった省庁に加えて文科省を対象とすることもあり得たかもしれない。しかし、研究費の面だけではなく、私たち研究グループが依頼できる蓋然性やサーベイの実施ノウハウの「復興」に注力する必要などを含め、全体としての調査の実現可能性を考慮して、今回は文科省の一省調査を決断した。もちろん、そのことが学術的には大きなバイアスを抱え、ミッシングリンクを残すことになるのは理解した上での決断であっ

た。すなわち、厳密にいえば私たちのサーベイ結果を、3回にわたる村松サーベイと比較することは困難である（第2章参照）。2010年代後半の文科省のサーベイ結果が意味することを十全に解釈するには、過去との比較が必要である。しかし、そもそも、文科省（文部省）の過去のサーベイ結果がない以上、文科省サーベイはいつか最初のサーベイをしなければ何も始まらない。私たちは過去のサーベイとの比較が困難であることを理解した上で、まず官僚サーベイの復興と、文科省を対象としたサーベイの突破口を開くことを重視した。なお、比較の観点を少しでも導入するため、統合省庁であることに着目し、文部系と科技系の比較を意識することにした。

　サーベイ結果の解釈の上で留意すべきことは、以下の2点である。第1に、サーベイ結果が文科省特有のものなのか、それとも2010年代後半の官僚制全般に当てはまることなのかは不明である。つまり、同時代比較の問題である。第2に、過去のサーベイと比較して、文科省サーベイの結果が特徴的であったとしても、他省庁のサーベイを2010年代後半に行った場合、文科省サーベイの結果と同様の傾向を示すかもしれない。逆にいえば、過去に文部省、文科省サーベイを行っていたとすれば、他省庁とそれほど変わらない結果かもしれない。これは時系列比較の問題である。このようにサーベイ結果の解釈には困難を伴うが、種々の制約を考慮しつつ、文科省一省サーベイを決断した。自然科学でも、肉眼で観察できることは限られている。重力レンズなどを駆使してみえないものをみようとする努力が必要である。現代の社会科学でこれまで以上に求められるのは、みえないから諦めるのではなく、どのようにみえないかを認識した上で、バイアスの方向性を考慮して、果敢に推測を行うことである。この点については、曽我による分析で対応している（第2章）。また、私たちは記述的研究の持つ重要性も十分に理解し、尊重している。一省調査であることのデメリットはデメリットとして認識しつつ、今後の官僚サーベイの橋頭保となることができればよいと考えている。

　ところで、文科省の官僚制研究を担う候補は行政学か教育行政学であろう。前者にとっては三流官庁を対象にするコストは無駄なコストと思われてきたのだろうか。実際、文科省そのものの研究ばかりか、教育政策、教育行政を対象とする研究は、行政学や政治学では低調だった。ことによると、イデオロギー的対立

の激しかった教育分野を扱うリスクが認識されていたのかもしれないし、そもそも教育学者自身がイデオローグとなっていたため、そういう分野の研究が研究者として憚られたのかもしれない（平成が終わろうとするこの時期に学校の働き方改革でも一部の教育学者による同様の動きがみられる）。後者については、官僚制研究のメソドロジーが十分摂取されてこなかったといえる。たしかに文部省、文科省批判の舌鋒は鋭かったものの、その批判の矛先に対する理解は明らかに十分なものではなかった。いずれにせよ、本来担ってもおかしくない両者がそれぞれ手を出さないため、文科省の研究はエアポケットのような状態となってきた。これは学術的にみて大きな損失である。

　文科省の研究を構想する場合、最も重要なのは、文科省を教育行政の所管省庁である点から研究の意義を説かないということである。すなわち、教育行政に対する関心が強すぎるあまり、文科省一省にのみに関心を寄せてしまうことがないようにするべきである。本章に続く章で示されるように、省庁横断的な分析を念頭に置いて、あるいはそれができない場合でも、文科省一省研究のバイアスを常に念頭に置いて、文科省の分析を行うことが必要である。文科省の観察・分析から析出される「特徴」が直ちに文科省に特有なこととは即断できない。特に、今回のサーベイで顕著なように、同時期のサーベイデータが得られない状況では留意するべきである。

　筆者は教育行政学の立場から、行政学の分析方法を摂取し、幹部職員のキャリアパスについて、文部省時代を対象に検証したことがある（青木・荻原 2004、荻原・青木 2004）。教育行政学は従来、地方教育行政の研究に力点を置き過ぎており、中央政府の分析が弱かった。地方教育行政学があっても中央政府を射程に入れたバランスのよい教育行政学は存在しなかったといってよい。これは中央政府の分析に力点を置く行政学の潮流とは明らかに対照的である。さらにいえば、教育と政治の分離が学界全体のテーゼとなっていたため、中央教育行政を政党（政治）との相互作用から理解しようとはしてこなかった。また、教育の聖域観が色濃い状態だったため、教育行政が圧力団体からの影響を受けているという想定もなされなかった。そのため、政策共同体という考え方は一般的ではなかった。教育行政学は文部省や文科省の性質を、政党や圧力団体との関係から解明

する分析枠組みを持ち合わせず、いわば超然主義的理解ともいうべき理解の仕方を永年してきたといってよい。これに対して、私たちの研究は教育行政学者と行政学者のコラボレーションで成り立っている。近くて遠かった行政学と教育行政学はここに至って文科省という共通の分析対象に取り組むことになった。本書を通じて本来的な意味での学際的な研究の楽しさが示せると思う。

3　サーベイの概要

　官僚サーベイで重要なのはまず依頼スキームの確立である。調査対象者に信頼を与えるために、今回のサーベイに協力いただいた研究者に研究会の顧問となっていただいた。顧問には村松教授の他、小川正人放送大学教授（調査時中央教育審議会副会長、東京大学名誉教授）にお願いした。調査主体名を「教育・科学技術行政研究会」とした。小川教授にはこの調査について文科省大臣官房人事課へご紹介いただいた。筆者が人事課へ訪問し、調査の趣旨を説明するとともに、調査の協力依頼を行った。省内では人事課から調査の趣旨及び協力依頼を電子メールで送信していただいた。

　調査対象は文科省本省課長以上全員とする悉皆調査である（青木ら2017）。文科省ウェブサイトに掲載された幹部職員名簿を参照して114人を対象とした。

　調査実務は一般社団法人中央調査社に委託した。中央調査社には対象者への調査予告を兼ねた調査依頼状の発送から着手していただいた。調査は原則として調査員が個別にアポイントを取った上で、対象者の執務室を訪問して実施した。一度入館した後、複数の調査を実施することができたが、将来、同様のサーベイを行う際には、それぞれの省庁の入館上のセキュリティポリシーによっては、異なる対応をする必要があるかもしれない。調査員が調査票を読み上げる形での調査実施を原則とした。ごく例外的に調査票を対象者に渡したケースもあったが、後日の回収は極力調査員が行い、ごく少数例については郵送による回収を行った。調査に際して質問文に対する質問が対象者からあった場合には、調査員はそうした質問には回答せず、あくまで質問紙に記された事柄だけで回答を促した。

　調査は2016年10月から開始し、翌2017年2月に終了した。2017年1月に

文科省の天下り斡旋問題が報道されたが、2016年12月の時点で回収された数は最終的な回収数の約3分の2程度あったこと、中央調査社によれば2017年1月以降に実査上の問題は生じなかったことから、調査自体の信頼性は保たれているとみなした。なお、問題が報道されてからはアポイントのキャンセルと再アポイントメントの繰り返しが生じたケースが数例あったとのことである。また、全体として12月の臨時国会終了後の回答を希望したケースが多かったそうである。

　さて、このようにして実施されたサーベイの結果をまとめてみよう。すべての単純集計は本書巻末に掲載してある。詳細な分析は第2章、第3章を中心とした他の章にゆずる。まず、調査対象者は114人であった。回収された調査票の数は75人分で65.8%であった。ここでは単純集計を紹介する。第1に、政策・行政についての認識である。日本国民にとって重要であると考える問題については、「最も重要」と回答された順に、教育（32.0%）、社会福祉・医療（21.3%）、経済成長（16.0%）であった。このように本サーベイでは政策の方向性や日本社会に関する認識を問うタイプの設問を含んでいる。第2に、他の政治主体（アクター）との接触頻度である。首相との接触頻度は「まったくない」が74.7%、「ほとんどない」が25.2%であった。このタイプの設問は「接触」というビヘイビアに関するものである。あくまで回答者の主観に依存したものであるが、可能な限りビヘイビアを明らかにしようとする意図から盛り込んでいる。第3に、政策過程における行動である。法案の作成や改定において一番時間を使う事柄は、「政治家との調整」（22.7%）、「他の府省との調整」（17.3%）、「部下の活動に指示を与えて作業をまとめること」（14.7%）であった。これもビヘイビアに関連した設問であり、時間に注目したものである。いずれこれを発展させれば、タイムユーズサーベイとなっていくだろう。第4に、政策過程についての認識である。文科省の政策形成や執行について、理解と協力が得やすい順に、「審議会、諮問委員会等」（25.3%）、与党「族」議員（24.0%）、「関連団体」（21.3%）であった。このタイプの設問は回答者の認識を問うものであるが、他のアクターとの関係の中で文科省がどのような「立ち位置」にあるのかを浮き彫りにするものである。

　さらに興味深い結果をいくつか紹介していく。第1に、接触に関する設問では、「首相」「首相秘書官」「官房長官」「官房長官秘書官」「内閣官房副長官」

「官房副長官補室」「内閣総務官室」といういわゆる官邸の各アクターとの接触頻度が低いといえる。「まったくない」が過半数を超えていないのは「官房長官秘書官」「内閣官房副長官（事務）」「官房副長官補室」である。ただし、こうした接触頻度の傾向が、サーベイ時点の他省庁と比較してもなお「低い」のかは検証できない。さらに、過去のサーベイでは旧文部省や旧科学技術庁は対象外だったため、過去との比較において、接触頻度が「高くなった」「低くなった」「同じ位」という判断もできない。できうるのはせいぜいのところ、今回の回答を職位別などの属性別に分析することである。こうした分析は第2章、第3章で行う。他のアクターについてみると、「与党国会議員」との接触頻度が高い。「頻繁に」が26.7％、「時々」が25.3％で過半数を占める。さらにいえば接触を求めるのは「こちらから（が多い）」が46.7％、「同じ位」が41.3％である。ほとんどが「議員レク」目的なのだろう。他方、「地方自治体関係者」とは回答がばらついている。「頻繁に」が12.0％である一方、「ほとんどない」が13.3％、「時々」が24.0％である一方、「あまりない」が21.3％である。特徴的なのは接触を求めるのが「むこうから」が63.4％となっており、地方自治体が照会、相談、要望、陳情といった用件で接触を求めている姿が浮かんでくる。「国立大学法人」との接触も地方自治体と似通っていて、接触の頻度については回答がばらついている。ただし、接触を求めるのは「むこうから（が多い）」が41.2％とやや低い。ただし、地方自治体、国立大学法人ともに「こちらから（が多い）」わけではない（地方自治体で4.2％、国立大学法人で8.8％）。

　第2に、政府間関係に関する設問をいくつか紹介する。今後の財源についての設問[4]では、「国庫補助負担金」については「大変重要である」という回答が77.3％となり、義務教育費国庫負担金を代表とする国庫補助負担金を今後も重視する姿勢が鮮明である。今後の地方自治体との関係についての設問[5]では、「やや密接になる」が45.3％、「かなり密接になる」も20.0％となっていて、地方自治体との関係が将来的に密接になると考えている幹部職員が多い。

　第3に、議員や関係団体との接触についての認識に関する設問である。議員との接触の利点については「政策の趣旨を説明し、協力を求めることができる」が66.7％と圧倒的多数である。関係団体との接触の利点については「必要な情報

を得ることができる」が 46.7％、「政策の趣旨を説明し、協力を求めることができる」が 28.0％である。これらの回答から浮かび上がる文科省と議員、関係団体との関係とは、「複雑な利害の調整」や「政策に対する反対を緩和」することを目的として展開するものではないということである。つまり、以前から文科省の「応援団」である議員（族議員＝文教族）や関係団体（＝教育団体）との濃密なネットワークに基づいて、「内輪」で展開しているようである。

　第 4 に紹介したいのは、他のアクターとの関係についての認識である。これは第 3 の点と関連付けて理解するとより文科省を取り巻くアクター間の関係がくっきりと浮かび上がる。「理解と協力が得やすい」アクターとしてあげられるのが「与党『族』議員」（24.0％が 1 位、合計 74.7％）、「審議会、諮問委員会等」（25.3％が 1 位、合計 72.0％）、「関連団体」（21.3％が 1 位、合計 72.0％）である。これらは文科省にとって味方となり得るスリートップといえる存在である。他方、「調整が一般的にいって困難」なアクターは「財務省」（45.3％が 1 位、合計 74.7％）であり、手ごわいワントップのフォワードということである。この他には「野党」があげられている（1 位が 16.0％、合計 58.7％）が、「野党『族』議員」はそれほど手ごわくなさそうである（1 位が 2.7％、合計 17.3％）。ここまでみてくると、文科省と他のアクターとの関係は、少数の上得意に支えられた老舗呉服店のようなものであり、なおかつ、メインバンクに厳しく監視されているということができるだろう。

　ちなみに、文科省の「政策形成や執行について、省外で影響力をもつ」アクターとしてあげられたのが、「与党『族』議員」「財務省」「首相」である。1 位と合計の数値が興味深い。「首相」を 1 位にあげたのが 37.3％であるが、合計では 44.0％である。他方、「与党『族』議員」を 1 位にあげたのが 30.7％であり、2 位から 4 位にも満遍なくあげられ、合計がトップの 72.0％である。「財務省」を 1 位にあげたのは 9.3％と少ないが、2 位から 4 位までにあげられることが多く、合計では 64.0％と首相を追い抜いてしまう。官邸主導、政治主導を実感しつつも、実務の局面での財務省の影響力も依然として認識しているといえるだろう。

　本書ではこのサーベイを「2016 年度文部科学省官幹部職員調査」と呼ぶ（以下、2016 年度調査）。

4　万能薬からの脱却

　村松サーベイは活動的な日本の官僚制の包括的な調査のために最適化されている。しかし、海外の官僚に対するサーベイの特徴や、社会調査法のメソドロジーから考えると、今後は研究目的をより個別化させる場合には、新たに質問紙や実査のマネジメントを構築しなければならない。

　まず、海外の官僚サーベイにはアメリカ連邦政府 (U.S. Office of Personnel Management) の Federal Employee Viewpoint Survey とイギリス政府 (Cabinet Office) の Civil Service People Survey がある。これらはいずれも毎年、数十万人規模で実施され、職員のリーダーシップやモチベーションといったいわば組織内マネジメントに関わる内容のサーベイである。これは政治と行政の役割が明確に分離されている、日本と異なる政官関係を採用している国家ならではの特徴であろう。つまり、能動的な官僚制を前提として、官僚制自身の政策選好や各アクターとの接触を問う必要がないのである。官僚制自身の政策選好は政策立案には不要であるばかりか、障害となる。政策選好は与党から与えられるものである。接触もまさに能動的行動の例であり、そうした行動を想定していないのだろう。

　また、村松サーベイの特色の一つに接触を問う質問がある。これは想起式とはいえ、官僚のビヘイビアを明らかにできるという点で、政策選好に関する認識を問うものとは一線を画す。しかし、タイムユーズサーベイの手法を応用することで、官僚のビヘイビアをより精密に測定することが可能である。筆者は小中学校の教員を対象とした大規模なタイムユーズサーベイの実施に携わった経験がある（文科省教員勤務実態調査）。およそ6万人及び1万人を対象とした調査を2006年と2016年に実施した。質問紙は縦軸に20数種類の業務内訳（授業、生徒指導、事務処理、外部対応、研修など）を置き、横軸に30分間隔で24時間を48に分割した。これを28日間もしくは7日間調査した。官僚に対してもこれと同様にタイムユーズサーベイを行う余地があると筆者は考えている。官僚の行動を細分化し、官僚の行動の単位が30分間隔なのか1時間間隔なのかなどの情報収集を行えば、官僚の行動がより詳細に解明できるだろう。その際、村松サーベイで集めていた情報の一つが、接触の頻度と接触の方向であった（自分から接触を求めたか、相手

から求めたか)。頻度については、タイムユーズサーベイの手法はより正確に把握できるので、接触の方向についても調査する質問紙づくりが必要である。

　これはあくまで村松サーベイの発展のためのアイデアの一つである。この他にも政策選好の測定についても別途検討する必要がある。これについては本書第3章の執筆者である北村が取り組んでいる。さらに曽我(2016)のような公開データに基づく官僚制の分析も今後さらに取り組まれていくだろう[6]。このように、サーベイは官僚制研究の万能薬ではなく、その有力な手法の一つとして今後も発展を図っていく必要がある。また、政党、圧力団体調査との再接合も今後の検討事項の一つである。

5　サーベイとサーベイ以外の研究方法の複合

　私たちの研究が官僚サーベイを主要な方法論としていることは確かである。村松サーベイの「復興」も果たした。しかし、それ以外の研究方法も用いている点も強調しておきたい。村松サーベイが、官僚、政治家、圧力団体の三位一体体制を前提としていたのと異なり、私たちの研究はまずもって官僚制研究を志向してきた[7]。そして従来にない、文科省という単一の省庁を対象とした研究を決断した(一省研究)。そして分析対象を深堀りすることでこれまでにない研究成果を得ようとした。官僚制研究の方法論としてこれまで主流だったのは、歴史研究だろう。真渕(1994)、戸谷(2003)、上川(2010)、原田(2011)の研究は組織としての官僚制を分析した代表例である。いわゆる機関哲学を所与のものとして、それをいかに護持しつつ、組織の拡大や維持を図っているかが描かれている。他方、官僚個人に着目する研究があり、近年ではオーラルヒストリーを駆使したものが台頭している。これに関連した代表的な研究は牧原(2003)である。もちろん官僚の伝記を作成するのがオーラルヒストリーの目的ではなく、政策決定や制度改革の分析が目的である。

　さて、私たちの研究は官僚個人というよりは文科省という組織に注目する。そして、文科省の政策というよりは、組織そのもの、つまり、組織の内部管理や、組織の構成員としての官僚の行動や認識に関心を寄せる。その上で選択された分析

方法は、サーベイ以外では、人事分析と、座席表（配席図）分析である[8]。また、分析の対象も旧文部省に限定せずに旧科技庁を含めている。

　人事分析については、筆者に限らず官僚制に関心のある研究者であれば比較的よく取り組むタイプのものである。人事データは入手しやすいため、それを用いた分析の客観性が担保できると考えられてきた。人事を省内人事、出向人事に分けて分析する。省内人事の分析は、たとえば事務次官に至るキャリアパスを明らかにするようなものである。出向人事については、さらに地方自治体への出向と、内閣官房への出向に分ける。文科省本省から他の組織への出向はこれらだけに限ったものではない。たとえば、内閣府を含む他省庁への出向や、他府省庁からの出向の受入れである。さらに、旧科技庁系では見受けられるが、所管法人への出向もある。さらに、海外の研究機関や在外公館への出向（留学）もある。

　しかし、今回は研究メンバーのこれまでの研究蓄積を勘案して地方自治体と内閣官房への出向に絞った。これらの研究から明らかにしたいことは、地方自治体への出向についての旧文部省時代の出向との比較である。幸い、筆者によって1977年から2000年までの旧文部省時代の地方自治体への出向研究がすでに行われている。すなわち、旧科技庁の出向分析についてはあきらめるものの、文部省時代と、文科省となった後の文部系職員の地方自治体への出向の比較研究を行う。他方、内閣官房への出向分析から明らかにしたいことは、端的にいえば、文科省では誰が内閣官房に出向するのかということである。官邸主導が常態化するということは、ゲームのルールが変わったことを意味する。そうであれば、各省庁はこぞって官邸へ「エース級」を出向させ、自省庁の利益を最大化しようと図る。出向者を通じて情報や資源を得るのである。それでは文科省はどのような出向戦略をとっているのだろうか。この分析は今後他省庁との比較につながっていくだろう。

　練達の人事研究者であれば、官僚個々人の履歴をみて当該人物の来し方行く末が描けてしまう。それと同様に、座席表から当該省庁の機関哲学を描き出そうとするのが、座席表（配席図）研究である。文科省は統合省庁であるから、統合後には人事上、組織上の融合が図られる可能性がある。それを検証するにはストレートに人事を分析するというのが先述の分析である。これに対して、座席表から読み取れることが実はある。座席表から得られる空間情報は意外にも豊富であ

る。詳しくは第 6 章をご覧いただきたいが、文科省が旧文部省と旧科技庁の各ユニットの寄せ集めなのか、それとも文字通り融合したのかがユニークな観点から明らかにされていく。

注

1　村松岐夫教授へのインタビュー（2016 年 1 月 11 日）。
2　元文部省職員の寺脇によると、採用面接の際の各省の対応で文部省の「三流官庁」度合いがわかったそうである。「三日目に文部省に行ったら、私のような者でも優秀な部類だったのでしょう。すぐに採用が決まりました」とのことであるから、本人の自己評価が高かったことがわかる（脱藩官僚の会 2008: 188）。「一流官庁」から内定を得るには初日に訪問する必要があるといわれている。
3　開発途上国支援の文脈でも中央政府の教育担当組織の重要性が説かれている（サック・サイディ 2015）。
4　「Q11. 今後、地方でのあなたの省での行政を進める上で、次の財源はどの程度重要だと思われますか。それぞれの財源について、あなたのご意見に近いものを 1 つお選びください。」
5　「Q12. あなたは、あなたの省と地方自治体との関係が、これから密接になっていくと思いますか、逆に密接でなくなると思いますか。次の尺度のどのあたりかお選びください。」
6　予算や定員という客観的な指標から官僚制組織としての文科省研究を進めることも重要である。
7　官僚制研究の一つのモデルとして各省のケーススタディがある（城山ほか 2010、城山・細野 2002）。
8　組織図に象徴される組織の研究もまた分析方法として有望である。実際、2018 年 10 月 16 日には総合教育政策局の設置をはじめとする大きな改組があり、2015 年 10 月 1 日には外局としてのスポーツ庁が設置された。改組が文科省の人事などの内部管理や政策立案にどう影響を与えたかを検証することは必要であろう。ただ、文科省設置後大きな改組がこれら二つであり改組から日が浅いこと、そして研究グループの研究リソースの限界もあり、今回の研究では組織分析を重点的に行わなかった。

参考文献

青木栄一・伊藤正次・河合晃一・北村亘・曽我謙悟・手塚洋輔・村上裕一（2017）「2016 年度文部科学省幹部職員調査基礎集計」『東北大学大学院教育学研究科研究年報』66 巻 1 号、177-98 頁。

青木栄一・荻原克男（2004）「官房－原局関係からみた文部省の政策立案過程の分析」『日本教育行政学会年報』30 号、80-92 頁。

荻原克男・青木栄一（2004）「文部省の官房機能―機構面と人事面からの分析」『教育制度学研究』（日本教育制度学会）11号、144-158頁。
上川龍之進（2010）『小泉改革の政治学』東洋経済新報社。
官僚機構研究会（1972）『文部省残酷物語』エール出版社。
城山英明・鈴木寛・細野助博編（1999）『中央省庁の政策形成過程―日本官僚制の解剖』中央大学出版部。
城山英明・細野助博（2002）『続・中央省庁の政策形成過程―その持続と変容』中央大学出版部。
曽我謙悟（2016）『現代日本の官僚制』東京大学出版会。
脱藩官僚の会（2008）『脱藩官僚、霞ヶ関に宣戦布告！』朝日新聞出版。
寺脇研（2013）『文部科学省―「三流官庁」の知られざる素顔』中央公論新社（中公新書ラクレ）。
戸矢哲朗（2003）『金融ビッグバンの政治経済学―金融と公共政策策定における制度変化』東洋経済新報社。
原田久（2011）『広範囲応答型の官僚制―パブリックコメント手続の研究』信山社。
前川喜平（2018）『面従腹背』毎日新聞出版。
前川喜平・寺脇研（2017）『これからの日本、これからの教育』筑摩書房（ちくま新書）。
牧原出（2003）『内閣政治と「大蔵省支配」―政治主導の条件』中央公論新社（中公叢書）。
真渕勝（1994）『大蔵省統制の政治経済学』中央公論新社（中公叢書）。
村松岐夫（2010）『政官スクラム型リーダーシップの崩壊』東洋経済新報社。
村松岐夫・久米郁男編（2006）『日本政治変動の30年―政治家・官僚・団体調査に見る構造変容』東洋経済新報社。
リチャード＝サック・マヒエディン＝サイディ（山田肖子訳）（2015）『教育省のガバナンス』東信堂。

参考資料
時評社（各年版）『文部科学省名鑑』。
全国都道府県在京文教担当者連絡協議会（各年版）『文部科学省ひとりあるき』。
国政情報センター（各年版）『霞ヶ関官庁フロア＆ダイヤルガイド』。
加古陽治・永井理（2002）『文部科学省』（'02から'03度版官庁完全情報ハンドブック6）インターメディア出版。
「週刊文教ニュース」編集部編（各年版）『文部科学省国立大学法人等幹部職員名鑑』。

第2章
サーベイにみる文部科学省官僚の認識と行動

曽我謙悟

　この章では、サーベイに基づいて、文部科学省の官僚たちの認識や行動を明らかにする。他との比較の中に文科省を位置付けるために、過去に他の省庁を対象として実施されたサーベイとの比較を重視する。そこから、文科省の官僚たちの価値観や、行政活動における重点、役割意識を探る。さらに、政策形成における重点や、官邸主導の政治に文科省がいかに対応しているのかを明らかにする。分析結果は、国益に基づく判断が可能であると考え、効率性や政策評価に対して消極的であることや、関係団体やいわゆる族議員との関係は良好だが、官邸との距離は遠く、財務省との対立が深いといった姿を浮かび上がらせる。ただし、その特徴のいくつかは、技官の態度や行動に特徴的なものでもある。省庁再編に伴い、技官の割合が高くなっていることが、これらの特徴をもたらしている可能性にも注意が必要である。

1　官僚たちの意識や行動を探るという営み

　文科省の官僚たちは、いかなる認識を持ち、どのような行動をとっているのか。
　本章では、文科省の官僚に対するサーベイの分析を通じて、この問いに答えていきたい。サーベイとは、個々人を対象として、体系的に設計された質問文と選択肢に対して回答を求めることにより、対象者たちの認識や行動を捉える方法である。一般の人々を対象とした社会調査や有権者調査に用いられることが多いが、政治家や官僚を対象とする調査（エリート・サーベイ）も長い蓄積を持つ。とりわけ官僚の場合、日常的には組織の一員として活動を行い、黒子としての役割を果たすことから、個々人の認識や行動は観察しがたい。それゆえ、官僚制を研究する上で、サーベイという手法の有効性は高い。
　日本における官僚サーベイは、多くの研究成果を生んできた。官僚制を全体として捉え、政官関係を解明した代表的研究が、村松岐夫による一連の研究である（村松 1981、2010）。他方、官僚制をいくつかに類型化しようという試みもある。第1は、政治に対する態度と社会に対する態度の二つを軸として、国士型、調整型、吏員型の三類型を提示した真渕の研究である（真渕 2004、2006）。第2は、接触頻度から官僚制のネットワーク構造や政策形成スタイルを明らかにした曽我の研究である（曽我 2006b、2008a）。第3は、官僚の政策選好をここから抽出して独立変数の一つとして用い、さまざまな従属変数との関係を探る建林や曽我の研究である（建林 2005、曽我 2006a、2008b）。
　これまで、文科省は、官僚サーベイの対象とされてこなかった。権力の所在とその作動を解明しようとする政治学において、官僚政治の力学における強者の側に目が向くのは当然である。それゆえ、財務省や経済産業省、戦前の内務省から現在の総務省といったところが主たる関心の対象となってきた。また、教育学の中に教育行政学といった教育政策や教育行政を専門に扱う分野があることも、政治学からのアプローチを低調なものにした[1]。他方で、教育学においても、政治アクターとしての文科省や文部科学官僚の実態を、細部に至るまで解明しようとする研究は生まれてこなかった。あくまで教育活動に対して影響を与える主体として文科省に関心を持つことからは当然である。

本章は、文科省を、これまで蓄積されてきた官僚サーベイの中に位置づける試みである。今回実施した文科省調査においては、質問文と選択肢の選択の時点から、これまでの官僚サーベイとの継続性を強く意識した。文科省の特徴がいかなるものかは、他の省庁と比較しなければわからないからである。3割という数字は野球の打率ならば高く、バスケットボールのシュート成功率ならば低い。他の省庁の回答傾向という「相場」があって初めて、文科省の回答の意味は明らかになる。

以下、本章ではまず、分析対象となるデータと方法について述べる（第2節）。第3～5節が本章の中心となる部分であり、他の省庁のこれまでの回答と比較しながら、文科省の官僚の認識と行動を明らかにしていく。そこからは、次の特徴が浮かび上がる。

第1に、社会や統治全般に関わる意識の特徴としては、効率性や政策評価といったNPMで重視されてきた考え方や価値について否定的である。この点で、経産省とは対照的である。

第2に、政策決定過程における役割意識として、官僚制の役割がより大きくなることを望んでおり、国益に基づく判断ができるという理解が示される一方で、自分たちが専門的知識を持つ存在だとは考えられていない。

第3に、政策決定過程の現状についての認識と行動については、首相の影響力の大きさを認識しつつも、首相との接触をほとんど持てていないこと、また財務省との協力関係が築けていないこと、他方で与党議員や関係団体との関係は良好であることがわかる。この点では、農林水産省との類似性が最も高い。

これら三つの特徴は、政策形成過程について新聞報道などを通じて伝えられる姿や、元文部省官僚による著作（寺脇2013、前川・寺脇2017）から導かれる像ともおおむね合致する。私たちが文科省の特徴と考えるところが、サーベイの結果により確認できたともいえる。これまで印象論的に考えられてきたことが、データによっても裏付けられるかを確かめることは、学術研究の一つの役割であり、そのことには一定の意義がある。

しかし一歩立ち止まって考えるならば、次の危険性もある。すなわち、文科省には何らかの特徴があるという予断を持つために、他省との違いを見出した時に、

それが文科省の特徴であると即断してしまうことである。私たちは確証バイアスに陥っている危険がある。文科省の官僚の意識や行動に特徴があるとして、その特徴は本当に文科省に固有のものなのか。省庁横断的な何らかの傾向が存在し、そのある要因が文科省には多く存在しているだけといったことはないだろうか。この点について第6節と第7節で検討を行う。

最後に結論を第8節で述べて締めくくりとする。

2　サーベイの概要と実態把握の方法

中央省庁の官僚の意識と行動を把握する方法として、本章では、村松岐夫を中心として1970年代から30年間にわたり3次実施されたサーベイ（以下、官僚調査）と（村松1981、村松・久米2006、村松2010）、青木栄一を中心として2016年に実施した文科省を対象とするサーベイ（以下、2016年度調査）のデータを用いた分析を行う（青木ほか2017）。

官僚調査は1976年、1985年、2001年に実施されており、対象となる省庁は、内閣府（経済企画庁）、財務省（大蔵省）、厚生労働省（厚生省）、農林水産省、経済産業省（通商産業省）、厚生労働省（労働省）、国土交通省（建設省）、総務省（自治省）であった[2]。官僚調査と文科省調査は、時期も対象も異なるが、調査方法は同様であり、面接員[3]が直接回答者と会った上で、問題文を読み上げ、回答してもらう方法をとっている。調査対象者の人数は表2-1にまとめた。文科省調査のうち、官僚調査と比較可能なデータ、すなわち過去の官僚調査の少なくとも一回以上と同一の質問文を用いたものは合計32あった[4]。

サーベイによって得られた、ある年のある省のデータは一つのサンプルに過ぎない。この観測値の平均値を持ってある年のある省の特徴を示すと理解するのは素朴すぎる。もう少し構造的に捉えるならば、ある年のある省の特徴とは、その年固有の特徴、裏返せば省庁横断的に影響を与える時期の要因と、その省としての特徴、つまり時期を越えて省庁が継続的に有する特徴、そしてある年のある省に固有の特徴といった三つの要因から構成されていると考えることができる。

そこで観測データの全体を用いて、年という要因、省庁の要因、両者の交差

表 2-1　調査対象と対象者数

年	経企庁	財務省	厚生省	農水省	経産省	労働省	国交省	総務省	文科省	計
1976	19	41	42	35	42	27	26	19	0	251
1985	21	41	41	34	40	27	31	16	0	251
2001	17	59	41	29	43	28	53	20	0	290
2016	0	0	0	0	0	0	0	0	75	75
計	57	141	124	98	125	82	110	55	75	867

項の三つの要因により説明できる部分を捉えていく。これが分散分析である。時期や省庁により違いがあるという前提に沿ったデータからの推論が分散分析によって可能になる。分散分析を行った上で、その予測値の平均値とその信頼区間をみることにより、ある年のある省庁の特徴を捉えていく。以下の各図において、点はその年のある省庁の回答に基づく予測値の平均であり、そこから上下に伸びる棒はその95％信頼区間を示している。回答にばらつきがあり予測の正確性が低下すると、この上下の棒が長くなる。

以下、文科省官僚の認識と行動を三つの側面に分けて述べていこう。三つの側面とは、すなわち、(1) 社会や統治全般に関わる意識の特徴、(2) 政策決定過程における役割意識、(3) 政策決定過程についての認識と行動、以上の三つである。

3　社会や統治全般に関する意識

第1に、社会や統治全般に関わる意識としては、二つのものをあげておこう。一つは、日本にとっての課題を何だと認識しているかというもの、もう一つは、さまざまな価値観や争点についての賛否を問うものである。

まず、日本にとっての最重要課題は何かという認識をみてみよう。回答は、都市問題、科学技術、外交・安全保障、国際経済、環境、教育、福祉・医療、経済成長から上位三つを選ぶものである[5]。最も重要と答えたものには3点、以下順に2点、1点を与えた上で、分散分析に基づく予測値を得た。結果は図

2-1 である。

どの省庁の官僚も、自省が所管する政策領域を最も重要だと答える傾向がある。国交省にとっての都市問題、経産省にとっての国際経済、厚労省にとっての福祉・医療などである。同時に、時期によって多くの官僚が同様に認識を変化させる傾向が強い。1980年代半ばの貿易摩擦が激しかった時代には、国際経済がおしなべて重要視されていたが、2000年代には低下する。かわりに福祉・医療や外交・安全保障、教育が重要であるという認識が、2000年代には全体として高まっている。

文科省の官僚たちが、教育を最も重要だと認識していることに不思議はない。科学技術について重要だという認識を強く持っていることも同じである。しかし同時に、このいずれもが、これまでの他の省庁のうち、最もこれらの問題に対して高いスコアを与えたものほどには達していないのは、やや驚きである。文科省の

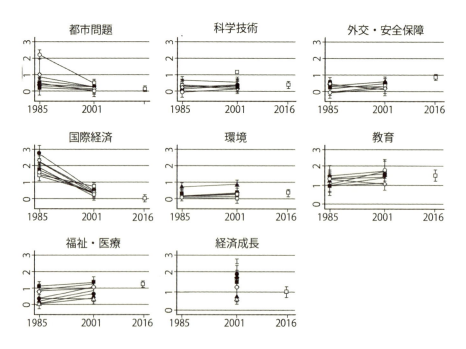

図 2-1　日本にとって重要な課題

官僚たちの教育や科学技術へのスコアがそこまで高くないのは、外交・安全保障と、福祉・医療についての重要性の認識が高いことによって生じている。これらは、2000年代に入って重要性をさらに増してきた政策課題である。おそらく、他の省庁の官僚たちも同様の変化をみせる可能性は高い。そう考えると、この結果は理解できる。逆に、これらの課題が相対的に重要視される結果、経済成長を重要と回答する傾向が、2001年のどの省庁よりも弱くなっている。しかしこれも、文科省の官僚だけの傾向と即断することはできない。

次に、統治に関わるさまざまな価値観や争点への態度をみてみよう。ここでは種々の質問に対してどの程度同意するかを四段階で尋ねている。図 2-2 にその結果を示している。縦軸が0ではなく1から始まっているのは、取り得る最小値が1だからである。

上段左の図に示されるように、文科省の回答は、政策の効率性が最重要ではないという考え方に、過去のどの省庁よりも強く同意している。上から2段目左の図からは、事務事業の効率が測定可能であるという見方に対して、2001年の他の省庁との比較でみれば相対的に否定的であることがわかる。下から2段目左の図をみると、過去のどの省庁よりも事務事業評価は内部評価でも良いと答える傾向、裏返せば外部評価に対して否定的な態度を持つことがわかる。最後に、政策評価で政策の質は高まらないという下段中央の図においては、2001年のどの省庁よりも、政策評価に対して懐疑的な態度を示している。

もう一つの特徴は、大きな政府を志向しつつ、再分配の必要性をあまり認めない点である。上から2段目右の図に示されるよう、「小さな政府」は望ましくないという考え方には、過去のどの省庁よりも強く同意している。しかしそれでは、再分配の必要性を認めているかというと、所得格差の是正（上から2段目中央）、地域間格差の是正（下段左）のどちらについても、際だって明白な姿勢を示すわけではない。となると、再分配以外の部分で、政府部門の積極的な役割を捉えているということになろう。教育をそうした機能として位置づけているのかもしれない。政府が提供する公教育は、普遍的な公共サービスであり、再分配機能を持つものとは考えていないのだろう。

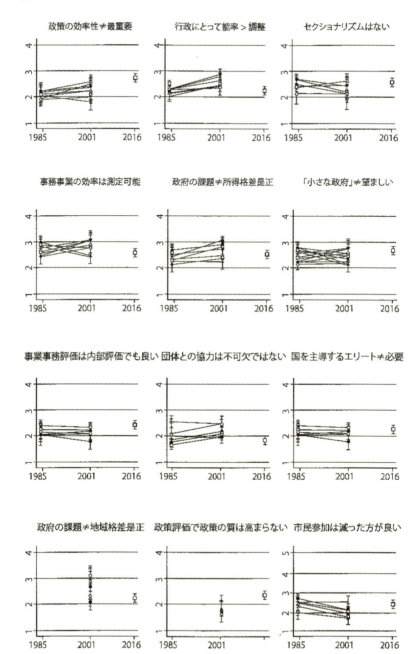

図 2-2 価値観や争点への態度

4　政策決定過程における役割

次に、政策決定過程における役割については、まず、政策は誰の主導によるべきかを尋ねた質問から、官僚主導を望んでいることがわかる。国会、官僚、団体、専門知識のどれによるべきか上位二つを答えさせた質問の回答（**図2-3**）では、文科省は、2001年のどの省庁と比べても、国会主導であるべきという答えが少なく、官僚主導であるべきという答えが多い。団体についても、2001年の各省庁以上に、その主導性を認める一方で、専門知識については特に高くも低くもない値を示している。

団体が政策決定過程において果たす役割を重視していることは、他の設問への回答にも共通している。先の図2-2の下から2段目中央の図で、「団体との協力は不可欠である」と答える傾向が、他省庁の過去の最大値にほぼ等しいところに

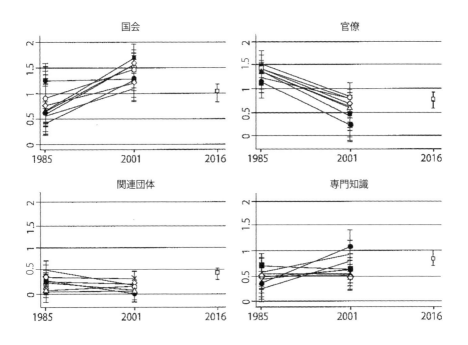

図2-3　政策を主導すべきもの

も示されている。図 2-4 に示した、「団体の活動は、国民の要求やニーズを政治に反映させるために必要である」という見方に消極的な回答の割合は、これまでの省庁の回答に比べた時、かなり低い方にある。

もう一つの特徴である、官僚主導であるべきという考え方をもう少し掘り下げてみよう。何が官僚主導であるべきという意識を支えているのだろうか。ここで手がかりとなりそうなのは、官僚が持つ裁量を減らすべきではないと文科省の官僚は考えているということである。図 2-5 では、2001 年の各省の値、さらに 1976 年の各省の値と比べても、文科省の官僚たちが裁量を減らすべきではないと考えていることが示されている。

では、その裁量はどのような形で行使されるのだろう。裁量行使の基準が何かを尋ねた質問からは、文科省の官僚たちが、財務省や経産省に次いで、国益を基準として裁量を行使していると考えていることがわかる。図 2-6 の各省の左から三つ目の棒ないし点の値の高さがそれを示している。

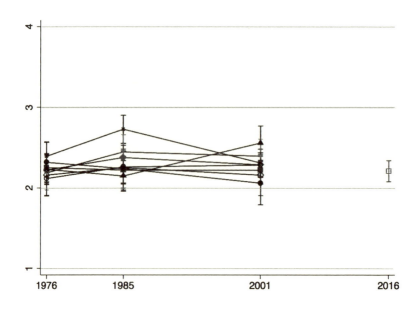

図 2-4 　団体は国民ニーズの把握などに不要

第 2 章 サーベイにみる文部科学省官僚の認識と行動　29

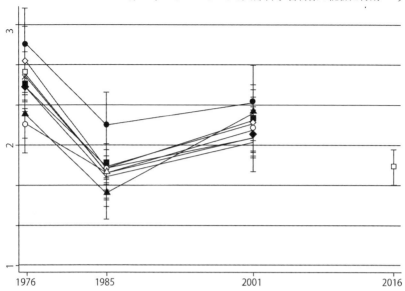

図 2-5　行政裁量は減らすべき

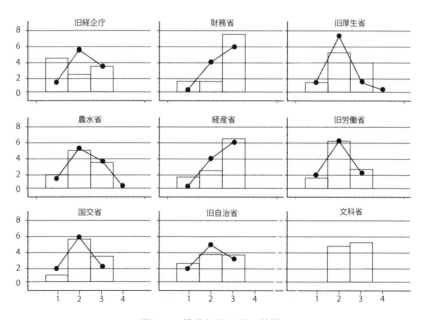

図 2-6　裁量行使の際の基準

注）折線が 1985 年、棒が 2001 年及び 2016 年。各省 1 番左が専門知識、2 番目が利害調整、バランス、3 番目が国益、4 番目は関係団体との協調。

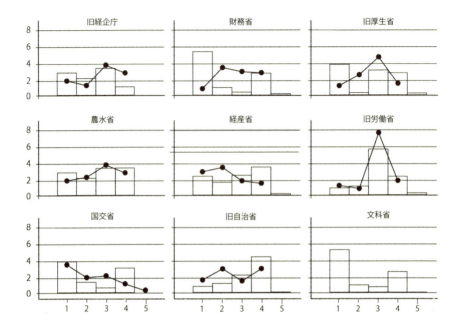

図 2-7　審議会の役割

注）折線が 1985 年、棒が 2001 年及び 2016 年。各省 1 番左が専門知識、2 番目が権威付け、3 番目が利害調整、4 番目は公正性確保、5 番目はその他。

　そのグラフからは、文科省は裁量行使の基準として専門知識をあげるものが極めて少ないこともわかる。**図 2-7** に示した審議会の役割を尋ねた質問において、文科省は財務省と並んで、審議会の役割として専門的意見や情報をあげる回答が多いこととあわせて考えると、専門知識は自らが行使するものではなく、審議会を通じて外部から調達するものと考えていることがうかがえる。

5　政策決定過程についての認識と行動

　政策決定過程の現状についての認識と行動については、まず**図 2-8** が省の政策に影響を与える主体、**図 2-9** がさまざまな主体との接触頻度、**図 2-10** が協力

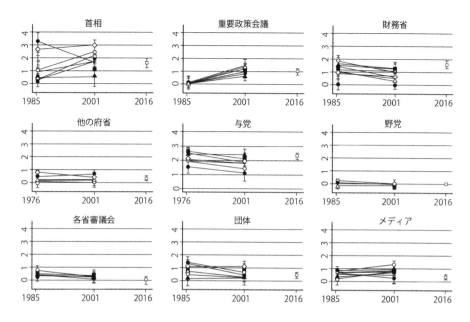

図 2-8 省の政策形成に影響を持つ政治アクター

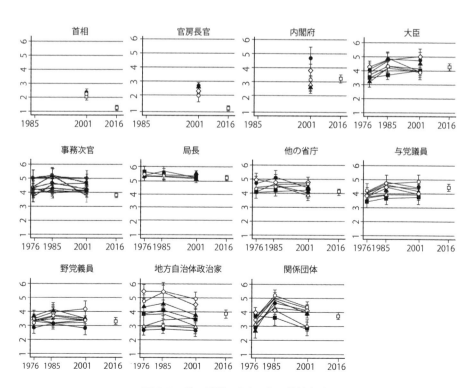

図 2-9 他の政治アクターとの接触頻度

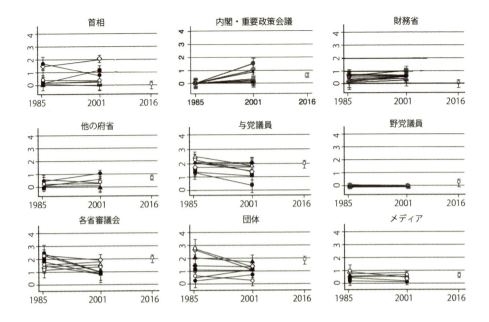

図 2-10　政策形成において協力的な政治アクター

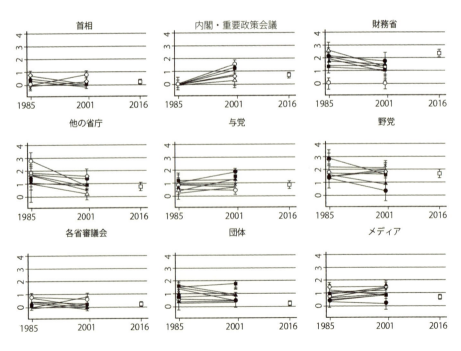

図 2-11　政策形成において調整困難な政治アクター

関係を築けている主体、図 2-11 は調整が困難な主体を示す。

　影響を与える主体として、財務省と与党を他の省庁に比べて高く位置付けているが、首相については平均的なところに位置付けている。接触については、首相や官房長官といった官邸との接触頻度の少なさが、他の省庁に比べて非常に印象的である。協力関係については、首相や財務省との関係の悪さ、与党議員や団体との関係のよさが示されている。調整困難な主体についても、財務省に対する難しさの認識が非常に高いことがわかる。

　ここから浮かび上がる文科省の姿は、第 1 に、官邸主導の政治への対応ができていないという姿である。首相の影響力を認識しながらも、そこへのアクセスを築くことができず、協力関係が構築できていない。

　第 2 に、財務省に強い制約をかけられているという姿である。首相と同じ程度の強い影響力を持つ主体と捉えられつつ、協力を得るのが最も難しい相手という認識を持っている。毎年の予算編成において苦労を感じていることがデータからもうかがえる。

　第 3 は、団体と与党議員との関係が良好なことで、この点は 1990 年代までの 55 年体制下の自民党の族議員政治と近似している。典型例であった建設や農林水産では族議員は減少しているが、そうではなかった教育分野において自民党議員、関係団体、文科省の協調的関係が継続しているのである。

　これら三つの特徴は、相互に関係している。影響力の強い首相や財務省からの協力を得られないからこそ、応援団としての与党議員と団体への依存を強めるのであろう。あるいは逆に、与党議員と団体の支持さえあれば制度運用が可能だから、首相や財務省との距離が遠くても構わないのであろう。

　このことは、時間やエネルギーを何に投入するかという振り分けにも反映される。文科省の官僚は、一般的な日常業務（図 2-12）や法案策定時の作業（図 2-13）において、時間やエネルギーといったリソースを満遍なく投入するスタイルをとる。調査や分析を日常から行い、アイディアを法案に持ち込むことで政策形成に関わっていく経企庁（内閣府）や経産省のようなタイプでもなければ、社会の中のさまざまな利害調整を行い、政治アクターとの調整活動も多いという国交省や厚労省のようなタイプでもない。いずれの作業も満遍なく行っているのは、与党議

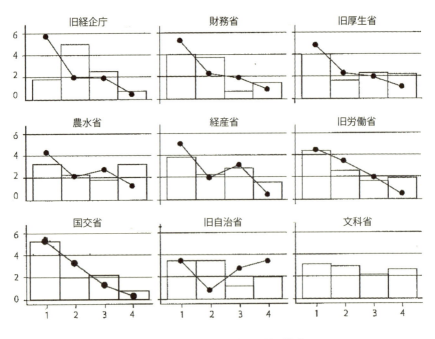

図 2-12　一般に最も時間を使う業務

注）折線が 1985 年、棒が 2001 年及び 2016 年。各省 1 番左が社会の利害・意見対立の調整、2 番目が調査・分析、3 番目が社会構造や制度の変革、4 番目は国会や政党の意見の反映。四つから一つだけを選択。

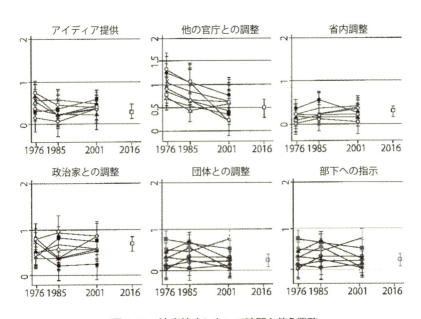

図 2-13　法案策定において時間を使う業務

注）上位二つを回答させる。一位に 2、二位に 1 をあてた。

員と団体との関係が安定的であり、調整は必要だとしても非常に多くの調整を必要とするわけではないことを意味しているのであろう。

6 省庁と時期はどこまで認識と行動を説明するのか

1 省庁横断的な説明というもう一つの視角

ここまで、(1)社会や統治全般に関わる意識の特徴、(2)政策決定過程における役割意識、(3)政策決定過程についての認識と行動の三つに分けながら、文科省の特徴を探ってきた。効率性や評価に対して否定的というNPM志向の低さ、国益に基づく裁量行使ができる存在として官僚主導を志向すること、官邸主導には対応せず、与党議員と関係団体を中心とした閉じた政策形成過程の住民であること、これら三つの特徴がそこからは浮かび上がってくる。

しかし、文科省がこれらの特徴を持つというためには、もう少し慎重な検討が必要である。文科省が何らかの特異性を持つという結論に至るためには、ひとまず、できるだけ省庁横断的な説明を試みた上で、それでも説明できない部分は何かを考えるという手順が必要である。それは面倒なことではあるが、確証バイアスを抱えたまま結論に飛びつかないために不可欠な手続きである。

さらに翻っていえば、このことは文科省に限られた話ではない。日本の行政研究においては、省庁が違えば、その意識や行動に違いがあることは当然であると考えられてきた。そのことは、省庁による違いよりも、省庁横断的な要因、たとえば官僚の属性や官僚の業務によって、官僚の意識や行動は異なるものになると考えるアメリカの行政研究とは大きく異なる。

アメリカの行政研究では、官僚の行動や意識を規定する要因は、大きく分けて、官僚個人の属性と、官僚が現在所属している課業環境の二つであると捉えられる。官僚個人の属性が意識や行動を規定するという考え方は、代表的官僚制（representative bureaucracy）の考え方に典型的にみられる。そこでは単に官僚が社会的なデモグラフィーを反映した存在となるべきだという規範的主張が行われているだけではなく、社会的属性が意識や行動を実際に規定するという実証命題についても検討が積み重ねられている（Nicholson-Crotty, et al. 2011, Krause 2013）。

他方、官僚が置かれている組織の中での位置がその官僚の意識や行動を左右するという見解の代表例が、第一線職員（street level bureaucracy）論である。顧客に直接接すると同時に管理者から物理的に離れた職場で業務を実施するということが、第一線職員の意識と行動に大きな影響を与えることを論じるものである（Lipsky 1980, Maynard-Moody and Portillo 2010）。このように、アメリカの行政研究における官僚制論の代表的な二つの見解は、意識や行動についての規定要因についての二つの考え方を示すものだといえる。

これに対して日本の行政研究では、省庁によって違いがあることは自明の理とされてきた。戦前から戦後に至るまで、内務官僚（副田 2007）、大蔵官僚（山口 1987、真渕 1994、牧原 2003、清水 2015）、通産官僚（Johnson 1982）など、省が違えば考え方や行動が異なるものとして、それを記述する試みが多くなされてきた（城山ほか 1999、城山・細野 2002）。そこから、機関哲学といった考え方も生まれてくる（真渕 1989）。省が違えば認識や行動が違うということは、採用から退職後に至るまで、一つの組織に属し、そこで社会化が行われることにその端を発している。当人達も、どの省に入るかという時点で省の特徴に応じた選択をしているし、採用する側もまた、自分の省に合った人材を採ろうとするだろう。大学卒業後のいわゆる「まっさら」な状態で入ってきた若手を、OJTで教育・訓練していくことで、その省の官僚として染め上げていくのである。省による違いがあるのは当たり前に思える。

しかしあまりに自明視された事象は、問い直しを受けることもなく、それがどの程度本当に事実なのか、確認されることもない。しかし、そうしたことが存外、事実と異なることはこの世に多い。省が違えば認識や行動が違うということもまた、その一つではないという保障はない。そこで以下では、「省が違えば認識や行動は異なる」という命題が事実としてそうであるのかを改めて確認していこう。

2　省庁による違いと年による違いの析出

前節までの分析結果をみていくと、省庁間での違いが大きいものもあればそうでないものもあることがわかる。同じ省庁でも年による違いが大きいものもあれば、そうではなく安定しているものもある。さらに二つが組み合わさり、ある年は省の

違いは大きくないが、ある年には省の違いが大きくなることもある。

　たとえば、図 2-5 に示した裁量についての考え方をもう一度取りあげてみよう。これをみると、省庁間の違いが一定程度常にあることがわかる。そして年により全体として上下に大きく移動している。80 年代に裁量を減らすべきという考え方が最も少なく、70 年代と 2000 年代はそれよりも多い。各省の各年の位置を線で結んだ時、線は平行に近いものが多く、相対的な順位が動くことは少ない。総じて、裁量についての考え方は、省による違いはあるがそれ以上に時期による違いが大きい。そして、省と年を組み合わせた効果は小さいことがうかがえる。実際にこのことは、分散分析の結果からも示される。年、省庁、交差項のうち統計的に有意な効果を持っているのは年の効果だけである[6]。

　ここで文科省の 2016 年のデータが得られた時、その評価は難しい。年による違いはあるが、時期に依存しない安定的な省庁の違いはないのだから、2016 年の文科省の回答から推測できるのは、(1)省庁全体として、2001 年から 16 年にかけて裁量の増大を求める傾向が強まったという可能性、逆にいえば文科省は他の省に比べて特に特徴的ではないという可能性と、(2)省庁全体の時系列変化はこの期間に関してはあまりなく、文科省が相対的に裁量を求める傾向を持つ可能性のどちらもがあり得るということである。

　別の言い方をするならば、文科省が他の省庁に比べて異なる傾向を持つとある程度確実にいえるのは、年による変化があまりない場合に、文科省の回答が過去の他省庁の回答と異なる場合に限られる[7]。逆に、文科省を除いた官僚調査において、省による違いがない場合に、文科省の値がそれまでの傾向と異なった場合は、文科省の特異性ではなく、時系列的な変化によるものと推測できる[8]。

　そこで、利用できるすべての質問について、分散分析を加え、省による違い、年による違い、さらに両者の交互作用が存在しているかどうか（いずれも、ここでは 5%水準で統計的に有意であるかを基準に用いた）に基づき類型化を行った。表にまとめる際は、前節で用いた社会や統治活動一般についての認識、政策決定過程における役割についての認識、政策決定過程の実態についての認識や行動といった三つの領域に分けて掲載した。また、交互作用は下線で示した。

　表 2-2 からは、省庁により違いがあり、それが安定的に維持されるという、機

表 2-2　分散分析に基づく省庁と時期の影響

		省庁	
		違いなし	違いあり
年	違いなし	**(A) 一般的価値や意識** セクショナリズム、効率測定可能性 **(B) 役割意識** 議員接触（正当化）、議員接触（反対緩和）、議員接触（支持）、議員弊害（従属）、団体接触（正当化）、団体接触（反対緩和）、裁量行使（団体） **(C) 政策過程の認識・行動** 時間（社会教導）、<u>困難・首相</u>、影響力一般・司法、影響力一般・労働、<u>影響力一般・利益団体</u>、影響力一般・知識人	**(A) 一般的価値や意識** 科学技術、安全保障、環境、市場への国家関与、第三者評価、エリート必要性、地域間格差是正、政策評価 **(B) 役割意識** 議員弊害（近視眼）、議員弊害（情報漏れ）、国会審議影響力、団体必要性、<u>協力・首相</u>、協力・野党、<u>困難・他省庁</u>、影響力一般・政党、裁量行使（国益） **(C) 政策過程の認識・行動** <u>接触・野党議員</u>、省内調整、<u>政治家との調整</u>、<u>団体との調整</u>
	違いあり	**(A) 一般的価値や意識** 教育 **(B) 役割意識** 議員接触（調整）、議員接触（情）、団体弊害（無駄） **(C) 政策過程の認識・行動** 時間（利害調整）、部下への指示、協力・財務省、影響力・野党、影響力一般・財界、影響力一般・市民	**(A) 一般的価値や意識** <u>日本への不満</u>、<u>都市問題</u>、<u>通商</u>、福祉、経済成長、大きな政府、効率性重要、能率より調整、所得格差是正、市民参加 **(B) 役割意識** <u>政治主導</u>、官僚主導、団体尊重、専門知識、官僚将来影響力、議員弊害（情報漏れ）、<u>議員弊害（無駄）</u>、団体接触（調整）、団体接触（情報）、団体接触（協力）、団体弊害（近視眼）、団体弊害（従属）、団体弊害（情報漏れ）、団体弊害（不公平）、官僚裁量望ましさ、裁量行使（知識）、裁量行使（バランス）、<u>裁量行使（先例）</u>、<u>審議会（情報）</u>、審議会（権威）、審議会（調整）、<u>審議会（公正）</u>、団体協力不可欠 **(C) 政策過程の認識・行動** <u>時間（調査分析）</u>、時間（政党）、<u>接触・大臣</u>、接触・政務次官、接触・事務次官、接触・局長、接触・他省庁官僚、接触・与党議員、接触・自治体、接触・団体、アイディア、省庁間調整、協力・内閣府会議、協力・他省庁、協力・与党、協力・国会委員会、<u>協力・団体</u>、協力・メディア、<u>困難・内閣府会議</u>、<u>困難・財務省</u>、困難・与党、<u>困難・野党</u>、<u>困難・国会委員会</u>、<u>困難・国会団体</u>、<u>困難・メディア</u>、<u>影響力・首相</u>、<u>影響力・内閣府会議</u>、<u>影響力・財務省</u>、<u>影響力・与党</u>、<u>影響力・国会委員会</u>、<u>影響力・団体</u>、<u>影響力・メディア</u>、<u>影響力一般・官僚</u>、<u>影響力一般・メディア</u>

関哲学でイメージされるようなものは多くないことがわかる。たしかに、省庁の違いが影響を持たないものはさほど多くなく、今回の質問項目では2割ほどにとどまる。しかし、省庁の違いがあるものについても、年により違いもあるもの、あるいは年と省庁が組み合わさると違いが生じるものが多く、全体の6割を超える。省庁により違いがあり、それが安定的であるというものは15%程度に過ぎない。

　四つの類型それぞれについてその中身をみると、いずれにおいても三つの領域すべてがみられる。一般的な価値や意識は、省庁による違いが安定的にあるものが相対的に多く、省庁による違いがなく時期による違いがあるのは、教育の重要性の認識だけであるといった点や、政治過程における認識や行動は、時期による違いがないことはあまりなく、ほとんどが時期による違い、さらには省庁と時期の双方の違いがあるものとなるなど、興味深い点もある。しかしいずれにせよ、三つの領域ごとの明確な傾向が存在するわけではない。官僚制の多様な側面ごとに認識や行動を形作っている要因には違いがあり、それらを丁寧に拾い上げる必要があることがわかる。

7　マルチレベル回帰分析による省庁横断的要因の解明

　以上の分散分析の結果から、認識・行動の8割方は省庁による違いがあると決めるのもまだ早い。官僚の認識や行動を規定する要因には、省庁横断的な、言い換えると個人レベルで存在するさまざまな要因があげられる。たとえば、世代が同じ人々に共通する考え方があることは、一般によくみられる。あるいは、もう少し官僚に特有の要因としては、役職の違いがある。課長クラスと局長クラスでは抱える業務に違いがあり、日常的に接触する相手にも違いがある。こうした違いは、省庁の違いを超えて共通のものである。これらの属性により説明される部分が大きく、かつ、ある属性を備えた職員がある省庁に多く存在しているならば、省庁の違いが官僚の認識や行動に影響を与えているのは、疑似相関に過ぎない。個人属性という交絡因子の影響を制御しなければ、それには還元されない省庁固有の違いが、本当に影響を与えているのかわからない。

　逆に、分散分析の結果から、省庁による違いは統計的に確認されないという

結果が出ている場合にも、省庁の違いが不在というわけではないのかもしれない。省庁全体としてみれば違いがない部分が大きいとしても、特定の省庁だけは異なる様相を示すことはあるかもしれない。また、省庁固有の違いが存在しているが、同時に、個人属性の影響が存在し、省庁固有の違いと打ち消しあっている場合、個人属性の影響を統制すると、省庁固有の違いが浮かび上がる可能性もある。

　これらの可能性を検討するため、さらに分析を進めよう。ここで行うのは、マルチレベル回帰分析である。すべての設問を検討するのは実際的ではないので、それぞれの類型から二つないし四つを分析する。

　省庁と時期の双方が影響を持っていないと思われる類型については、セクショナリズムは存在するという意見の程度と事務事業の効率は測定可能かという意見の二つをとりあげよう（図2-2上段右と上から2段目左）。両者とも、時系列での平均値の変化がほとんどなく、省庁でみても違いも大きくはない。1985年から2001年にかけて、上昇する省庁と下降する省庁の双方が存在しており、逆にいえば、認識が安定している省庁はほとんどない。

　省庁による違いは存在するが、年ごとの違いはないとされた設問からは、理解と協力が得やすいアクターとして上位四位までをあげさせる設問において、首相をどこに位置づけたのかというデータを取り上げる（図2-10上段左）。この回答についての分散分析結果を図示したものをみると、省庁ごとの違いはかなり大きく、0付近の省庁も多いが、2近くになる省庁も存在する。そして、時期による違いはあまり大きくなく、多くの省庁の結果は平行線となっている。

　もう一つの分析対象としては、裁量を行使する際の基準として、国益を選んだか否かという質問を取りあげる（図2-6）。これについては省ごとにグラフを書いているが、その中でも左から三つ目のものが、国益をあげた回答者の比率を示すものである。折れ線グラフが1985年の値、棒グラフが2001年（文科省については2016年）の値を示す。これをみると二つのグラフの値はおおむね近く、時系列的な変化は、国益についてはあまりないことがわかる。その上で、省庁の違いは大きい。この値が6割を超える財務省や経産省に対して、これが2割から3割程度しかない経企庁と労働省の違いは大きい。

　第3の類型として、年だけが影響を持ち、省庁による違いは大きくない場合を

第 2 章　サーベイにみる文部科学省官僚の認識と行動　41

表 2-3　個人属性

世　代		出　身		キャリア		専門性		職　階	
〜1920s	173	三大都市圏以外	392	キャリア	801	行政	63	局長級以上	169
1930s	258	三大都市圏	246	ノンキャリア	64	法律	480	審議官級	128
1940s	168	東　京	229			経済	121	課長級	569
1950s	199					技官	203		
1960s〜	69								

注）合計は世代、出身地、専門性は 867、そこから職階は 1、キャリアは 2 の欠損値がある。

考えよう。時系列でみた時、時期ごとに全体として上昇ないし下降がみられるだけで、省庁ごとの差は大きくない場合に、こうしたことが生じる。

　一つは、協力相手としての財務省である。すでに図 2-10 で掲げたもので、時期により若干の上昇がみられるが、省庁の幅はほとんど存在しない。もう一つの対象としては、時間を最も使っていることとして、利害調整をあげるか否かをとりあげよう。図 2-12 の各省の一番左のグラフがそれを示すが、折れ線グラフから棒線グラフへと、どの省庁も低下がみられることに加え、特に折線の方の 1985 年の値は省によってほとんど違いがみられず、ほぼ 0.4 から 0.6 の間に収まっている。

　最後に第 4 の省庁と年の双方の違いが分散分析から析出された類型は、該当するものが多いので、ここからは四つの設問をとりあげよう。第 1 は、政策の効率性が最も重要であるという言説への反対の程度である。図 2-2 の上段左に該当するグラフがある。これをみてわかるように、1985 年から 2001 年にかけて、全体として平均すれば値が高くなっているが、もともと低い省庁は低いまま、高い省庁はさらに高くなるといった傾向となっている。第 2 は協力が得やすいアクターとしての団体をあげるものである。これは、図 2-10 の下段中央のグラフだが、省庁間の違いが非常に大きい上に、1985 年から 2001 年にかけて協力が得にくくなっているという全体的な傾向がみられる。第 3 は、裁量行使の基準として専門知識をあげるものの割合である。図 2-6 の各省の一番左のグラフがこれを示している。これ

も2001年の方が多くの省庁で値が上昇している。中でも経企庁のように大きく上昇しているところがある。他方で、文科省は極端にこの値が低い。最後に第4は、最も時間を使っていることのうち、調査・分析をあげたものの割合である。図2-12の各省のグラフの左から二番目の点と棒がそれを示す。これは、時期によって上昇しているところもあれば下降しているところもある。加えて、経企庁や財務省のようにこの値が平均して高いところと、厚労省のように低いところの差も大きいものである。

マルチレベル分析とは、組織的要因と個人要因といった複数のレベルの要因を同時にモデルに投入した回帰分析のことである。ここでの分析のように、省庁横断的な属性を一方では考慮しつつ、省庁そのものの影響も分析したい場合に適した分析方法である。もっとも、行っている分析はそれほど難しいものではなく、発想としては、個人や組織のさまざまなグルーピングをいずれもダミー変数として同時に投入した回帰分析を行うことと大差ない。ただし、所属グループの数が多くなればダミー変数の数も非常に多くなり、モデルの自由度が下がってしまう。マルチレベル分析では、注目する要因以外についての要因を変動効果（ランダム効果）として捉えることで、効率的に分析を行うことができる。固定効果と変動効果の双方を分析に取り込むところからは、混合モデル、変動効果部分について階層性を考慮することからは階層線形モデル（hierarchical linear model）と呼ばれることも多い。

省庁横断的な個人属性として、ここで取りあげるのは、世代、出身地、キャリアかノンキャリアか、専門性は何か（技官か否か）、職階の五つである。それぞれの分類と該当数は前頁の表（**表2-3**）の通りである。

マルチレベル回帰の結果をみてみよう（**表2-4**）。すべての結果を示すのは紙幅の関係で不可能なので、省庁や年による違いは存在しないとされた設問について、分析結果の詳細を示し、残りについては結果の概要だけを示す[9]。

従属変数が1、2、3、4という順序変数なので、推定は順序ロジットを用いている。その上で、集団レベルと個人レベルの双方を考慮する際には、マルチレベルの順序ロジットを用いている。まずモデル1と5は、省庁による違いによって切片が異なるランダム変数として考えたモデルである。評価による効率性測定の方が少しこのランダム効果による分散は大きいが、このモデルとこのランダム効果を考え

第 2 章　サーベイにみる文部科学省官僚の認識と行動　43

表 2-4　マルチレベル回帰の結果

	(1)	(2)	(3)	(4)	(5)	(6)	(7)	(8)
			セクショナリズム				効率性の測定可能性	
30 年代			-0.772	-0.772			1.112	1.167
			(0.778)	(0.778)			(0.770)	(0.791)
40 年代			-1.053	-1.053			1.131	1.269
			(0.777)	(0.777)			(0.767)	(0.804)
50 年代			-1.149	-1.149			1.427	1.471
			(0.788)	(0.788)			(0.780)	(0.834)
60 年代			-1.004	-1.004			0.917	1.103
			(0.813)	(0.813)			(0.805)	(0.921)
三大都市圏			-0.0902	-0.0902			0.529**	0.479*
			(0.181)	(0.181)			(0.184)	(0.187)
東京			0.203	0.203			0.236	0.219
			(0.204)	(0.204)			(0.203)	(0.206)
ノンキャリア			0.748	0.748			-0.0144	0.0463
			(0.394)	(0.394)			(0.415)	(0.428)
法律			-0.456	-0.456			-0.580	-0.752*
			(0.284)	(0.284)			(0.304)	(0.314)
経済			-0.565	-0.565			-0.416	-0.641
			(0.333)	(0.333)			(0.350)	(0.366)
技官			-0.603	-0.603			-1.137***	-1.337***
			(0.313)	(0.313)			(0.335)	(0.351)
審議官			-0.259	-0.259			-0.101	-0.0111
			(0.269)	(0.269)			(0.271)	(0.277)
課長			-0.335	-0.335			-0.164	-0.133
			(0.231)	(0.231)			(0.232)	(0.246)
分割点 1	-2.687***	-2.694***	-4.399***	-4.399***	-2.937***	-3.018***	-2.379**	-2.508**
	(0.165)	(0.172)	(0.819)	(0.819)	(0.192)	(0.219)	(0.807)	(0.839)
分割点 2	0.330***	0.337***	-1.327	-1.327	-0.519***	-0.540***	0.0891	0.0192
	(0.0819)	(0.0943)	(0.800)	(0.800)	(0.0982)	(0.142)	(0.795)	(0.826)
分割点 3	2.147***	2.163***	0.524	0.524	2.110***	2.181***	2.827***	2.848***
	(0.132)	(0.142)	(0.798)	(0.798)	(0.140)	(0.175)	(0.803)	(0.834)
省庁分散	0.000	0.000		0.000	0.0222	0.000		0.000
	(0.000)	(0.000)		(0.000)	(0.0340)	(0.000)		(0.000)
年分散		0.0298		0.000		0.205		0.179
		(0.0499)		(0.000)		(0.110)		(0.104)
観測数	612	612	609	609	612	612	609	609
AIC	1372.0	1373.5	1368.9	1368.9	1352.3	1337.7	1332.2	1324.0

注) 括弧内は標準誤差。* $p < 0.05$, ** $p < 0.01$, *** $p < 0.001$。

ない順序ロジットモデルとの対数尤度による比較からは$\chi^2=0.70$にとどまり、統計的に有意ではない。つまり、ランダム効果を入れることで推定は改善されていない。これが、モデル2と6のように年も入れると、評価効率性における年のランダム効果の分散は相当大きく[10]、この場合は対数尤度による検定を行っても、1％水準で推定が改善されていることが示される。

　モデル3とモデル7は、個人レベルの属性を独立変数として、順序ロジットを行った結果である。セクショナリズムについての認識の違いを説明する要因として個人レベルの属性はいずれも説明力を持っていない。これに対して効率性測定の可能性を肯定するか否かの違いは、属性により説明できる部分があり、農村部出身者に比べ三大都市圏出身者は測定可能であると考える傾向があること、行政職採用者に比べ技官は測定不可能だと考える傾向があることがわかる。しかしこうした個人属性による説明は、所属省庁や年という集団への所属を考慮していないので、係数が過大あるいは過小になっているおそれがある。そこで、省庁と年のランダム効果を考慮するのが、モデル4と8である。モデル4については、そもそも個人属性も、所属集団も、どちらも効いていないのだから、二つを同時に考慮しても何も変わらない。AIC（赤池情報規準）も全く変化していない。これに対して、モデル8については、個人属性の影響が集団の違いを考慮してもなお、有意であるばかりか、行政職と比べた時に法律職も測定は不可能だと考える傾向があることが示されている。

　このように、グラフでみた時に省庁と年による影響がほとんど同じようにみえる二つであっても、それに対して個人属性と所属集団としての省庁と年がどのように影響を与えているかは、大きな違いがあることがわかった。グラフだけをみて、あるいは省庁と年による分散分析の結果だけをみて、省庁と年の影響を考えることには限界があり、やはり省庁横断的な要因の影響を考慮しなければならないことが、ここから明らかであろう。

　次に、分散分析の結果では省だけ、あるいは年だけが違いを説明するとされる設問について、個人レベルの変数も投入してマルチレベル回帰を行った。

　まず、省による違いはあるが年による違いはないとされた設問のうち、協力が得やすいアクターとして首相を何位に位置づけたかについては、やはり変動効果のう

ち省庁の分散が大きく、年の方はそれに比べて小さい。そして、個人レベルの効果だけを投入したモデルでは、技官は行政職に比べて首相の協力が得やすいと捉えている傾向が示されるが、これは集団レベルも考慮すると異なる結果になる。技官の違いは統計的な有意性を失う一方で、局長級以上に比べて課長級は協力を得やすいとは考えなくなる、あるいは逆に局長級の方が協力を得やすいと考える傾向というのが浮かび上がってくる。

　次に、裁量行使の基準を国益だと答えるか否かについては、変動効果のうち分散が生じるのは省庁だけであり、年では分散が説明されないのは、分散分析の結果と同様である。そしてこの場合は、個人レベルだけの分析結果は、集団レベルの変数を投入しても変わることはなく、1930年以前生まれの世代が、1930年代生まれの世代に比べて国益と答える傾向が高いこと、また局長級と比べた場合に課長級がこうした回答を行わない傾向が強いことが示される。

　これに対して、年による違いはあるが省による違いはないと分散分析の結果が出ている項目の場合、省庁によりグルーピングをした上で年によりさらに分けるという階層構造でランダム効果を考えると、財務省との協力関係については、年についてわずかに分散が説明されるが、それ以外はいずれも説明される分散はないことになる。結果として、個人レベルの変数だけからなるモデルに対して、省庁と年による集団レベルの変数をランダム効果としたモデルは、ほとんど変化が生じない。AICでみてもほとんど改善がみられておらず、これはマルチレベルで分析する意味がない。

　これは階層性を持っている以上、まず年によるグルーピングを行う方が、この場合には適切だからであろう。そこで、財務省との協力関係の認識について、まず年、そして省庁という形で階層を入れ替えたランダム効果の推定を行った。すると年によって分散のそれなりの部分が説明される形となり、これを投入しないモデルに比べた対数尤度の検定でも有意な差があることが示される。そしてこれを入れることで、個人属性の違いも浮かび上がるようになる。具体的には、1930年以前生まれに比べ、1930年代生まれは違いがないが、1940年代生まれ以降の世代は、財務省との協力が難しいという認識を持つようになっている。

　他方で、時間を割いているのは利害調整であるという回答については、年と省

庁の階層を入れ替えても、これらにより説明される分散は増えない。個人レベルの変数についても変化が生じない。個人レベルの変数を投入した時と結果はいずれも変わらず、1930年代以前の生まれに対して、1930年代生まれのものが、利害調整に時間をかけていると答える傾向があること、行政職に比べて技官は、利害調整に時間をかけていないという傾向があることがわかる。

最後に、分散分析の結果では省庁と年の双方が有意な違いをもたらす設問に対して、個人レベルの変数を同時に考慮した分析を行ってみる。

まず、効率性が政府の評価基準として最も重要という考え方への否定的評価の程度をみる。これに対しては、1930年代以前に比べて50年代生まれ、60年代以降の生まれという若い世代の方が否定的な傾向がより強いことが示されている。さらに、キャリアと比べてノンキャリアの方がむしろ肯定的、逆にいえばキャリアの方が否定的な傾向が強いことが示されている。こうした傾向は省庁や年のランダム効果を考慮したモデルにおいても変わらない。

他方、協力を得やすいアクターを順位づける設問で団体に対する回答については、様相が異なる。これについては、個人レベルの変数では局長クラスに比べて課長はそうは考えていないという結果となる。しかし、そのことは集団レベルのランダム効果を考慮すると5%水準を満たさなくなる。集団レベルのランダム効果については、省庁をさらに年で分けることで説明される分散が大きい。これを考慮した場合のAICの減少は大きく、モデルの改善の程度は大きい。したがって、協力を得やすいアクターとして団体をあげるか否かは、省庁横断的な個人属性ではなく、省庁ごとの、また同じ省庁でも年による違いが大きいということができるだろう。

裁量行使の基準として専門知識をあげる傾向は、1930年代以前の世代に比べて1960年代以降では弱くなる。これは個人レベルでは5%水準で統計的に有意であるが、省庁と年といった集団レベルを含めると5%を超えてしまう。しかし、集団レベルのランダム効果を考慮することで説明される分散はあまり大きくなく、これを入れないモデルとの対数尤度を用いた検定では、モデルに違いがあることは棄却されてしまう。AICがむしろ若干だが悪化することとあわせ、この場合は、集団レベルを考慮したモデルにすることには意味がないと考えるべきだろう。

最後に、時間を使うものとして、調査・分析を行うという傾向は、1930年代以

前の生まれの場合に強い。ただし、個人レベルの変数を投入した時は、それ以降すべての年代との違いが統計的に有意であるが、集団レベルの変数を入れると、違いがはっきりしているのは1950年代生まれとの違いだけになってしまう。ここでは集団レベルの変数を入れることによる推定の改善は確かめられるので、集団レベルの要素を考慮したモデルをとるべきであろう。

8 分析結果からわかることと今後の課題

　分散分析とマルチレベル回帰の分析結果をまとめておこう。まず、分散分析によって省庁による違いと年による違いにより、どの程度、官僚たちの認識と行動が説明できるかを確かめた。そこからは、省庁が違えば認識や行動は違うというのは、8割方は当てはまるものの、残りの2割についてはそうとはいえないこと、省庁による違いがある場合にも、時期によってさらに変化が生じるものが多く、省庁の違いが安定的に認識や行動を説明するというものはさほど多くないことが示された。
　さらに、省庁や時期を横断して存在する個人レベルの特性、たとえば世代、出身地、キャリア・ノンキャリア、専門、そして職階といったものにより説明できる部

表2-5　分析結果のまとめ

分散分析	設問	省庁	年	個人
双方×	セクショナリズム	×	×	×
	効率測定可能	×	○	三大都市圏、法律(-)、技官(-)
省庁のみ○	首相・協力	○	○	局長級
	裁量・国益	○	×	30年代以前、局長級
年のみ○	財務省・協力	×	○*	40年代以前
	時間・利害調整	×	×	30年代以前、技官(-)
双方○	効率重要	○	×	50年代以降(-)、ノンキャリア
	団体・協力	×	○	×
	裁量・専門知識	×	×	30年代以前
	時間・調査分析	×	○	50年代(-)

注）財務省・協力の年と省庁は年の方を上位階層とした場合。

分と、省庁や年による集団レベルにより説明できる部分をともに考慮しつつ、腑分けして理解するためにマルチレベル回帰を加えた。分析結果は表 2-5 にまとめられる。

　分散分析の結果と、省庁及び年の変動効果の結果は三つの場合で同じになった[11]。逆にいえば、残りの七つでは分散分析の結果とは同じにならない。個人レベルの変数も投入しているのが理由として考えられる。個人属性については、専門や役職、キャリアであるか否かといったことが影響するものが、五つあった。行政についての考え方や価値観、他のアクターとの関係、日常的な活動のいずれにおいても、これらが影響を与えるものがみられた。他方、世代の違いも六つの設問において影響を持っていた。とりわけ、1950 年代までに入省した世代と 60 年代以降の違いが多くのところでみられる。そしてこれについても、行政についての価値観や考え方から、日常的な活動、他のアクターについての認識までいずれにもまたがっている。

　最後に、文科省のデータを理解する上での注意点を検討しておこう。ここでみたように、文科省の回答傾向が他の省のこれまでのデータと異なるものだったとしても、そのまま即、それが文科省の特徴を示すものと考えるのは危険である。文科省は他の省とは異なる特徴を持つと考える場合にこそ、そうした予断からデータをみてしまうことのないよう、慎重な態度が求められる。とりわけ、個人レベルの要因を統制した場合、そこで効果を持つ要因があった場合、その違いがみかけ上、文科省の特徴をもたらす可能性に注意が必要である。もう一度個人属性について、文科省以外の八つの省のデータと、文科省のそれを比較してみたのが表 2-6 である。

　この表に示されるよう、他の省庁と文科省では、調査した時期が違うために当然、回答者の世代が大きく異なる他、キャリアの割合が文科省の方がより高く、行政職と技官の割合が高く、逆に法律職と経済職の割合が低い。そして、局長級以上の回答比率が小さく、課長級の割合が高くなっている。これらは文科省の職員の特徴が現れている他、回答率の違いなどによってもたらされている可能性もある。

　単純な集計値で文科省が特徴的な傾向を示したとしても、個人要因のうち、

表 2-6　文科省回答者の属性の特徴

		他の省庁	文科省
世　代	1920年代以前	21.84	
	1930年代	32.58	
	1940年代	21.21	
	1950年代	23.99	12.00
	1960年代以降	0.38	88.00
出身地	三大都市圏以外	45.45	42.67
	三大都市圏	28.03	32.00
	東　京	26.52	25.33
キャリア	キャリア	92.15	97.33
	ノンキャリア	7.85	2.67
専　門	行　政	6.57	14.67
	法　律	57.07	37.33
	経　済	14.90	4.00
	技　官	21.46	44.00
ポジション	局長級以上	20.33	10.81
	審議官級	14.90	13.51
	課長級	64.77	75.68

注）値はすべて各項目内の相対比率（％）。四捨五入のため合計が100にならないことがある。

1960年代以降生まれが持つ傾向、キャリアが持つ傾向や、行政職及び技官が持つ傾向（逆に法律職や経済職が持つ傾向）、課長級が持つ傾向（逆に局長級以上が持つ傾向）が影響を持つならば、文科省ではこれらの属性を持つ職員が他の省庁より多く存在するために生じた疑似相関である可能性が残る。たとえば、文科省の回答の傾向にみられる効率性を測定可能であるという回答が少なく、首相との協力関係を築けておらず、利害調整にあまり時間を費やしていないといった特徴は、文科省の回答では技官の割合が高いことや、局長級の回答が少ないことによってもたらされている可能性がある。

　もちろん、そうした人々が多いということ自体が、文科省の特徴であると考えれば、疑似相関であってもそれを文科省の特徴ということが全くの誤りというわけで

はない。しかし、たとえば技官が同じような傾向を持つことが、他の省庁についても当てはまり、文科省において技官の割合が高いために、その傾向がより強く出ることは、省庁横断的な要因ではない文科省固有の何らかの要因が影響していることとは異なる。

　文科省が持つ特徴が何であるかは、省庁横断的な説明をできるだけ試みた後、それでもやはり説明できない残差について、初めて検討すべきである。最初から文科省は他の省とは異なる存在であるという前提をおいて議論を進めては、事実を見失う危険は大きい。科学の方法に沿った分析を蓄積することで初めて、文科省の本当の実態がみえてくるのである。

注
1　同様に、国際政治学が存在する外務省や防衛省、刑事学が存在する警察庁の研究、さらに司法官僚制の研究も、日本の政治学や行政学では低調である。隣接する研究領域がある場合に、棲み分けを意識して研究が手薄になる傾向が見受けられる。
2　2001年に省庁再編が行われているが、2001年のデータも省庁再編以前の省庁を単位としてデータの収集と集計が行われているので、省庁再編以前の省庁単位で分析を行っている。
3　調査はいずれも一般社団法人中央調査社への委託により実施された。
4　ただし、サブクエスチョンの数え方により数は変わる。この数はサブクエスチョンを含まないものである。また、回答の選択肢に変化がある場合も含めている。
5　ただし、調査年により選択肢にはやや違いがある。とりわけ大きなことは、2001年には経済成長が選択肢に加わったことである。これが他の選択肢への回答を減させるという影響を与えている。
6　効果量（η^2）は年が0.02、省庁と交差項は0.01以下、F値はそれぞれ5.7, 0.7, 0.6である。
7　これとて、2001年から16年の間に構造的な変化があり、それまでは時系列的な安定性を示していた態度や行動に、全体として変化が生じている可能性も、小さいとはいえ否定できないだろう。
8　2001年までの時点で時系列変化が生じていれば、この推測は容易だが、そうでないならば、上の注で述べたような構造的変化が生じたことになる。
9　すべての分析結果の詳細は、2018年度の日本政治学会報告論文に掲載した。筆者のウェブサイトから入手できるので、関心をお持ちの場合はそちらをご覧いただきたい。
10　ランダム効果については、階層性を想定するため、まず省庁で区切った後、年で区

切る、つまり各年の省庁といった合計 17 のグループに分けた場合の結果が、ここでいう「年」の分散である。グラフをみてわかるとおり、省庁ごとに安定的ではなく、年により値が上がる省庁もあれば下がるものもあるのだから、省庁をさらに年で区切ったもので分散を説明する場合は、省庁により説明される分散はほとんどなくなることとなる。
11　分散分析で双方が有意だった場合、マルチレベル回帰においては、省庁を上位階層とした上で年を下位の階層とした場合の年の変動効果が有意である場合も、同じ結果と捉えた。

参考文献

青木栄一・伊藤正次・河合晃一・北村亘・曽我謙悟・手塚洋輔・村上裕一（2017）「2016 年度文部科学省幹部職員調査基礎集計」『東北大学大学院教育学研究科研究年報』66 巻 1 号、177-198 頁。

清水真人（2015）『財務省と政治―「最強官庁」の虚像と実像』中央公論新社（中公新書）。

城山英明・鈴木寛・細野助博［編］（1999）『中央省庁の政策形成過程―日本官僚制の解剖』中央大学出版部。

城山英明・細野助博［編］（2002）『続・中央省庁の政策形成過程―その持続と変容』中央大学出版部。

副田義也（2007）『内務省の社会史』東京大学出版会。

曽我謙悟（2006a）「政権党・官僚制・審議会―ゲーム理論と計量分析を用いて」『レヴァイアサン』39 号、145-169 頁。

曽我謙悟（2006b）「中央省庁の政策形成スタイル」村松岐夫・久米郁男［編］『日本政治変動の 30 年―政治家・官僚・団体調査に見る構造変容』東洋経済新報社、159-180 頁。

曽我謙悟（2008a）「首相・自民党議員・官僚制のネットワーク構造―日本のコア・エグゼクティヴ」伊藤光利［編］『政治的エグゼクティブの比較研究』早稲田大学出版部、107-130 頁。

曽我謙悟（2008b）「官僚制人事の実証分析―政権党による介入と官僚制の防御」『季刊行政管理研究』122 号、17-34 頁。

建林正彦（2005）「官僚の政治的コントロールに関する数量分析の試み」『年報政治学』2005-I 号、201-227 頁。

寺脇研（2013）『文部科学省―「三流官庁」の知られざる素顔』中央公論新社（中公新書ラクレ）。

前川喜平・寺脇研（2017）『これからの日本、これからの教育』筑摩書房（ちくま新書）。

牧原出（2003）『内閣政治と「大蔵省支配」―政治主導の条件』中央公論新社（中公叢書）。

真渕勝（1989）「大蔵省主税局の機関哲学」『レヴァイアサン』4 号、41-58 頁。
真渕勝（1994）『大蔵省統制の政治経済学』中央公論新社（中公叢書）。
真渕勝（2004）「官僚制の変容―萎縮する官僚」『レヴァイアサン』34 号、20-38 頁。
真渕勝（2006）「官僚制の変容―萎縮する官僚」村松岐夫・久米郁男［編］『日本政治変動の 30 年―政治家・官僚・団体調査に見る構造変容』東洋経済新報社、137-158 頁。
村松岐夫（1981）『戦後日本の官僚制』東洋経済新報社。
村松岐夫（2010）『政官スクラム型リーダーシップの崩壊』東洋経済新報社。
村松岐夫・久米郁男［編］（2006）『日本政治変動の 30 年―政治家・官僚・団体調査に見る構造変容』東洋経済新報社。
山口二郎（1987）『大蔵官僚支配の終焉』岩波書店。
Johnson, Chalmers. 1982. *MITI and the Japanese Miracle: The Growth of Industrial Policy 1925-1975*. Stanford: Stanford University Press.
Krause, George A. 2013. "Representative Democracy and Policy-Making in the Administrative State: Is Agency Policy-Making Necessarily Better?". *Journal of Public Policy* 33: 111-35.
Lipsky, Michael. 1980. *Street-Level Bureaucracy: Dilemmas of the Individual in Public Services*. New York: Basic Books.
Maynard-Moody, Steven, and Shannon Portillo. 2010. "Street-Level Bureaucracy Theory." In Robert F. Durant ed., *The Oxford Handbook of American Bureaucracy*. Oxford: Oxford University Press, 252-77.
Nicholson-Crotty, J., J. A. Grissom, and S. Nicholson-Crotty. 2011. "Bureaucratic Representation, Distributional Equity, and Democratic Values in the Administration of Public Programs." *Journal of Politics* 73: 582-96.

第3章
文部科学省の格差是正志向と地方自治観

北村 亘

　本章の目的は、2016年実施の文部科学省の本省課長級以上の幹部職員を対象としたサーベイをもとにして、格差是正に関する政策選好の違いが地方自治体に対する認識や行動にどのような差異を生み出しているのかということを明らかにする。
　まず、個人間の経済格差の是正と地域間の経済格差の是正という二つの観点から、75名のサンプルを、四タイプに分類することから試みる。その結果として、両者とも追求しようとする介入主義、個人間の経済格差の是正だけを志向する集権主義、地域間の経済格差の是正だけを志向する分権主義、そしていずれにも否定的で市場原理に委ねようとする放任主義の四パターンを析出することになるだろう。
　次いで、3名だった集権主義を除いた三つのパターンにおける地方自治体への評価や地方税財政に関する評価、そして具体的な接触頻度や接触の方向性についても調べる。分析の結果、格差是正の手法に対する認識と、格差是正の手段として協働関係を築かなければならないはずの地方自治体に対する評価や認識がリンクしていないという興味深い結果が明らかになるだろう。

1　地方自治体に対する認識は？

　本章の目的は、文科省の幹部職員の格差是正志向と地方自治観との関係を解明することである。2016 年実施の文科省の本省課長級以上の幹部職員を対象としたサーベイ（以下、2016 年度調査）をもとにして、格差是正に関する政策選好の違いが地方自治体に対する認識や行動をどのような差異を生み出しているのかということを明らかにする。

　文科省と地方自治体の協働が求められる義務教育は、教育行政全体の中でもとりわけ比重が大きく、円滑な遂行のために文科省と地方自治体との協働が制度的に不可欠である。このような制度環境の下で、格差是正のための教育行政を志向する文科省の幹部職員が地方自治体をどのようにみているのかということを明らかにすることは、一般的には、官僚がどのようにして政策選好を実現していくのかということを考える上で極めて重要である。

　そこで、本章では、文科省の本省課長級以上の職員が地方自治体に対してどのような認識を持ち、どのような行動を具体的に採っているのかということを、2016 年度調査の結果から明らかにする。結論を予め要約しておくと、文科省の幹部職員が最も重視する「格差是正」に関する志向の違いが、協働のパートナーである地方自治体に対する認識の違いにつながっていることが明らかになった。ただ、その認識の違いの結びつき方には解釈が難しい点も多々あることがわかった。たとえば、格差是正に対して冷淡な認識を持ち、地方自治体に対する評価も低いにもかかわらず、地方自治体に積極的に接触していることはその一例である。

　本章は、最初に理論的な検討を行い、その後、順にデータを格差是正に関する質問文を手掛かりにして四分類した上で、入省庁や職位、出身地で地方自治観に違いがあるのかどうか分析し、実際の地方自治体関係者との接触頻度や接触の方向性について考察を行う。最後に、知見を要約した上で含意をまとめておく。

2 理論的検討

1 「問い」の確認

　教育行政の円滑な実施を考えると、文科省と地方自治体との協働は重要である。教育行政の中でも、義務教育についていえば、小中学校の建設や運営は市町村が責任を持ち、教員の給与負担や人事管理については原則として都道府県が責任を持つ中で、文科省は教員給与の財政負担やカリキュラムの大綱づくりに関与している（北村・青木・平野 2017: 126, 142, 183）。財政的な観点からも 2004 年度から 2006 年度までの「三位一体の改革」の中で義務教育費国庫負担金の削減が行われた後にあっても、依然として大きな比重を占めている（北村 2009）。2018 年度当初予算において文科省関連の予算額は 5 兆 3,093 億円が見込まれているが、その中で文教予算は 4 兆 405 億円を占めている。さらにその中でも、公立の義務教育諸学校の教職員の給与費などの経費の 3 分の 1 を負担するために都道府県や政令市に交付される義務教育国庫負担金は 1 兆 5228 億円を占めている[1]。また、歳出純計額の目的別歳出額で地方自治体が最終的支出をしている比率をみてみると、学校教育費では 87％、社会教育費では 78％も占めている（総務省『地方財政白書』平成 30 ［2018］年版）。

　つまり、文科省と地方自治体の協働が求められる義務教育の比率は文教予算の中でもとても大きく、文科省が自ら掲げた政策の実現は、地方自治体との協働に左右されるということである。文科省の幹部職員が地方自治体に対してどのような認識を抱いているのかということを解明することが重要となる。

　他方、文科省の幹部職員の政策選好は、国内行政への関心が高く、とりわけ福祉志向が非常に強いことが明らかになっている。経済や雇用と密接した政策というよりは、貧困などの結果として教育の機会が奪われている人たちへの救済を重視する傾向が強いといえる。2016 年度調査でみると、回答者総数 75 名のうち、最も多い 27 名が福祉志向となっており、次いで多い 15 名の経済志向を大きく上回っている（北村 2017: 10, 図表 8）[2]。やや極論すれば、文科省は、教育行政を、経済活力の維持のための手段としてよりも、機会平等を達成するための手段として捉える傾向が強いといえる。換言すれば、旧文部省入省組を中心に、福祉や弱

者救済のための教育施策への関心が強く、格差是正志向が強いということができる。そして、教育のみならず社会保障に関する施策は、最終的には地方自治体によって実施されているため、やはり文科省の幹部職員の地方自治観を理解することが文科省と地方自治体との関係を明らかにするためにも必要な作業となる。

格差是正志向が強い文科省の幹部職員たちが、教育行政のカウンターパートである地方自治体に対してどのような認識を抱き、どのように対応しているのだろうか。文科省からすれば、教育行政の最終的な実施主体ともいえる地方自治体の財政力の格差を是正すべきという考え方もあるだろうし、地方自治体を考慮に入れずとも直営的に個人の経済的格差を是正すべきという考え方もあるだろう。あるいは、そのどちらも同時並行的に進めて格差是正を速やかに図るべきという考え方もあれば、そもそも格差是正を行うこと自体を否定する考え方もあるかもしれない。文科省は、格差是正志向の強い教育行政を円滑に実施していくために、直接的に個人間の格差是正を図るのか、それとも、政策の実施主体である地方自治体間の格差是正を図るのか、あるいは両方の手段を使っても格差是正を図るのか、それとも格差是正については何もしないのか、ということで選択を行っている。文科省の政策実施を分析する場合、文科省の地方自治観の解明が重要なことは明らかであろう。

2 先行研究

これまで教育に関する行政制度や行政組織に関する研究といえば、教育行政学が大きな成果を上げてきた分野である。主として地方自治体の教育委員会制度の政治的中立性への関心が強い一方で、文科省の組織的特徴への関心は高いとはいえなかった。文科省を分析に取り込んだ政策決定研究においても、「教育を統治するのは誰か」という問いかけのように、権力主体としての文科省に対する関心が強かったように思われる。たとえば、地方分権改革以後の教育をめぐる中央地方関係を観察した結果、首長の教育行政に対する影響力拡大を指摘している研究などでは文科省の影響力低下を指摘しているが、その政策選好などが明らかになっているとは言い難い（たとえば青木 2013）。教育政策という政策共同体の中で「誰が影響力を持つのか」ということに関心が強いように思われる。文科省の

事務次官経験者による「教育は誰のものか」という関心も同様のものである（前川 2018）。しかし、そこでは、文科省は、地方分権改革あるいは地方自治体にどのような政策選好を持ち、どのように行動しているのかということについては十分に明らかにされてこなかった。

　他方、行政学の一連の行政研究でも、政策分析の中で財務省（旧大蔵省）や経済産業省（旧通商産業省）、厚生労働省（旧厚生省）などへの関心は高かったのに対して、文科省に対しては十分な関心を払ってきたとは言い難い。行政学者によるキャリア官僚へのサーベイでも、旧文部省も旧科学技術庁も調査対象とはなっていないことから、行政学にも教育行政を担う文科省の地方自治観についての知見の蓄積はほぼないといえる（村松 1981; 2010、村松・久米［編］2006、例外として真渕 2009）[3]。

　そもそも行政学における官僚研究の中で、政治家の再選志向に匹敵するだけの官僚の選好を特定しようと何度も試みられてきたが、世界的にも政治家に匹敵するような官僚の行動原理が解明されてはいない[4]。しかも、官僚が政策選好を実現するために、どのような行政機関を巻き込んでいくべきと考えているのかということについても、分析が十分であったとも言い難い。

　地方自治体との協働の中でしか政策目標が達成できない制度環境に置かれている中で、格差是正志向の強い文科省の幹部職員たちが、地方自治体に対してどのような認識を持ち、そして実際にどのように行動しているのだろうか。2000 年の地方分権一括法施行以後、権限が大幅に強化された地方自治体に対する文科省の選好や行動を明らかにすることは、教育行政学にも行政学にも大きな貢献となり得るだろう。政治学では、政治家の再選志向と党派性、そして地方分権や政策的帰結との関連性について研究が進んでいる（Toubeau and Wagner 2015; 2016）。文科省の幹部職員の分析を通じて、官僚の政策選好と地方分権、政策的帰結についての一般的な議論に貢献することも可能となるだろう。

3　仮説

　国家内部の格差是正に関する研究は、文科省の幹部職員の格差是正に関する政策選好と地方自治観との関係についての考察に大きな手掛かりを与えてくれると

思われる。一般的に、中央政府が国家内部の格差是正を図ろうとする場合、地方自治体に対して四つのアプローチがあり得る（Beramendi 2012: 31）。

　第1のアプローチは、中央政府による租税や財の移転のコントロールによって直接に個人間の格差是正を図ろうとする「集権主義アプローチ」である。中央政府と地方政府との結びつきはあまり強くなく、地方政府の業績に対しての評価もあまり高くないので、中央政府は、地方政府に裁量を付与しない個別補助金を重視することになる。

　第2のアプローチは、地域間の格差是正を重視するために地方政府への財源保障を重視する「分権主義アプローチ」である。中央政府と地方政府との結びつきは高く、地方政府の業績を一定程度評価していることから、中央政府は、地方税の拡充や中央の税目の税源移譲などを重視することになる。

　第3のアプローチは、地域間格差も個人間格差も是正しようとする積極的な「介入主義アプローチ」である。あらゆる手段を用いても格差是正を図ろうとする姿勢ともいえる。財政的にはハイブリッド的な制度を志向し、地方税も重視するが、同時に地方交付税や国庫補助負担金といった中央政府から地方政府への移転財源が重視されることになる。

　第4に、中央、地方を問わず政府による介入ではなく市場メカニズムに委ねるという「放任主義アプローチ」があり得る。どの財源も重視していないどころか、公共セクターの拡大をそもそも否定している。

　日本の場合、教育行政でも他の分野と同様に中央政府と都道府県、市区町村が協働して事務執行を行う融合型の中央地方関係であることを考えると、格差是正の追求などの福祉志向が強い文科省の幹部職員は、全体として地方自治体へ協調的な姿勢を示し、地方自治体との頻繁な意見交換などを行っているのではないかと考えられる。つまり、中央地方問わずリソースを動員して格差是正を図ろうとする「介入主義」や、地方自治体を通じて格差是正を図ろうとする「分権主義」が、地方自治体に対する文科省の中心的な考えであると考えられる。介入主義よりも分権主義の方が、地方自治体への高い評価や宥和的な姿勢、そして接触頻度の大きさが想定される。地方自治体への評価が分権主義よりも低いかもしれない介入主義も、地方自治体への評価は高く、少なくとも自前では政策目標が

達成できない時に地方自治体に期待するという意味では地方自治体に宥和的な姿勢を示すと考えられる。分権主義や介入主義の認識は、地方自治体が最も関心を持つ税財政での好意的な認識にもつながるだろう。

　また、そもそも格差是正に関心を示さない「放任主義」の認識や、中央政府による個人的な経済格差の是正を強調する「集権主義」の認識を持つ幹部職員は、地方自治体の評価は低いだけでなく、地方自主財源にも冷淡な認識を有しているだろう。地方自治体に対する認識や行動において、職位による差異はないと考えられるが、都市部出身者では地方自治体に冷淡な姿勢をとる可能性も否定できない。

　他方、一部の文部官僚の著作からすれば、全く逆の推論も成り立つ可能性がある。つまり、文科省の幹部は、地方自治体を規制対象とみなしているだけかもしれないのである。彼らからすれば、自らだけで格差是正を行うのは困難であるが、だからといって地方自治体を、格差是正を行うためのパートナーとみなしていないという推論も成り立つ。

　旧文部省では、政治から中立性を持っている文部官僚が審議会での各団体や専門家の意見を聞きながら既存の教育基本法を核とした法体系を維持運営していくことが重要だと考えられていたようである（前川2018）[5]。そこから考えると、1984年の臨時教育審議会以来、教育行政では、教育の特殊性を考慮せずに規制緩和とともに押し付けられた地方分権に対しては相当の拒絶反応があるように思われる（前川2018: 139-140）。地方自治体への権限移譲が進む中で、文科省の幹部は、地方自治体をあくまで法令や通達に違反した時の「処分の対象」としてしか認識していない可能性が高い。もう少し踏み込んでいえば、文科省からすれば地方自治体は事後的に評価する対象ではあるが、ともに事前にすり合わせや意見交換をして何らかの課題を実現していくパートナーとはみなしていないということを意味している[6]。

3　データから明らかになった文科省の地方自治観

　文科省の本省課長級以上の幹部職員の地方自治観を考える手がかりは、教育

政策の目標として彼らの多くが追求する格差是正志向に関する認識である。福祉の中でも特に地域間格差の是正と個人の所得間格差の是正に関する質問がサーベイでは用意されている。それらを手がかりにして、格差是正へのアプローチの仕方と地方自治観との関係を分析していく。

1 四つのタイプ

　政府の主要な課題に関して、所得間格差の是正と地域間格差の是正の二つでクロス表を作成すると、以下のように所得間格差の是正にも積極的であり、地域間格差の是正にも賛成する傾向が強い「介入主義」的な政策選好を持つグループが最も多いことがわかる（34名、表3-1）。意外なことに、所得間格差の是正にも地域間格差の是正にも反対する傾向が強い「放任主義」的な政策選好を持つグループが省内に相当いることも明らかになった（20名）。文科省、都道府県、市区町村との円滑な協働なしにはうまく教育での政策目標が達成できないことを考えると、地方自治体による格差是正を支持する「分権主義」的な政策選好を持つグループが多いと想定されていたが、実際には放任主義よりもわずかに少ない（18名）。そして、所得間格差を問題視しながらも地域間格差是正には反対志向の「集権主義」的な政策選好を持つグループはほとんどいない（3名）。

表3-1　所得間格差と地域間格差の是正に対する態度

所得間格差是正の賛否 と 地域間格差是正の賛否 のクロス表（カイ2乗検定）

		地域間格差是正の賛否		合　計
		賛成志向	反対志向	
所得間格差是正の賛否	賛成志向	介入主義 34	集権主義 3	37
	反対志向	分権主義 18	放任主義 20	38
合　計		52	23	75

p<0.01.
注）問29の所得間格差是正（ホ）と地域間格差是正の認識（ヌ）に関する4点尺度の回答の中で、「賛成」と「どちらかといえば賛成」を「賛成志向」に、「どちらかといえば反対」と「反対」を「反対志向」にリコードしたものである。なお、質問文では、「政府の主要な課題」としての認識を尋ねているのであって、厳密にいえば「文科省の主要な課題」として尋ねているわけではない。

第3章　文部科学省の格差是正志向と地方自治観　61

　2016年度調査から文科省内では介入主義が圧倒的に優位であるといえるが、他の府省の調査を同時期に行っていないために、文科省の傾向がどの程度一般的なのかを直接に測ることはできない。ただ、2001年の官僚サーベイから推測することは可能である。15年も空いているので同列の比較は不可能であるが、同じ質問文を手掛かりに旧大蔵省や旧通産省、旧自治省などの8省庁と比較してみると、強いていえば、旧農林水産省、旧厚生省のような分布に近いと推測できる（図3-1）。

　次いで、文科省の幹部職員における介入主義、集権主義、分権主義、放任主義という格差是正に関する四類型は、政治的合理性と行政的合理性の中ではどのように位置づけられるのかという点も確認しておく。すでに、日本の行政官僚制における類型論として、政治的合理性を何よりも追求する「調整型」官僚、政

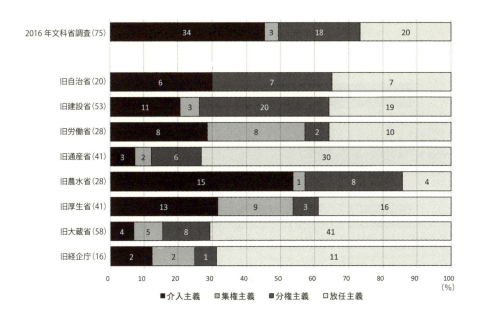

図3-1　2016年の文部科学省と2001年の8官庁

注）2001年調査は、省庁再編直後に村松岐夫教授をはじめとする行政学の研究者を中心に、大蔵省、通商産業省、経済企画庁、自治省、建設省、農林水産省、厚生省、労働省の290名の本省課長級以上を対象に行われた（村松・久米［編］2006；村松2010）。

治的合理性の中で行政的合理性を追求する「吏員型」官僚、行政的合理性を何よりも追求する「国士型」官僚という三分類が定着している（真渕 2009）。しかし、2016 年度調査によれば、文科省では、さらに国士型官僚を二種類に分け、政治的合理性を重視せずに行政的合理性を重視する「古典型」官僚と、政治的合理性も行政的合理性も重視しない「超然型」官僚の存在が明らかになっている（北村 2017）[7]。

　格差是正について介入主義、集権主義、分権主義、放任主義を標榜する官僚たちは、政策実現における古典型、超然型、調整型、吏員型の四タイプのどれに該当するのかということをみてみると、介入主義では、政治を拒絶する古典型と超然型の 2 類型で 60％を越えていることがわかる（図 3-2）。他方、分権主義では、政治を重視する調整型が最も多く、次いで政治を重視しながら効率性を追求する吏員型が多い。分権主義には、政治を拒否する古典型と超然型が地方自治体を重視する点で興味深い。放任主義では、調整型よりも吏員型の方が多く、

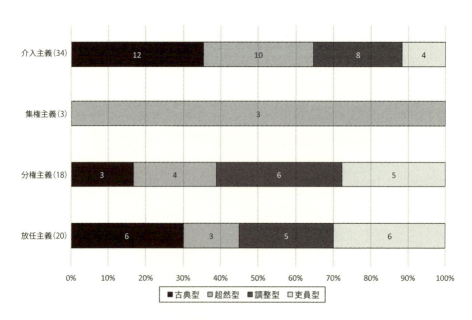

図 3-2　格差是正の手法と官僚の 4 類型

意外にも政治を拒否しながらも自らの専門性を重視する古典型が多い。放任主義は、実施の効率性には関心を持つタイプが多いが、格差是正には関心を持っていない。

2　出身地、入省庁との関係

　格差是正に関する認識と出生地との関係についてみてみると、三大都市圏出身では放任主義が多く、それ以外では介入主義や分権主義、集権主義が多いのではないかと考えたが、実際は、生誕地であろうと15歳時点での居住地であろうと無関係に「放任主義」は一定の存在感を示していることがわかる（**表3-2**）。また、三大都市圏で生まれた幹部職員では介入主義が最も多く、次いで分権主義、そして放任主義が多くなっている一方で、それ以外の地域で生まれた幹部職員では介入主義に次いで多いのが格差是正に否定的な放任主義である。15歳の時に三大都市圏に住んでいた幹部職員でみても、介入主義が最も多く、次いで分権主義、そして放任主義となっている一方で、その他の地域出身の幹部職員では介入主義に次いで多いのがやはり放任主義となっている。三大都市圏以外の出身なら放任主義は少ないはずだという議論は成り立たない。三大都市圏出身だからといって放任主義が多いと考えるのも早計である。

　次に職位との関係でみてみると、文部系で中央と地方の協働で格差是正を図ろうとする介入主義が圧倒的であることがわかる（**表3-3**）。同時に、意外にも格差

表3-2　出身地との関係

	生誕地			15歳居住地		
	三大都市圏の都府県	その他の道県	合計	三大都市圏の都府県	その他の道県	合計
介入主義	19	15	34	21	13	34
集権主義	2	1	3	2	1	3
分権主義	12	6	18	12	6	18
放任主義	9	11	20	10	10	20
合計	42	33	75	45	30	75

表3-3 入省庁、職位と格差是正との関係

役職 と 格差是正手法 と 入省庁時の省庁 のクロス表

入省庁時の省庁	文部科学省内での職位	格差是正手法				合計
		介入主義	集権主義	分権主義	放任主義	
文部省	次官・局長級、審議官級	4	0	1	3	8
	課長級、その他	24	0	5	7	36
	小計	28	0	6	10	44
科学技術庁	次官・局長級、審議官級	1	0	5	3	9
	課長級、その他	4	1	4	6	15
	小計	5	1	9	9	24
その他	審議官級、課長級	1	2	3	1	7

注）全体で75名であることから、回答者の特定を回避するため敢えて大括りのカテゴリーとしている。

部局と不平等是正手法 と 入省庁時の省庁のクロス表

入省庁時の省庁	文部科学省内での所属部局	不平等是正手法				合計
		介入主義	集権主義	分権主義	放任主義	
文部省	大臣官房	4	0	3	3	10
	生涯学習政策局	4	0	1	0	5
	初等中等教育局	8	0	1	2	11
	高等教育局	2	0	0	3	5
	科技系3局及び「その他」	10	0	1	2	13
	小計	28	0	6	10	44
科学技術庁	大臣官房	1	1	3	4	9
	科学技術・学術政策局	1	0	0	1	2
	研究振興局	0	0	2	1	3
	研究開発局	3	0	2	3	8
	小計	5	1	8	9	23

注）入省庁が文部省や科技庁ではない「その他」の職員7名の解答は、回答者の特定を回避するため下表では除外した。また、同様の理由により科技庁入庁者1名を除外した。そのため下表の総数は67名である。

是正に否定的な放任主義も多く、地方自治体を通じて格差是正を図ろうとする分権主義を上回っている。科技系では、放任主義がもちろん多いが、意外にも分権主義や介入主義も少なくない。職位別でみると、課長級でいえば文部系では介入主義が鮮明であり、科技系では放任主義が多いが、介入主義や分権主義も少なくない。ただ、文部系では審議官級では放任主義が多くなり、次官・局長級で介入主義が多くなるのに対して、科技系では審議官級では分権主義と放任主義だけになり、次官・局長級では分権主義が多くなる。上位の職位では科技系であっても、文部系との違いはあまりないが、強いていえば科技系の次官・局

長級は地方自治体を通じた分権主義を重視し、文部系の次官・局長級は全面的な介入主義を重視しているように思われる。

3 地方税財政への姿勢

個人的及び地域的な格差是正のための期待する介入主義と、地域的な格差の是正をより重視する分権主義の双方が強い文科省で、地方自治体の財源についてどのように考えているのかということを、地方交付税、国庫補助負担金、地方税という地方自治体の三つの歳入源でみていく（図3-3）[8]。地方税財政への文科省の幹部職員たちの評価は非常に謎に満ちている。

地方自治体の使途の裁量が大きい移転財源である地方交付税でいえば、放任主義が予想通り冷淡である。しかし、わずかに文科省内で地域間格差ではなく個人的な格差是正を重要視している集権主義が、なぜか地域間格差の是正で重視

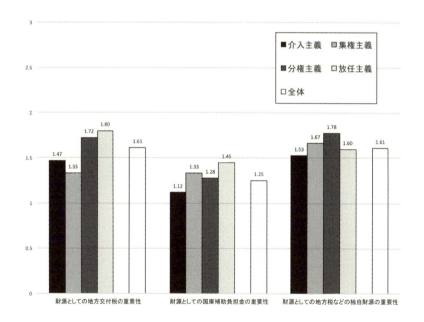

図 3-3　格差是正と地方税財政に関する認識

注）問 11 は、「1. 大変重要である、2. 現状のままで良い、3. 重要ではない」の 3 点尺度であり、数値が大きくなればそれだけ重要性が低いと考えていることを意味する。

されている地方交付税を重要視していることと、地方自治体を重要視している分権主義が、なぜか地方交付税に対して幹部職員全体の平均よりも重要視していない。

国庫補助負担金についていえば、文科省全体で地方交付税よりも重要視していることがわかる。このことは、三位一体の地方税財政改革の際の義務教育費国庫負担金の削減問題の時の議論でも明らかである（北村 2006）。特に介入主義では、国庫補助負担金を最も重要視していることがわかる。他方、分権主義は、国庫補助負担金を全体の平均よりは重要視していないことが明らかである。

地方税などの自主財源についていえば、最も重要視していないのが分権主義という点も驚きである。まるで、自動車を重視しながらガソリンはどうでもいいといっているようなものである。放任主義の方がまだ地方税を重視しているのである。

これらの点を整合的に考えるのは非常に難しい。放任主義が地方税をそれなりに重視しているのは、地方自治体で独自に格差是正に取り組むことには反対していないということを意味しているのかもしれない。分権主義が国庫補助負担金を重視しつつも地方交付税や地方税をそれほど重視していないことはおそらく地域間格差の是正を直接的に国庫補助負担金などで解消しようとしている可能性が高く、集権主義的な発想に近いのかもしれない。他方、介入主義は、最も格差是正を重視しているがゆえに実は地方自治体との円滑な協働をより重視していると考えることもできよう。

4　地方自治体の仕事ぶりの評価及び将来の関係性の予測

まずは、地方自治体の仕事ぶりの評価についてみてみると、人数の少ない集権主義が突出して否定的なこと以外は、介入主義がやや地方自治体への評価が高く、分権主義と放任主義はともに評価が低いことがわかる（図3-4 右）。分権主義は、地方自治体を通じて格差是正を取り組む政策志向を持つが、地方自治体の現在の仕事ぶりにはそれほど満足しているわけではないということであろう。放任主義は、地方自治体の仕事ぶりにはそもそも興味がない可能性が高い。

次いで地方自治体との将来の関係についての評価については、やはり介入主義が最も好意的といえ、次いで分権主義、さらに放任主義が続いているのがわかる

第 3 章　文部科学省の格差是正志向と地方自治観　67

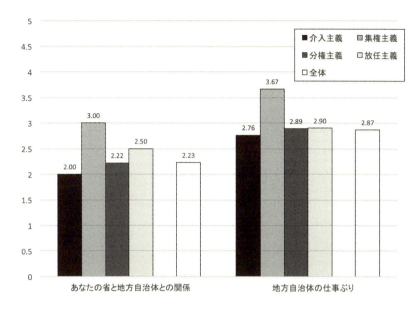

図 3-4　地方自治体との将来の関係および地方自治体の仕事ぶりの評価

注）問 12 の地方自治体との将来的な関係も、問 13 の地方自治体の仕事ぶりの評価についても 5 点尺度となっていて、数値が大きくなるほど地方自治体への冷淡さを意味するようになっている。問 12 については「1. かなり密接になる、2. やや密接になる、3. いまぐらい、4. やや密接でなくなる、5. かなり密接でなくなる」であり、問 13 については「1. かなり肯定的、2. やや肯定的、3. ふつう、4. やや否定的、5. かなり否定的」である。

（図 3-4 左）。介入主義が最も格差是正に熱心なせいなのか、地方自治体との協働も含めていかなる手段にも非常に前向きであり、今後も協働して格差是正に取り組む姿勢を表しているように思われる。なお、放任主義が文科省と地方自治体との関係性が薄れていくと考えるのは自然である。

5　接触頻度と接触の方向性

これまでは文科省の幹部職員を格差是正の観点から四分類してきて、それぞれの地方税財政や地方自治体の仕事ぶり、そして将来の関係性に関する認識を尋ねてきた。ここからは、彼らの政策実現に向けての実際の行動について考察を進めることにする。

地方自治体関係者と頻繁に接触しているのは放任主義であり、次いで介入主

義となっている（図3-5）。少し離れて分権主義と放任主義がほぼ同様に地方自治体関係者との接触頻度が低い。接触の方向性についてみてみると、地方自治体関係者からの接触が最もあるのは介入主義であり、働きかけの方向性では分権主義も放任主義でもあまり差がない。

　放任主義は、地方自治体の仕事ぶりへの評価は低いが、地方自治体関係者と最も接触しているといえる。地方自治体と接触した結果、その仕事ぶりへの放任主義の評価が低くなったのかと即座に解釈してしまうところであるが、そもそも放任主義が否定的な格差是正など福祉行政に責任を負う地方自治体と教育行政で接触することが否応なく多いというところに認識と行動のギャップがあると解釈することもできよう。科技庁入庁組だけではなく文部省入省組にも放任主義が多いことから、文科省としては地方自治体と接触はしなければならないけれども、その仕事ぶりを評価はしていないということになる可能性が高い。介入主義は、地方自

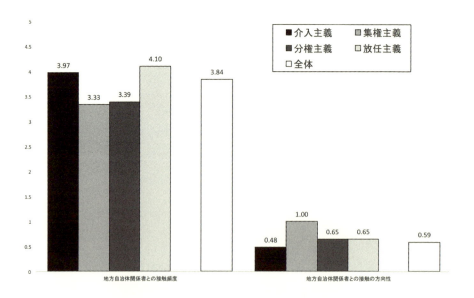

図3-5　地方自治体との接触頻度と接触の方向性

注）問8（ツ）の地方自治体関係者（首長、職員、議員など）との接触頻度については、「まったくない」を0、「ほとんどない」を1、「あまりない」を2、「ある程度」を3、「時々」を4、「頻繁に」を5とリコードしている。また、そのサブクエスチョンである接触方向性についても、「こちらから」を－1、「同じくらい」を0、「むこうから」を＋1とリコードしている。

治体への仕事ぶりの評価は高く、地方自治体関係者との接触頻度も高い。地方自治体関係者への接触も文科省の中では積極的だといえよう。

　他方、地域間格差の是正を重視し、地方自治体の役割に期待していると思われる分権主義は、地方自治体との接触頻度は高くなく、地方自治体との接触も受け身であるが、これは科技庁入庁組が相対的に分権主義的であることと関係している可能性が高い。つまり、科技庁入庁組の多くは、旧科技庁系の科学技術・学術政策局、研究振興局、研究開発局の3局に配属されていることが多いため、文部省系の3局と比較して地方自治体との接触頻度も低く、こちらから働きかける必要性が強くないからだと思われる。

　文科省では、「特に旧文部省の官僚は、教育に政治が干渉してくることに対して警戒心を持ち、そうならないよう慎重な考えを持つ人が多い」という（前川・山田 2018: 30）。ここでいう政治とは、決して自民党の文教族や文部科学部会の政治家に限ったことではなく、地方自治体も含まれているようである。政治家とともに地方自治体への接触も全体的に低い（北村 2017）。

　しかし、不可思議なのは、たしかに地方自治体の仕事ぶりの評価が低く、地方自治体関係者ともあまり接触していないという点である。別の調査であるが、2001年から2016年までの16年間に文科省から地方自治体に出向した職員の延べ人数をみていると798名に達するという（青木・伊藤 2018: 68）。同調査によると、キャリアもノンキャリアも一定割合で首長部局に出向経験を有しており、教育委員会事務局への出向の場合といっても予算編制や主要な政策とのすり合わせなどで首長や首長部局の一般職員、場合によっては議員たちとも接する機会が十分あったと推測できる（図3-6）。にもかかわらず、地方自治体への評価が低く、その後、業務的な接触にもつながらないというのは、総務省や国土交通省などの密接な人的ネットワークを見ていると不可思議であるが、これは次の調査で解明すべき課題となるだろう。

4　結論

　2016年度調査から文科省の幹部職員たちの格差是正のための教育政策の実

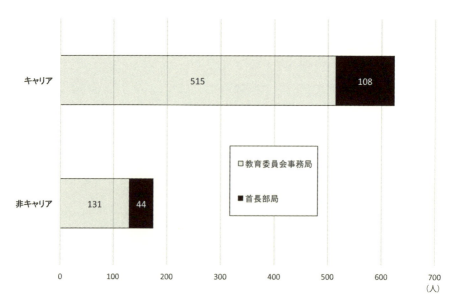

図 3-6　文部科学省の職員の出向先　2001-2016 年
注）人数は、2001 年から 2016 年までの 16 年間に文部科学省から地方政府等に出向した職員の延べ人数（798 人）の出向先である。
出典）青木・伊藤 2018:68、表 12 より筆者作成。

施において、地方自治体がどのように認識されてきたのかということを分析してきた。その結果、個人間の経済格差の是正と地域間の経済格差の是正の 2 軸から、75 名のサンプルを、両者とも追求しようとする介入主義、個人間の経済格差の是正だけを志向する集権主義、地域間の経済格差の是正だけを志向する分権主義、そしていずれにも否定的で市場原理に委ねようとする放任主義の四パターンを析出した。

わずか 3 名だった集権主義を除いた三つのパターンの中でいえば、介入主義は、政治的合理性を拒否して行政的合理性を追求する古典型やそのいずれにも否定的な超然型が多いことがわかった。介入主義は、文部系に多いが、特に課長級と次官・局長級に多い。出身地は三大都市圏以外ではなく、三大都市圏の出身者が多いという特徴もある。そのような彼らは、地方税財政、地方自治体の仕事ぶりの評価、地方自治体との将来的な関係についていずれもかなり好意的である。

具体的行動としての地方自治体との接触頻度も高いといえよう。

　他方、分権主義は、政治的合理性を最も優先する調整型や、政治的合理性の枠内で行政的合理性を目指す吏員型に多く、科技系にも文部系にも等しく多いことがわかった。彼らの社会的属性については介入主義とはあまり変わらないが、地方税財政に関しては厳しい見方をしている。国庫補助負担金は重視しているが、地方交付税は軽視しており、地方税収については他のパターンと比べても最も軽視している。地方自治体の仕事ぶりについては概して評価しており、将来の関係性も同様に密接化しそうだと考えている。にもかかわらず、分権主義の地方自治体との接触頻度は低い。

　また、放任主義は、吏員型と古典型を中心に調整型も含んでおり、科技庁入庁組が多いけれども文部省入省組にも少なくなかった。地方自治体の税財政についてはすべて軽視しており、将来の関係性についても疎遠になると考えていたのに対して、地方自治体の仕事ぶりへの評価が概して高いと考えている点が興味深い。加えて、地方自治体関係者との接触頻度も他のパターンと比べても高い。

　このような結果は、理論的に一貫した解釈を行うことが非常に難しいといえる。融合型の中央地方関係の中で、本当に福祉重視の格差是正に資する教育行政を展開しようと思うのであれば、地方自治体との協働は不可欠であり、そのための税財政や仕事ぶりの評価も当然に変わってくるはずである。しかし、概していえば、文科省の幹部職員たちは、格差是正という政策目標を達成する手段として地方自治体を活用することにはそれほど熱心ではなく、政策実現のパートナーとしてではなく、あくまで規制対象としてしか考えていないのではないかと思われる。これが文科省だけの組織的特徴なのか、あるいは事業官庁全体を通じての特徴なのか、さらなる官僚サーベイによって解明していくことが必要となる。

注

1　文科省「平成30年度文部科学関係予算（案）のポイント」〈URL：http://www.mext.go.jp/component/b_menu/other/__icsFiles/afieldfile/2017/12/22/1399821_1.pdf〉（最終閲覧日2018年11月18日）。

2　これは、問2の「あなたが、日本国民にとって、今重要であると考えておられる問題を、次の中から重要な順に3つお選びください。1. 都市問題、2. 科学技術、3. 外交・

安全保障、4.国際経済、5.環境・エネルギー、6.教育、7.社会福祉・医療、8.経済成長」をもとにしている（北村 2017: 10）。八つの選択肢を、順序を無視して、あくまで重視している事項の組み合わせと考えてリコードしている。具体的には、まず「国際経済」と「経済成長」をあわせて「経済」、都市問題と社会福祉・医療をあわせて「福祉」として、外交・安全保障（「外交」）、環境・エネルギー（「環境」）、教育、科学技術と同列に考える。そして、教育と福祉と経済だけに着目する。福祉が入っているのは福祉志向、経済が入っているのは経済志向、福祉と経済の双方と環境は内政志向、経済と福祉そして外交の組み合わせと教育と科学技術と外交の組み合わせはともに外交志向と呼ぶ。

3 村松岐夫たちによる 1976 年、1985 年、2001 年の 3 回の官僚調査は、旧大蔵省、旧自治省、旧通商産業省、旧建設省、旧厚生省、旧農林水産省、旧労働省、旧経済企画庁の本省課長級以上の幹部職員の認知枠組みや実際の行動を明らかにしてきた。しかし、2000 年代の一連の地方分権改革でも大きな焦点が当てられた文科省については、2001 年の統合以前の文部省も科技庁も調査対象ではなく、再編後もやはり調査対象ではなかったために、彼らの政策選好や行動の特徴を定量的に把握することができていない。

4 1990 年代までは予算最大化（budget-maximizing）やビューロ・シェイピング（bureau-shaping）などの官僚の選好の特定の試みがあった（Dunleavy 1991）。

5 ある文科省の事務次官経験者（文部系）は、「文部官僚は政治に弱い。……文部官僚が政治に対抗する砦は法令と審議会しかない」と述べている（前川 2018: 131）。ただ、彼も述べているように、教育基本法の改正により法令の砦はかなり弱体化され、審議会も、首相官邸主導体制のスーパー審議機関の設置や審議会委員の政治的な任命によって形骸化していると嘆いている（前川 2018: 131-132）。

6 たとえば、2011 年から 14 年にかけての八重山教科書問題といわれる八重山諸島の 3 市町の小中学校の教科書採用に関する対立においても、事前に調整をした形跡はなく、事後にいろいろと政治的に文科省が行動していることが明かされている（前川 2018: 103-113）。

7 文科省の本省課長級以上の幹部職員 75 名の中では、政策的効率性や専門性を追求して政治的調整を排除しようとする古典型 21 名、政策的効率性も政治的調整も重視しない超然型 20 名、政治的調整を最も重視する調整型 19 名、政治的調整の枠内での政策的効率性を追求する吏員型 15 名の四類型に分類できた（北村 2017）。

8 なお、地方交付税とは、地方自治体間の財政力格差を解消し、個々の地方自治体の行政サービスの供給能力を財政の観点から保障するために算定式に基づいて交付される一般交付金（使途の限定のない移転財源）である。地方交付税の原資は、2018 年 12 月時点では「所得税・法人税の 33.1％、酒税の 50％、消費税の 22.3％、地方法人税の全額」とされており、これらの総額が特別会計に振り込まれ、それが算定式をも

とにして全国の地方自治体に配分されている（北村・青木・平野 2017: 143-150、以下同様）。国庫補助負担金は、各省庁が特定事業を遂行するために支出している補助金、負担金、委託金などを総称した移転財源であり、使途が限定されている個別補助金である。義務教育費国庫負担金は代表的なものである。地方税収については、OECD 加盟国平均を 10％近く上回る 40％以上の水準で推移している（北村・青木・平野 2017: 145）。

参考文献

青木栄一（2004）『教育行政の政府間関係』多賀出版。
青木栄一（2013）『地方分権と教育行政―少人数学級編制の政策過程』勁草書房。
青木栄一・伊藤正次・河合晃一・北村亘・曽我謙悟・手塚洋輔・村上裕一（2017）「2016 年度文部科学省幹部職員調査基礎集計」『東北大学大学院教育学研究科研究年報』66 巻 1 号、177-198 頁。
青木栄一・伊藤愛莉（2018）「文部科学省から地方政府等への出向人事―2001 年から 2016 年までの全 798 事例分析」『東北大学大学院教育学研究科研究年報』66 巻 2 号、53-76 頁。
小川正人（2010）『教育改革のゆくえ―国から地方へ』筑摩書房（ちくま新書）。
北村亘（2006）「三位一体改革による中央地方関係の変容―3 すくみの対立、2 段階の進展、1 つの帰結」東京大学社会科学研究所［編］『「失われた 10 年」を超えて II　小泉改革への時代』東京大学出版会、219-249 頁。
北村亘（2009）『地方財政の行政学的分析』有斐閣。
北村亘（2017）「文部科学省幹部職員の理念と政策活動―2016 年サーヴェイ調査における 4 つの官僚イメージ」『季刊行政管理研究』160 号（2017 年 12 月）、4-20 頁。
北村亘・青木栄一・平野淳一（2017）『地方自治論―2 つの自律性のはざまで』有斐閣。
寺脇研（2013）『文部科学省―「三流官庁」の知られざる素顔』中央公論新社（中公新書ラクレ）。
前川喜平・寺脇研（2017）『これからの日本、これからの教育』筑摩書房（ちくま新書）。
前川喜平（2018）『面従腹背』毎日新聞出版。
前川喜平・山田厚史（2018）『前川喜平「官」を語る』宝島社。
真渕勝（2009）『行政学』有斐閣。
村松岐夫（1981）『戦後日本の官僚制』東洋経済新報社。
村松岐夫（2010）『政官スクラム型リーダーシップの崩壊』東洋経済新報社。
村松岐夫・久米郁男［編］（2006）『日本政治　変動の 30 年―政治家・官僚・団体調査に見る構造変容』東洋経済新報社。
Beramendi, Pablo（2012）*The Political Geography of Inequality: Regions and Redistribution* (New York: Cambridge University).

Dunleavy, Patrick (1991) *Democracy, Bureaucracy, and Public Choice: Economic Explanations in Political Science* (Hemel Hempstead: Harvester Wheatsheaf).

Toubeau, Simon, and Markus Wagner (2015) "Explaining Party Positions on Decentralization," *British Journal of Political Science*, Vol. 45, Issue 01 (January 2015), pp 97-119.

Toubeau, Simon, and Markus Wagner (2016) "Party competition over decentralisation: The influence of ideology and electoral incentives on issue emphasis," *European Journal of Political Research* Vol.55, pp 340-357.

第4章
組織間関係からみた文部科学省 ―「三流官庁」論・再考

伊藤正次

　この章のねらいは、日本の行政官僚制における文部科学省の位置づけを明らかにし、従来流布してきた文科省＝「三流官庁」論を再検討することにある。そのために、文科省をめぐる組織間関係、すなわち、同省が外部の主体に対して政策面と人事面でどのような関係性を構築しているのかを分析する。その結果、教育振興基本計画の策定をめぐる財務省、もんじゅの廃炉決定をめぐる経済産業省との関係では、文科省は自らの権益を確保することができず、政策面での組織間関係からみた文科省は、「三流官庁」であることが否定できないことが明らかになった。これはサーベイの結果とも整合的である。これに対し、文科省は他府省への職員の出向率が相対的に高く、地方自治体とも活発な人事交流を行っており、人事面での組織間関係から捉えた文科省は、少なくとも他府省に劣後する「三流官庁」という一般的な世評にとどまらない、多面的な性格を持っていることが明らかになった。

1 「三流官庁」としての文科省？

　府省に代表される行政機関は、各々の所掌事務を分担管理する主体であると同時に、政策課題を実現するために、他の主体と調整や連携を行ったり、紛争と対立を繰り広げたりする主体でもある。日本官僚制研究においては、伝統的に府省間のセクショナリズム（割拠主義）がもたらす弊害が指摘され（辻 1969）、各府省は政策課題をめぐって所管争いを繰り広げることが想定されてきた。その中で文科省は、他の府省に対し、能力や意欲の面で相対的に劣位に立つ「三流官庁」（寺脇 2013）と揶揄されてきた。

　実際に、2016 年文科省調査（以下、2016 年度調査）からは、文科省の幹部職員が、政策形成・執行をめぐる他府省との関係を極めて消極的に捉えていることが明らかになった。

　まず、2016 年度調査のQ22「現在、あなたの省の政策形成や執行について、理解と協力が得やすいのは、次のうちどれでしょうか。あなたが、理解と協力が得やすいと思われる順に 4 つお選びください」への回答（合計）では、「与党（族）議員」が 74.7％、「審議会、諮問機関等」と「関連団体」がともに 72.0％であるのに対し、首相を含む行政府のアクターは概して低く評価されており、「総合科学技術・イノベーション会議」が 24.0％、「財務省」が 8.0％、「経済産業省」が 5.3％、「その他の府省」が 20.0％、「首相」が 4.0％などとなっている。

　また、Q23「現在、あなたの省の政策形成や執行について、次のどことの調整が一般的にいって困難でしょうか。あなたが、困難だと思われる順に 4 つお選びください」への回答（合計）のうち、行政府のアクターについてみると、「財務省」という回答が 74.7％と突出して高く、次いで「他の府省」（25.3％）、「経済財政諮問会議」（24.0％）、「経済産業省」（13.3％）といった順になっている。さらに、Q24「現在、あなたの省の政策形成や執行について、省外で影響力をもつのはどれでしょうか。あなたが、影響力をもつと思われる順に 4 つお選びください」への回答（合計）では、「財務省」とする回答が 64.0％と、「首相」（44.0％）を凌ぎ、次いで「総合科学技術・イノベーション会議」（20.0％）、「経済財政諮問会議」（12.0％）などとなっている（青木ほか 2017）。

第4章　組織間関係からみた文部科学省　77

　これらの質問に対する回答から、文科省の幹部職員は、他の府省などに対し、次のような認識を持っていることが推察される。第1に、政策の形成・執行過程においては、財務省が圧倒的な影響力を持ち、しかも調整が困難な相手方である。第2に、経産省については、政策の形成・執行にあたって理解と協力を得ることが難しく、厄介な存在である。第3に、総合科学技術・イノベーション会議は、政策形成・執行に一定の影響力を持ち、文科省にとっても比較的理解と協力を得やすい主体である。

　このように、文科省は、他の府省との関係について、極めて消極的・内向的な認識を示している。特に、文科省の幹部職員は、経産省に対しては苦手意識を持ち、財務省に対しては畏怖の念すら抱いているようにみえる。このような他省に対する内向的な姿勢は、文科省＝「三流官庁」論を補強しているとも考えられよう。

　しかし、文科省＝「三流官庁」論は、果たして客観的な根拠を持っているのだろうか。本章は、日本の行政官僚制における文科省の位置づけを明らかにし、「三流官庁」論を再検討することを目的とする。そのために、文科省をめぐる組織間関係、すなわち、同省が外部の主体に対してどのような関係性を構築しているのかを分析する。

　まず次節では、文科省と財務省・経産省の政策面における組織間関係を検討する。そこでは、文科省と財務省・経産省の利害が対立した二つの事例を概観する。その上で、文科省と他の組織との人事交流という観点から、人的な側面における組織間関係を明らかにし、同省をめぐる組織間関係を考察することにしたい。

2　「三流官庁」論の補強？——政策過程における文科省と財務省・経産省

　本節では、政策過程における文科省と他省の組織間関係を考察するための事例として、教育振興基本計画の策定過程ともんじゅ廃炉の決定過程を取り上げる。前者は文部系が財務省と、後者は科技系が経産省と、それぞれ対峙した事例である。

1 教育振興基本計画の策定をめぐる文科省と財務省

　第1次安倍内閣の下で2006年12月に改正された教育基本法は、第17条第1項で政府が教育振興基本計画を定めることを義務付けている。2000年代前半に、三位一体改革を通じて義務教育費国庫負担制度の見直しが提起され、「経済財政運営と構造改革のための基本方針2006」で財政健全化のための教職員等人件費の削減が掲げられるなど、総務省や財務省の攻勢にさらされてきた文科省を含む教育関係者にとって、教育振興基本計画は「反転攻勢」の手がかりとなる可能性を秘めていたといえる。

　しかし、文科省は、第1期の教育振興基本計画の策定段階から及び腰であった。文科相の諮問を受けた中央教育審議会では、教育振興基本計画には必要な予算要求項目を盛り込むべきであるといった議論が展開されたが、文科省側は、答申案に関して関係府省の意見を聞き、予めそれを盛り込んだ案にするという提案を行った。各省折衝では、我が国の公的教育投資の対GDP比に関する数値目標を掲げることに財務省が難色を示したことから、2008年4月18日に公表された中教審の答申「教育振興基本計画について」では、欧米主要国の教育投資と遜色ない教育水準を確保するための教育投資の充実を唱いつつ、「歳出・歳入一体改革と整合性を取り、効率化を徹底し、まためり張りを付けながら、真に必要な投資を行うこととする」として、具体的な数値目標の提示は見送られたのである（戸田 2008: 26-27）。

　この中教審答申に対し、与党文教族議員からは批判が相次ぎ、政府に財政支出に関する数値目標を明記することを要請した。与党文教族議員の後押しを受けた文科省は、教育振興基本計画の閣議決定にあたって、GDPに占める教育への公財政支出の割合を「今後10年間を通じて、OECD諸国の平均である5.0%を上回る水準を目指す必要がある」とした上で、新学習指導要領の円滑な実施を図るために2万5000人程度の教職員定数の増加を図ることを数値目標に掲げる原案を作成した。しかし、歳出削減を掲げる財務省と、教職員定数の増加が地方公務員の減員につながることを懸念する総務省が反発し、文科省は両省の反対に抗することはできなかった。2008年7月1日に閣議決定された第1期教育振興基本計画には、公的教育投資や教職員増員に関する具体的な数値目標を盛り込

むことが見送られたのである（戸田 2008: 27-30）。

　教育振興基本計画は 5 カ年の計画であるため、2013 年度末で第 1 期計画は終期を迎えることになる。そこで 2011 年 6 月に文科相から諮問を受けた中教審は、第 2 期教育振興基本計画の策定に向けた審議を開始した。その過程では、教育関係団体などから第 1 期で断念した数値目標の明記を求める声が寄せられ、2015 年 3 月 18 日に開催された中教審教育振興基本計画部会に提出された「第 2 期教育振興基本計画について（答申（素案））」には、「恒久的な財源を確保し OECD 諸国並の公財政支出を行うことを目指」すことが盛り込まれていた[1]。

　しかし、2015 年 4 月 25 日に提出された中教審答申「第 2 期教育振興基本計画について（答申）」では、「将来的には恒久的な財源を確保し OECD 諸国並みの公財政支出を行うことを目指しつつ、第 2 期計画期間内においては、第 2 部において掲げる成果目標の達成や基本施策の実施に必要な予算について財源を措置し、教育投資を確保していくことが必要である」とされ、「将来的には」という文言が付け加えられた[2]。また、財務相の諮問機関である財政制度等審議会は、「財政健全化に向けた基本的考え方」（2015 年 5 月 27 日）において教育への財政支出の拡大を牽制した。最終的には、財務省などとの調整の結果、2015 年 6 月 14 日に閣議決定された第 2 期教育振興基本計画は、「<u>OECD 諸国など諸外国における公財政支出など教育投資の状況を参考とし</u>、第 2 期計画期間内においては、第 2 部において掲げる成果目標の達成や基本施策の実施に必要な予算について財源を措置し、<u>真に必要な</u>教育投資を確保していくことが必要である」[3]（下線部は引用者）とさらに後退する内容になったのである（東 2014: 7-9）。

　こうした 2 度にわたる「敗北」の結果であろうか、第 3 期教育振興基本計画（2018 〜 2022 年度）の策定に向けた中教審の答申「第 3 期教育振興基本計画について（答申）」（2018 年 3 月 8 日）では、「OECD 諸国など諸外国における公財政支出など教育投資の状況を参考とし、第 2 部において掲げる目標の達成や施策の実施に必要な予算について財源を措置し、真に必要な教育投資を確保していくことが必要である」という第 2 期計画と同様の文言を盛り込んでいた[4]。第 3 期教育振興基本計画はこの中教審答申の文言のまま、2018 年 6 月 15 日に閣議決定された。

以上のように、教育に対する公財政支出の数値目標を教育振興基本計画に明記することは、財務省の抵抗によって、3度にわたって失敗した。文科省は、当初から財務省が主導する財政健全化に配慮して数値目標の明記には及び腰であり、第1期計画の策定時には族議員や関係団体の後押しを受けて数値目標の明記に向けて動いたものの、結果的には財務省の反対を突き崩すことはできなかった。
　先に引用した2016年度調査にみられるように、文科省の幹部職員は、財務省を畏怖しつつ、「与党（族）議員」や「審議会、諮問機関等」、「関連団体」を自省の理解者・協力者とみなしている。しかし、教育振興基本計画の策定過程では、文科省は、これらの理解者・協力者を自ら積極的に動員するというよりも、これらの理解者・協力者にいわば尻をたたかれる形で財務省と対峙するという消極的な姿勢をとっている。本事例からは、財務省に対して萎縮する文科省の姿が浮き彫りになるのである。

2　もんじゅ廃炉の決定をめぐる文科省と経産省

　高速増殖炉もんじゅは、1995年8月に発電を開始したものの、1995年12月に冷却用ナトリウムの漏洩事故を起こした。この事故ではもんじゅを運営する動力炉・核燃料事業団（動燃）の隠蔽が批判され、もんじゅの運転は長期にわたって停止されることになった。もんじゅは、2010年5月には運転を再開したが、同年8月に燃料交換装置の落下事故が発生し、再び運転を停止した。さらに、2012年9月の原子力安全・保安院による抜き打ち検査以降、機器の未点検などの保安規定違反が次々に発覚した。同年9月に発足した原子力規制委員会は、もんじゅの事業主体である日本原子力研究開発機構（機構）のガバナンスを厳しく批判した（天野2015: 152-153）。
　原子力規制委員会は、機構の所管官庁である文科省の対応を批判し、2015年11月13日に文科相に対して勧告を行った。この勧告において、原子力規制委員会は、文科省が機構に対して所要の対応を行いながらも、「もんじゅについての機構の対応に実質的な改善があったとは認められず、文科省のこれまでの対応は結果的に功を奏していない」と批判し、文科相に対し、おおむね半年以内に、機構に代わってもんじゅを安全に運転できる新たな運営主体を特定するか、それ

ができなければ「もんじゅという発電用原子炉施設の在り方を抜本的に見直すこと」を要求したのである[5]。

この勧告を受け、文科省は、もんじゅの新たな運営主体を選ぶため、2015年12月に「『もんじゅ』の在り方に関する検討会」を設置した。同検討会は2016年5月に「『もんじゅ』の運営主体の在り方について」と題する報告を提出した。この報告では、「原子力機構の監督官庁である文部科学省は、政策目的の実現に向けた原子力機構の活動を円滑に進めようとする余り、規制委員会に対しても原子力機構の事情を弁明する代弁者となっており、このことがかえって原子力機構による自律的な運営体制の改善や規制当局の要求等に積極的に向き合う姿勢を阻害し、専ら文部科学省との意思疎通に傾注する動機付けとなっていると考えられる」と機構のガバナンスの問題点を指摘しつつ、自律的な組織運営と安全規制への適切・迅速な措置を推進でき、構成員の過半数を原子力分野以外の外部専門家で構成する「経営協議体」を新たな組織のガバナンスに組み込むことを提言した[6]。

しかし、もんじゅの新たな運営主体を引き受ける企業などが現れることは想定できず、「今井尚哉・首相秘書官や、首相官邸に出向している経産省出身者らを中心に、もんじゅ廃炉の方針が固まっていった」という（上川 2018: 217-218）。2016年9月21日には原子力関係閣僚会議が開催され、世耕弘成・経産相（当時）から、もんじゅの現状や福島第一原発事故以降の状況変化をふまえ、経産相が主宰する「高速炉開発会議」を新設し、今後の高速炉開発の方針案を策定するという提案が行われた。菅義偉・内閣官房長官からは、「新たに設置する『高速炉開発会議』で、今後の高速炉開発方針案の策定作業を行い、本年中に本会議において決定すること」とし、「『もんじゅ』についても、本年中にこの会議で、廃炉を含めて抜本的な見直しを行う」という発言が行われたのである[7]。

そして、高速炉開発会議がとりまとめた「高速炉開発の方針」の案は、2016年12月21日に開催された原子力関係閣僚会議で了承され、もんじゅの廃炉が決定された。同閣僚会議において、松野博一・文科相は、「『もんじゅ』においてこれまで培われてきた人材や様々な知見・技術等を、今後の高速炉開発において最大限有効に活かす観点からも、大変難しい判断ではあるが、これまでの『も

んじゅ』の位置づけを見直し、様々な不確実性の伴う原子炉としての運転再開はせず、今後、廃止措置に移行し、あわせて『もんじゅ』の持つ機能を出来る限り活用し、今後の高速炉研究開発における新たな役割を担うよう、位置付けることとする」と発言し[8]、文科省としてももんじゅ廃炉を受け入れるに至ったのである。

　本書第7章でも明らかにされているように、旧科技庁は、原子力関連予算の成立を契機として設置されたという経緯を持つ。その後、原子力関係の権限が原子力安全委員会などに移管され、東日本大震災に伴う福島第一原発事故によって原子力規制委員会が環境省の外局として設置される中で、もんじゅの相次ぐトラブルと機構のガバナンスの欠如によって、文科省は監督官庁としての能力を問われる事態になった。その結果、首相官邸に勢力を扶植した経産省に高速炉開発の主導権を奪われることになったのである。

3　政策過程における文科省

　本節で検討した二つの事例からは、2000年代以降、文科省が財務省・経産省と対峙した代表的な政策過程において、両省に「敗北」したことが明らかになった。教育振興基本計画の策定過程では、文科省は当初から財務省に対抗することに対して消極的であり、与党族議員や関連団体の後押しを受けながら、教育に対する財政支出を増やすための数値目標を盛り込むことは叶わなかった。もんじゅ廃炉の決定過程では、文科省は原子力規制委員会から機構の監督官庁としての能力を問われ、経産省に主導権を奪われた。

　このように見ると、政策面における組織間関係という視点からは、文科省は他府省との政策論議を苦手とする「三流官庁」であるという見解は、2010年代末の今日においても妥当であるともいえそうである。しかし、文科省をめぐる組織間関係を、人事面から捉えた場合には、こうした「三流官庁」論とは異なる像が浮かび上がる。次節では、組織間の人事交流という側面から、文科省の特徴を描き出すことにしたい。

3 「三流官庁」論の棄却？―文科省と人事交流

1 府省別人事と人事交流

　日本の国家公務員の人事管理は、閉鎖型任用制を前提としつつ、府省別に職員を採用する仕組みをとっている。府省内での実際の人事管理は、さらに専門別・学歴別などに細分化されたグループを単位として行われている。この「グループ別人事管理」（人事院 2013）によって、日本の国家公務員の人事システムは極めて断片化されている。

　文科省の場合、総合職・一般職とも、事務系、技術系、施設系という単位で採用を行っている。このうち、文部系の総合職事務系職員と総合職施設系職員の採用事務は、大臣官房人事課任用班任用第一係が担当しているが[9]、施設系職員の人事運用は、大臣官房文教施設企画・防災部企画課が行っている[10]。これに対し、科技系の総合職技術系職員の採用事務は、大臣官房人事課任用班任用第二係が担っている[11]。このように異なるグループで採用された職員は、原則として各グループの中で異動・昇任していく。各府省内部のポストは、基本的には各グループの「指定席」であるが、グループ間で「たすき掛け」人事が行われることもある。

　こうした各人事グループが実質的に保有するポストは、各府省内部に限られない。各人事グループは、内閣官房や他府省、地方自治体、独立行政法人、外郭団体など「指定席」を持つ場合も多い。こうした府省外の出向ポストをどれだけ獲得できているかによって、各人事グループの「力量」を推し測ることができるといえるだろう。逆にいえば、他府省からの出向者を多数受け入れている府省・人事グループは、その組織的基盤が相対的に脆弱であると評価することができる[12]。

　このように、各府省・人事グループは、職員を府省外の組織に出向させたり、外部の組織から職員の出向を受け入れたりすることによって、人事交流を行っている。人事交流は、職員の人材育成の一環であって、その目的は、「他の府省や自治体で行われている先進的な政策を学ぶこと、民間企業でコスト意識や経営を学ぶこと、幅広い視野を身につけることなど」にある（伊藤・出雲・手塚 2016: 128）。特に各府省の幹部候補となる管理職員については、「省庁間人事交流の推進に

ついて」（1994年12月22日閣議決定）や「採用昇任等基本方針」（2009年3月3日閣議決定）をふまえ、現行の幹部候補育成課程において、「他府省等、民間企業又は国際機関等における勤務その他の多様な勤務を経験する機会等」を原則として2回以上付与すること、地方の実情や国民のニーズを感得できる「地方公共団体、地方支分部局その他の地方に所在する機関での勤務を経験する機会等」を付与することが求められている[13]。

このように、人事交流は、各府省・人事グループにとって、幹部候補の育成や職員の能力形成にとって必要な機会を提供する。そのため、各府省・人事グループは、他組織における「指定席」を維持・開拓し、人事交流の規模を拡大するインセンティブを持つといえるだろう。ここでさしあたり各府省に絞って議論を進めるならば、各府省で採用された職員が他組織にどの程度出向しているか、逆に、各府省のポストに他組織の職員がどの程度就いているか、という割合によって、人事交流における各府省の力関係を推測することができる。すなわち、各府省が採用した職員数に占める他組織への出向者数の割合を「出向率」、各府省のポスト数に占める他組織からの出向職員の割合を「出向受入率」と呼ぶとすれば、これらの割合の高低によって、人事交流からみた各府省は、次の四つに分類することができる（表4-1）。

第1に、他組織への出向率、他組織からの出向受入率がともに高い府省は、「多民族国家型」官庁と呼ぶことができる。自府省のポストの多くを他の組織出身者に開放する一方、他組織で勤務する者の割合も高く、他組織との人事交流

表4-1　人事交流の割合からみた各府省の類型

他組織への出向率	他組織からの出向受入率	
	高い	低い
高い	多民族国家型	宗主国型
低い	植民地型	鎖国型

出典）筆者作成。

を積極的に進めている府省が、この類型に属するといえる。

第2に、他組織への出向率が高い一方、他組織からの出向受入率が低い府省は、「宗主国型」官庁であるといえる。他の組織に出向している職員の割合が高く、他組織を「植民地化」する傾向を持つ一方、自府省のポストを他組織に開放している度合いは相対的に低い府省の類型である。

これとは逆に、第3に、他組織への出向率は低いが他組織からの出向受入率が高い府省は、「植民地型」官庁と呼ぶことができる。自府省のポストが他組織出身者によって占められる傾向が強く、相対的に従属的な地位に置かれている府省が、この類型に属する。

第4に、他組織への出向率、他組織からの出向受入率がともに低い府省は、「鎖国型」官庁と呼ぶことができる。他組織との人事交流に消極的で、内向的な人事管理を行っている府省と特徴づけることができるだろう。

これらの類型はあくまで相対的な基準に基づくものである。また、各府省は、人事交流を行う対象によって、異なる類型に位置づけられることも考えられる。たとえば、地方自治体に多数の出向ポストを持つため、地方自治体に対しては「宗主国型」官庁であるが、他府省からの出向者の割合が高く、他府省との関係では「植民地型」官庁に位置づけられる府省も想定されるだろう。

では、文科省は、他の組織との人事交流において、どのような類型に位置づけられるのだろうか。以下では、他府省、地方自治体、民間企業などと文科省の人事交流の状況について、順に検討することにしたい。

2　文科省と府省間人事交流

各府省と他の組織の人事交流に関するデータは、内閣人事局が公表している。このうち、府省間の人事交流に関する最新のデータは、2013年4月1日現在の「府省間人事交流の実施状況」（2013年8月9日公表）である。このデータは、研究職を除く本府省室長級以上相当職という幹部職員・管理職員を対象に、他府省で勤務する各府省採用職員数（他府省への出向者数）と各府省で勤務する他府省採用職員数（他府省からの出向者受入数）を明らかにしている。

しかし、このデータでは、各府省への出向者数と他府省からの出向受入数が、

各府省の幹部職員・管理職員のうちどの程度の割合を占めるのかという府省ごとの人事交流の規模が明らかにならない。そこで、本府省室長以上相当職の級別職員数から、各府省の幹部職員・管理職員の母数を推定した上で、他府省からの出向受入率と、府省別の他府省への出向率を割り出したのが**表 4-2** である。

表 4-2 には、データとしていくつかの限界がある。まず、各府省の本府省室長

表 4-2 本府省室長相当職以上の府省別人事交流の状況

府省名	A 採用府省以外の府省での勤務者数（人）	B 採用府省以外の府省からの勤務者数（人）	C 本府省室長相当職以上の職員の級別在職者数	D 出向受入率（B/C、%）	E 採用府省以外での採用府省勤務者数（C－B+A、人）	F 他府省出向率（A/E、%）
会計検査院	3	5	191	2.6%	189	1.6%
人事院	4	19	98	19.4%	83	4.6%
内閣官房	0	309	199	259.7%	-	-
内閣法制局	0	27	30	90.0%	-	-
内閣府	47	175	283	61.8%	155	30.3%
宮内庁	0	23	50	46.0%	27	0.0%
公正取引委員会	7	4	68	5.9%	71	9.9%
警察庁	55	22	998	2.2%	1031	5.3%
金融庁	7	65	141	46.1%	83	8.4%
消費者庁	-	22	26	84.6%	-	-
復興庁	-	62	24	256.3%	-	-
総務省	111	20	569	3.5%	660	16.8%
公害等調整委員会	-	13	14	92.9%	-	-
法務省	38	8	818	1.0%	848	4.5%
外務省	59	62	711	11.5%	688	8.6%
財務省	148	28	1310	2.1%	1430	10.3%
文部科学省	77	13	359	3.6%	423	18.2%
厚生労働省	86	20	925	2.2%	991	8.7%
農林水産省	93	15	791	1.9%	869	10.7%
経済産業省	133	20	810	2.5%	923	14.4%
国土交通省	149	38	2357	1.6%	2466	6.0%
環境省	16	44	181	24.3%	153	10.5%
合計	1033	1034	10673	9.5%	9639	10.5%

注1）表中Cは、各府省の級別在職者数のうち、本府省室長相当職に該当すると考えられる、行政職俸給表（一）7級以上、専門行政職俸給表 6 級以上、税務職俸給表 8 級以上、公安職俸給表（一）8 級以上、公安職俸給表（二）8 級以上、海事職俸給表（一）6 級以上、海事職俸給表（二）6 級以上、教育職俸給表（一）4 級以上、医療職俸給表（一）4 級以上、医療職俸給表（二）5 級以上、医療職俸給表（三）5 級以上及び指定職俸給表の適用を受ける級別職員数について、府省（外局を含む）ごとに合算したものである。

注2）特別職公務員が大多数を占める防衛省職員は除外した。

出典）表中A・Bは、内閣官房・総務省「府省間人事交流の実施状況」（平成 25 年 4 月 1 日現在）、Cは「一般職国家公務員在職状況統計表」（平成 25 年 1 月 1 日現在）。

以上相当職の級別職員数のデータは 2013 年 1 月 1 日現在であるのに対し、他府省への出向者数・他府省からの出向受入数のデータは 2013 年 4 月 1 日現在であって、この間の人事異動が反映されていない[14]。また、職員の多数を特別職国家公務員が占める防衛省の級別職員数のデータが除外されている。これらの限界はあるものの、表 4-2 からは、他の府省との比較において、文科省と他府省の人事交流に関する一定の特徴をみて取ることができる。

第 1 に、文科省の他府省からの出向受入率は 3.6%と、相対的にはかなり低くなっている。文科省は、他府省出身の幹部職員・管理職員を受け入れている程度は低く、省内の人事に関する限り、自省出身者を中心とする人事管理を行っていることが明らかになる。

これに対し第 2 に、文科省出身者の他府省への出向率は、18.2%と相対的には高くなっている。これは、内閣府（30.3%）には及ばないが、総務省（16.8%）と並んで高い数値である。文科省出身者は「三流官庁」という世評とは異なり、他府省の幹部職・管理職ポストに積極的に進出していることが確認できるのである。

したがって第 3 に、これらのデータからは、文科省は、府省間人事交流という観点からみると、「宗主国型」官庁と位置づけることができる。この位置づけは、文科省＝「三流官庁」論からすると意外な結果であろう。

ただし、文科省から他府省への出向者を仔細に検討してみると、文科省職員の出向先は一部の府省に偏っていることがわかる。表 4-3 は、『文部科学省国立大学法人等幹部職員名鑑（29 年版）』（文教ニュース社）に基づいて、2017 年 8 月 31 日現在、衆議院事務局を含む他府省に出向している文科省職員 218 名の主な出向先を、事務系（施設系を除く文部系）、施設系、技術系（科技系）という採用区分ごとに整理したものである[15]。この名鑑は、文科省から他府省に「出向中の職員、海外アタッシェ（またはそれに準ずるもの及び掲載希望者）をも可能な範囲で収録した」ものであり[16]、他府省出向者を完全に網羅したものとはいえないが、文科省から他府省への出向者数の全体的な動向を読み取ることができる。

表 4-3 によれば、文科省から他府省への出向者数は、多い方から順に、内閣府 62 名、内閣官房 49 名、外務省 37 名、原子力規制委員会 17 名、復興庁 13 名となっており、これら以外の省への出向者数は一桁となっている。このうち、

内閣府の科学技術・イノベーション担当の組織[17]には、19名（うち、事務系5名、技術系14名）が出向している。外務省の在外公館への出向を除けば、文部系は内閣官房と内閣府、科技系は内閣府と原子力規制委員会に、多数の職員を出向させていることがわかる。

このように、文科省から他府省への出向先には、たしかに偏りがみられる。とはいえ、文科省は他府省の「指定席」を確保しており、「宗主国型」官庁としての地歩を固めていると考えられるのである。

表4-3　文部科学省から他府省への出向者数（2017年8月31日現在）

	事務系	施設系	技術系	合計
衆議院事務局	1	0	1	2
内閣官房	40	0	9	49
内閣法制局	2	0	0	2
内閣府	37	3	22	62
宮内庁	2	0	0	2
警察庁	1	0	0	1
個人情報保護委員会	1	0	1	2
消費者庁	1	0	0	1
復興庁	8	2	3	13
総務省	7	0	0	7
外務省	21	0	16	37
財務省	1	0	0	1
厚生労働省	5	0	0	5
農林水産省	2	0	0	2
経済産業省	4	1	3	8
国土交通省	2	0	0	2
環境省	0	0	4	4
原子力規制委員会	0	0	17	17
防衛省	1	0	0	1
合計	136	6	76	218

注1）文科省からの出向者がいない会計検査院、人事院および法務省は表から除外した。
注2）内閣官房への事務系の出向者のうち、官房審議官（初等中等教育局担当）と兼任している1名は除外した。
出典）『文部科学省国立大学法人等幹部職員名鑑（29年版）』文教ニュース社、に基づいて筆者作成。

3　文科省と国・地方間人事交流

　次に、文科省と地方自治体の間の人事交流の状況について検討しよう。文科官僚の地方自治体への出向人事に関しては、教育行政学における先行研究がある。しかし、先行研究では、文科官僚の地方自治体への出向人事を全数的に分析した研究（青木 2003、青木・伊藤 2018）や、都道府県教育長人事に焦点をあてた研究（村上 2011）が中心であって、文科省と地方自治体の人事交流を総体として他府省との比較で捉える視点を必ずしも十分に備えていない。

　これに対し、本書第 8 章では、文科省と地方自治体との人事交流を他の府省と比較する視点が打ち出されている。本章では、第 8 章と同じく府省間比較というマクロな視点を共有しつつ、文科省と地方自治体（都道府県・市区町村）の人事交流の特徴を、地方自治体への出向率と地方自治体からの出向受入率から比較するために、**表 4-4** を作成した。

　表 4-4 の作成にあたっては、まず、内閣人事局が 2018 年 2 月 28 日に公表した「国と地方公共団体との間の人事交流の実施状況」（平成 29 年 10 月 1 日現在）に基づき、各府省の本省から地方自治体への出向者数と各府省本省における地方自治体からの出向受入者数を把握した。その上で、これらの数を各府省などの本省定員（2017 年 8 月現在。外局を含み、地方支分部局・施設等機関を除く）で除し、各府省別に、地方自治体への出向率と地方自治体からの出向受入率を割り出した。その結果、文科省と地方自治体との人事交流は、次のような特徴を有することが明らかになった。

　第 1 に、地方自治体への出向率をみると、文科省（2.92％）は、総務省（10.60％）、警察庁（5.46％）、国土交通省（2.95％）に次ぐ高さを誇っている。文科省は、都道府県・市区町村の教育委員会を中心として、地方自治体との人事交流を活発に行っている官庁であるといえる。

　第 2 に、文科省の地方自治体からの出向受入率は、32.86％と突出している警察庁に次ぐ 4.53％となっている。府省間の人事交流では、出向受入率が高い府省は他の府省の「植民地」になっている可能性も考えられる。しかし、国と地方自治体の人事交流では、出向受入率の高さは、本省の人的資源を地方自治体に依存していることを表しているといえる。文科省は、自治体職員を本省に受け入れ

表 4-4　各府省本省と地方自治体の人事交流の状況

府省名	A 国から地方自治体への出向（本省から）	B 地方自治体から国への出向（本省へ）	C 各府省等定員（地方支分部局を除く）	D 地方自治体への出向率（A/C）	E 地方自治体からの受入率（B/C）
会計検査院	5	7	1244	0.40%	0.56%
人事院	0	0	422	0.00%	0.00%
内閣官房	0	1	1127	0.00%	0.09%
内閣法制局	0	0	77	0.00%	0.00%
内閣府	7	22	882	0.79%	2.49%
宮内庁	0	1	911	0.00%	0.11%
公正取引委員会	0	2	655	0.00%	0.31%
警察庁	149	896	2727	5.46%	32.86%
個人情報保護委員会	0	2	103	0.00%	1.94%
金融庁	4	5	1575	0.25%	0.32%
消費者庁	1	6	334	0.30%	1.80%
復興庁	0	1	130	0.00%	0.77%
総務省	283	88	2670	10.60%	3.30%
公害等調整委員会	0	0	35	0.00%	0.00%
法務省	0	1	2855	0.00%	0.04%
外務省	4	0	2749	0.15%	0.00%
財務省	24	11	1777	1.35%	0.62%
文部科学省	56	87	1919	2.92%	4.53%
厚生労働省	96	63	3762	2.55%	1.67%
農林水産省	131	83	5087	2.58%	1.63%
経済産業省	40	10	5941	0.67%	0.17%
国土交通省	222	109	7536	2.95%	1.45%
環境省	18	62	1851	0.97%	3.35%
防衛省	3	0	6884	0.04%	0.00%
合　計	1043	1457	53253	1.96%	2.74%

注 1）表中 C の警察庁は、皇宮警察本部を除く。
注 2）表中 C の法務省は、検察庁を除く。
注 3）表中 C の防衛省は、統合幕僚監部、情報本部及び防衛監察本部を含む。
出典　表中 A・B は、内閣官房内閣人事局「国と地方公共団体との間の人事交流の実施状況」（平成 29 年 10 月 1 日現在）、別表 1・別表 2、C は「行政機構図（2017.8 現在）」に基づき筆者作成。

ることによって、人的資源の不足を補う傾向が相対的に高い官庁であるといえよう。

　したがって第 3 に、文科省は、地方自治体との人事交流を双方向的に行っている「多民族国家型」官庁と位置づけることができる。文科省は、人事管理に関して、他の府省と比べても地方自治体に対して開放的な姿勢で臨んでいるといえるのではないか。

4　文科省における民間人材の受入状況

　各府省と民間部門との人事交流については、内閣人事局が民間企業などからの各府省への受入状況に関するデータを公表している。最新のデータは、2017 年 10 月 1 日現在のものである（2018 年 2 月 28 日公表）。このデータでは、民間企業などからの出向者を、「一定期間国家公務員に受け入れている者」と「期間を限らずに国家公務員に受け入れている者」に大別した上で、前者については常勤職員・非常勤職員の別で整理を行っている。ここでは、2017 年 10 月 1 日現在の状況について、「一定期間国家公務員に受け入れている者」のうちの常勤職員と、「期間を限らずに国家公務員に受け入れている者」を、民間企業などから恒常的に受け入れている職員とみなし、これを各府省等定員（地方支分部局を含む）で除して、各府省別の受入率を割り出した。

　その結果、表 4-5 からは、金融庁や内閣官房、消費者庁、環境省など、民間などからの受入率が高い官庁が存在するのに対し、文科省の民間企業などからの受入率は 2.5％と相対的には低いことがわかる。ただし、国家公務員全体でみた場合の受入率の平均が 1.4％であることや、厚生労働省や農林水産省、国土交通省といった他の事業官庁によりも高い受入率を示していることからすれば、文科省が民間企業などに対して極端に閉鎖的な官庁であるとはいえない。

　しかし、実際に文科省が一定期間受け入れている職員の出身企業に関するデータ（表 4-6）をみると、受け入れ先は、科技系のいわゆる研究三局と、2015 年に新設されたスポーツ庁に偏っていることがわかる。生涯学習政策局（現・総合教育政策局）、初等中等教育局、高等教育局という文部系の部局には、一定期間民間企業などから受け入れている職員はおらず、文部系は、民間企業などに対しては閉鎖的な人事運用を行っているといえる。

表 4-5　民間から国への職員の受入状況

府省名	A 一定期間・民間企業・常勤(人)	B 一定期間・弁護士・公認会計士・社会保険労務士等・常勤(人)	C 一定期間・大学教授等・常勤(人)	D 期間を限らず受入(人)	E 民間からの常勤的職員受入数(A＋B＋C＋D)(人)	F 各府省等定員(2017年8月現在)	G 民間企業等からの受入率(E/F)
会計検査院	7	5	0	8	20	1244	1.6%
人事院	8	0	0	7	15	613	2.4%
内閣官房	221	1	0	34	256	1127	22.7%
内閣法制局	0	0	0	0	0	77	0.0%
内閣府	168	11	5	5	189	2336	8.1%
宮内庁	1	0	0	1	2	1005	0.2%
公正取引委員会	4	11	2	59	76	832	9.1%
警察庁	4	0	0	7	11	7848	0.1%
個人情報保護委員会	2	3	0	0	5	103	4.9%
金融庁	109	120	0	142	371	1575	23.6%
消費者庁	15	18	0	8	41	334	12.3%
復興庁	0	0	0	0	0	202	0.0%
総務省	24	6	2	0	32	4769	0.7%
公害等調整委員会	0	0	2	0	2	35	5.7%
法務省	0	20	1	259	280	54716	0.5%
外務省	112	20	5	162	299	6058	4.9%
財務省	33	103	2	238	376	71420	0.5%
文部科学省	20	1	9	22	52	2116	2.5%
厚生労働省	50	11	52	198	311	31754	1.0%
農林水産省	18	6	0	36	60	21341	0.3%
経済産業省	441	109	9	23	582	7963	7.3%
国土交通省	215	14	4	203	436	44739	1.0%
環境省	277	8	1	220	506	2994	16.9%
防衛省	2	2	5	0	9	20974	0.0%
合計	1731	469	99	1632	3931	286175	1.4%

出典）表中A～Eは内閣官房内閣人事局「民間から国への職員の受入状況」（平成29年10月1日現在）、別表1、Fは「行政機構図（2017.8）」、Gは筆者作成。

表 4-6　文部科学省に一定期間受け入れている者の出身民間企業

受入部局	受入人数	受入者の出身民間企業（（　）内は受入者数）
大臣官房	2	キャスト・プラス、公文教育研究会
科学技術・学術政策局	1	三菱電機
研究振興局	5	ＮＥＣ、第一三共、日本電子、富士通、三菱電機
研究開発局	14	ＩＨＩエアロスペース、ＮＥＣ、ＮＴＴ東日本、ケンシアート、ヤマトコンタクトサービス、国際社会経済研究所、竹中工務店、東京海上日動リスクコンサルティング、東芝、日立ＧＥニュークリア・エナジー、三菱重工（2）、三菱電機、有人宇宙システム
スポーツ庁	14	ＪＴＢコミュニケーションデザイン、アサツーディ・ケイ、キヤノン、サニーサイドアップ、プリンスホテル、ミズノ、ぴあ、味の素、大塚製薬、近畿日本ツーリスト、綜合警備保障、日本総合研究所、日本リコメンド、三井住友海上火災
文化庁	1	旭硝子
合　計	37	

出典）内閣官房内閣人事局「民間から国への職員の受入状況（平成29年10月1日現在）」、別表2、より筆者作成。

　いわゆる天下りの斡旋をめぐる不祥事を受けて設置された文部科学省再就職等問題調査班の調査報告は、問題の発生原因を文科省の「身内意識」の存在に求めた上で、その「改革のためには、行政内部の論理にとらわれない視点を持つ民間企業等からの人材の受入れや交流を行うことも考えるべきである」と提言している[18]。データの制約から、各府省職員の民間企業などへの出向率を比較して文科省における民間企業などとの人事交流の全般的な特徴を導き出すには至らなかったが、少なくとも文部系の人事グループは、民間企業などとの関係では、「鎖国型」の人事管理を行っているといえるだろう。

　これまで明らかにしてきたように、文科省は、府省間人事交流においては意外にも「宗主国型」、地方自治体との関係においては、積極的な人事交流を進める「多民族国家型」、しかし民間企業などとの人事交流では、文部系グループを中心に「鎖国型」の人事運用を行う官庁と特徴づけることができる。このように、人事面での組織間関係から捉えた文科省は、少なくとも他府省に劣後する「三

流官庁」という一般的な世評にとどまらない、多面的な性格を持っているのである。

4　考察と課題

　本章で明らかにしてきたように、文科省は、政策面における他府省との関係においては消極的・内向的な姿勢が目立ち、「三流官庁」という評価を払拭することはできない。しかし、人事交流という面では、文科省は他組織と多様な関係を取り結んでおり、一定の自律性を享受している。この政策面と人事面でのギャップは、どのように捉えたらよいのだろうか。

　一つの可能性としては、文科省は、他府省との政策調整を族議員に依存してきたため、人事面でのプレゼンスを政策の形成・交渉能力の育成に活かすことができず、本書第5章が指摘するように、2000年代以降に首相主導・官邸主導が強まる中で族議員の影響力が低下すると、文科官僚の政策の形成・交渉能力の低さが浮き彫りになったとも考えられる。あるいは、文科省では、人事面でのプレゼンスが他府省に比べても相対的に高いことに甘んじ、元文部官僚の寺脇研が指摘した「マルブン一家」（寺脇 2013: 172-182）という家族的で「草食系」の組織文化が醸成されているがゆえに、他府省との政策論議では「専守防衛」に徹し、「肉食系」官庁の攻撃に対抗できないのかもしれない。

　本章の分析は、文科省をめぐる組織間関係に着目し、政策面・人事面における対外的な関係から、文科省の特徴を概括的に描き出すことを試みたものに過ぎない。官庁としての文科省の特徴をさらに掘り下げるには、本章で得られた知見を、文科省内部の政策形成や人事運用、さらにはそれらを支える組織文化に関する研究と接続させ、文部系と科技系の差異を含めて解明することが目指されなければならないであろう。

注
1　中央教育審議会「第2期教育振興基本計画について（答申（素案））」（中央教育審議会基本計画部会（第25回、平成25年3月18日）、資料3-2)、35頁。
2　中央教育審議会「第2期教育振興基本計画について（答申）」（平成25年4月25日）、35頁。

第 4 章　組織間関係からみた文部科学省　95

3　「第 2 期教育振興基本計画」、34 頁。
4　中央教育審議会「第 3 期教育振興基本計画について（答申）」（平成 30 年 3 月 8 日）、42 頁。
5　「勧告文」〈http://www.nsr.go.jp/data/000129633.pdf〉（2019 年 2 月 17 日閲覧）。
6　「もんじゅ」の在り方に関する検討会「『もんじゅ』の運営主体の在り方について（平成 28 年 5 月）」、13 〜 14 頁
7　「第 5 回原子力関係閣僚会議議事概要（平成 28 年 9 月 21 日）」、2 頁、4 頁。
8　「第 6 回原子力関係閣僚会議（平成 28 年 12 月 21 日）」、4 頁。
9　文部科学省ウェブサイト・採用案内総合職事務系〈http://www.mext.go.jp/b_menu/saiyou/sougoujimu/index.htm〉（2019 年 2 月 17 日閲覧）。
10　「『建築』を通じて日本の"未来"をつくる—文部科学省施設系職員のご案内」〈http://www.mext.go.jp/b_menu/saiyou/sisetu/detail/__icsFiles/afieldfile/2018/11/05/1401638_01.pdf〉（2019 年 2 月 17 日閲覧）。
11　文部科学省ウェブサイト・採用案内総合職技術系〈http://www.mext.go.jp/b_menu/saiyou/sougougijyutsu/index.htm〉（2019 年 2 月 17 日閲覧）。
12　もちろん、内閣官房や内閣法制局のように原則としてプロパー職員を採用していない機関や、時限的に設置されている復興庁のような行政機関は例外である。また、金融庁に代表されるように、変化が著しい分野を所管する行政機関では、民間企業などからの出向者を積極的に受け入れることによって、当該分野に関する専門知識の更新を図っている（伊藤 2012）。
13　「幹部候補育成課程の運用の基準」（平成 26 年 8 月 29 日、内閣官房告示第 1 号）。
14　なお、表 4-2 において、内閣官房と復興庁の出向受入率が 200％を超えているのは、これらの行政機関が出向者以外の他府省職員に併任をかけていることによるものと考えられる。
15　この名鑑のデータの入手に際し、河合晃一氏（金沢大学人間社会研究域法学系講師）のご助力を得た。この場を借りてお礼申し上げたい。
16　『文部科学省国立大学法人等幹部職員名鑑（29 年版）』文教ニュース社、凡例。
17　政策統括官（科学技術・イノベーション担当）及び同政策統括官付参事官、同参事官付参事官補佐・企画官の他、官房審議官（科学技術・イノベーション担当）、官房審議官（科学技術・イノベーション担当及び沖縄科学技術大学院大学企画推進担当）を含む。
18　文部科学省再就職等問題調査班「文部科学省における再就職等問題に係る調査報告（最終まとめ）」（平成 29 年 3 月 30 日）、51 頁。

参考文献
青木栄一（2003）「文部省から地方政府への出向人事—1977 年から 2000 年までの全

825 事例分析」『東京大学大学院教育学研究科教育行政学研究室紀要』22 号、19-36 頁。

青木栄一・伊藤愛莉（2018）「文部科学省から地方政府等への出向人事―2001 年から 2016 年までの全 798 事例分析」『東北大学大学院教育学研究科研究年報』66 巻 2 号、53-76 頁。

青木栄一・伊藤正次・河合晃一・北村亘・曽我謙悟・手塚洋輔・村上裕一（2017）「2016 年度文部科学省幹部職員調査基礎集計」『東北大学大学院教育学研究科研究年報』66 巻 1 号、177-198 頁。

東弘子（2014）「教育振興基本計画をめぐる議論」『調査と情報』811 号、1-13 頁。

天野健作（2015）『原子力規制委員会の孤独―原発再稼働の真相』エネルギーフォーラム新書。

伊藤正次（2012）「日本の金融検査行政と『開かれた専門性』―その態様と可能性」内山融・伊藤武・岡山裕［編］『専門性の政治学―デモクラシーとの相剋と和解』ミネルヴァ書房、207-246 頁。

伊藤正次・出雲明子・手塚洋輔（2016）『はじめての行政学』有斐閣。

上川龍之進（2018）『電力と政治・下―日本の原子力政策全史』勁草書房。

人事院（2013）『平成 24 年度年次報告書』。

辻清明（1969）『新版・日本官僚制の研究』東京大学出版会。

寺脇研（2013）『文部科学省―「三流官庁」の知られざる素顔』中央公論新社（中公新書ラクレ）。

戸田浩史（2008）「教育振興基本計画の策定」『立法と調査』285 号、23-34 頁。

村上祐介（2011）『教育行政の政治学―教育委員会制度の改革と実態に関する実証的研究』木鐸社。

第 5 章
文部科学省と官邸権力

河合晃一

　第 5 章では文部科学省と官邸の関係について議論する。1990 年代以降の政治・行政改革の結果として、首相を中心としたコア・エグゼクティブの政治権力が構造的に増大している。そこで、本章は二つのリサーチクエスチョンを設定する。
　第 1 の問いは、官邸権力が増大している状況下において、文科省と官邸の関係はどのような構造になっているのかである。本章は、文科省から内閣官房へ出向した職員の人事データと文科省職員に対するサーベイの結果を使用し、文科省と官邸の関係を分析する。その分析の結果、文科省は官邸の影響力の大きさを認識しているにもかかわらず、首相を中心とした官邸のアクターにほとんど接触していないことが明らかにされる。
　第 2 の問いは、文科省と官邸の関係がなぜそのような構造になっているのかである。このパズルを解き明かすために本章は、政策共同体、タイミング、配列といった概念を組み合わせて仮説を設定し、事例分析を行う。
　以上のような分析を通じて、文科省と官邸の関係の実態を多角的に理解することが本章のねらいである。

1　文科省と官邸をめぐるクエスチョン

　1994年の選挙制度改革や2001年の中央省庁等改革及び内閣機能強化といった一連の政治・行政改革の帰結として、首相を中心としたコア・エグゼクティブの政治権力が構造的に増大している。またそれに伴う政策過程におけるコア・エグゼクティブの影響力の拡大が多くの論者によって観察、指摘されている[1]。このような政策過程におけるコア・エグゼクティブの権力拡大の傾向は、官邸主導あるいは政策過程の「集権化」[2]といった言葉で表され、既に研究者や実務家間で広く認識されているといってよい。本章では、日本のコア・エグゼクティブを、首相や官房長官、官房副長官、首相を補佐する内閣官房の職員らの執政ネットワークと定義し[3]、以後、コア・エグゼクティブを「官邸」という言葉に置き換え議論を進めていく[4]。

　政策過程の「集権化」は、文科省や文教族を中心に従来決定されてきた教育政策についても生じていると考えられている[5]。本章は、日本の政策過程における「集権化」を所与として、教育政策をめぐる文科省の政策過程について二つの問いを設定し、その解明を試みたい。

　第1の問いは、政策過程の「集権化」が生じている中で「文科省と官邸の関係はどのような構造になっているのか」という記述的問いである。本章ではまず、文科省の「幹部職員名鑑」に拠る人事データをもとに、文科省が内閣官房のどのような部署に職員を配置しているのかを把握し、職員配置を通じた文科省と官邸の関係を構造的に明らかにする。通常、各府省の官僚は政策過程の「集権化」と連動させる形で自省と官邸との関係を強化すると予想される。その関係強化の具体的手段として考えられるものが、官邸を構成する内閣官房への職員配置である。

　たとえば、戦後の旧厚生省は、内閣からの政治干渉を受ける機会が多かったため自己防衛を目的に、逆に内閣へ干渉できる仕組みとして内閣官房への積極的な職員配置をしていたことが、牧原出（2004）によって明らかにされている。また、1990年代後半から内閣官房が実質的に組織拡充されるとともに、各省は優秀な人材を送り込むことで内閣への影響力を確保しようとしているとの指摘もある（高橋

2009: 155)。

　さらに本章は、文科省幹部職員に対し 2016 年から 2017 年にかけて実施したサーベイの結果を用いて、自省と官邸の関係に関する文科省職員の認識を明らかにする。具体的には、文科省の幹部職員が、官邸を構成している首相や官房長官、その他の内閣官房職員との接触状況などについてどのように認識しているかを確認する。

　第 2 の問いは、本章の記述的推論で明らかにした文科省と官邸の関係が、「なぜそのような構造になっているのか」という因果関係についての問いである。第 1 の問いに対する結論を先取りすれば、文科省は内閣官房への職員配置を通じた官邸とのコミュニケーション・チャンネルを制度的に構築しており、さらに首相を中心とする官邸の影響力の大きさを認識しているにもかかわらず、首相や内閣官房職員らにほとんど接触していない。政策過程における「集権化」が 2000 年代初頭の小泉政権から生じていたことをふまえれば、なぜ文科省は 2017 年時点に至っても、官邸とのコミュニケーション・チャンネルを利用していないのかという疑問が生じることになる。

　このパズルを解き明かすために本章は、政策共同体という概念にタイミングや配列といった時間的な要素を加えて理論枠組みを構築し、事例分析を行う。具体的には、官邸主導と評価されている小泉政権期を中心とした第一次自公政権期、そして 2012 年 12 月以降の第二次安倍政権期（第二次自公政権期）という二つの時期に注目し[6]、両時期における文科省の政策形成過程の「違い」と「変化」を記述しながら、比較分析を行う。

　以上に述べたように、本章は記述的な問いと因果関係の問いを設定し、さまざまな手法を組み合わせて各分析を行う。このような作業を通じて、文科省と官邸の関係構造、並びに文科省の政策過程の実態を多角的に理解することが本章のねらいである。

2　内閣官房の組織と役割

　文科省と官邸の関係を分析するための準備作業として、本節では、そもそも官

邸を構成する内閣官房がいかなる組織であり、現在の日本の政策過程においてどのような制度的役割を果たしているかについて論じる。

内閣官房は内閣の補助機関であり、首相直属の組織として内閣運営の戦略拠点としての役割を担っている（古川 2005: 2-3）。内閣官房は戦後長らく政策過程において存在感を発揮することが少なかった（高橋 2010: 120）。しかし、行政改革会議の最終報告を受けて 1999 年に改正内閣法が成立したことにより内閣官房の機能が強化された。この法改正により、内閣官房の所掌事務として「企画及び立案」の文言が条文に加筆された結果、内閣官房自らを主体とする政策形成が可能となったのである[7]。そのため、現在の内閣官房は、官邸主導の政策形成に大きな役割を果たしているとの評価を受けている。

内閣官房には、内閣官房長官や内閣官房副長官の他に、内閣総理大臣補佐官（以下、首相補佐官）、内閣危機管理監、内閣情報通信政策監、国家安全保障局長、内閣人事局長、内閣総理大臣秘書官（以下、首相秘書官）がおり、さらに官房副長官の下には、内閣総務官、内閣官房副長官補、内閣広報官、内閣情報官、内閣サイバーセキュリティセンター長という常勤スタッフが配置されている。また、官房副長官の下にある組織として、内閣総務官室、内閣官房副長官補室、内閣広報室、内閣情報調査室、内閣サイバーセキュリティセンターの五つが設置されている[8]（図5-1）。

本節では、特に内閣総務官室と内閣官房副長官補室に注目をして、両組織とそのスタッフについて説明を行うことにしたい。

内閣総務官室は、旧内閣参事官室の後継部署であり、内閣の運営全般に関する事務を担当している。内閣総務官室の事務には庶務的なルーティン業務が多い反面、首相演説の草案作成や、首相らの国会答弁用の質問とりと資料作成、国会連絡といった政治的色彩の強い業務も行われている（古川 2005: 12、高橋 2010: 121）。そのため、内閣総務官室の長である内閣総務官（旧首席内閣参事官）は、歴史的に重要なポストとして扱われてきた。

牧原（2004）によると、占領終結に伴い引揚援護行政をめぐって政治からの強い介入を受けた厚生省は、その介入に対抗するため、首席内閣参事官のポストを起点に内閣への影響力を確保したという。実際、厚生省は首席内閣参事官ポ

第5章　文部科学省と官邸権力

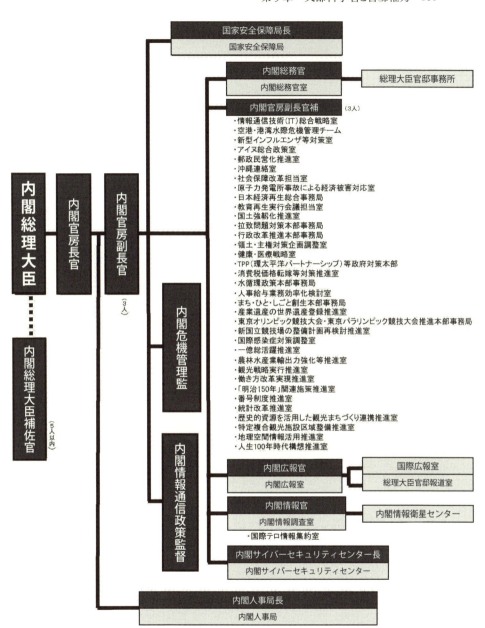

図 5-1　内閣官房の組織図（平成 29 年 8 月 8 日現在）
出典：『内閣官房ホームページ』(https://www.cas.go.jp/jp/gaiyou/index.html)（2018 年 9 月 1 日閲覧）。

ストに自省の職員を度々出向させ、厚生省から内閣への職員配置をパターン化させている。また、首席内閣参事官経験者のほとんどは、その後、各省の事務次官に昇進しており、さらにその一部が事務の内閣官房副長官へ就任している（牧原 2004: 54-58）。このように、実力のある「エース級」職員を徹底して首席内閣参事官に配置していたことからも、厚生省が当該ポストをいかに重視していたかをうかがい知ることができる[9]。

　首席内閣参事官、またその後継ポストである内閣総務官は一つしかないため、当該ポストへの職員配置は極めて特異な例と考えられるかもしれない[10]。しかし実際のところ、内閣総務官室に配置されている内閣参事官の中には、出向元省庁と官邸とのコミュニケーション・チャンネルの役割を期待されている者が存在する。たとえば、文科省からは内閣総務官室に「官邸参事官」と呼ばれる課長級職員が官邸との連絡役として配置されているといわれる[11]。

　次に、内閣官房副長官補室について説明する。内閣官房副長官補室は、内閣官房による政策の企画・立案及び総合調整に関する事務を行う部署である。内閣官房副長官補室の前身は、内閣官房の内政審議室、外政審議室、安全保障・危機管理室の三室であるため、官房副長官補は3名おり、その下に所謂「正規」の内閣審議官、内閣参事官、内閣事務官が配置されている。これら内閣官房に常勤する90名程度の「正規」スタッフで構成されるのが「本室」と呼ばれる組織であり、日常的な総合調整案件を担当している。なお、3名の副長官補は財務省、外務省、防衛省からの局長級出向ポストになっているものの、内閣参事官以下のポストには、ほぼ全省庁から職員が配置されている（高橋 2010: 120-122、井上 2012: 72）。

　本室の内閣参事官には、庶務担当、国会担当、人事担当、会計担当といった官房業務を担当する者の他に各省担当者がいる。通常、各省担当の参事官は出向元の自省を担当し、官邸からの情報を自省へ伝える連絡役になるという。また、逆に自省から官邸に連絡すべき情報がある時は「本室」を通じてその情報を官邸に伝達することになる（井上 2012: 72）。このような自省への連絡及び調整は、出向元を同じくする内閣参事官と内閣事務官が連携して行っていると考えられている（高橋 2010: 122）。

そしてさらに、内閣官房副長官補室には、「正規」のスタッフから成る「本室」とは別に、特定の重要政策を担当する「分室」が存在する。図5-1をみると、内閣官房副長官補の下に本部や諮問機関などの事務局が列挙されている。これらが「分室」であり、各「分室」には、数名から数十名程度の規模で各省からの職員が配置されている（井上 2012: 72）。小泉政権以降、本部や審議会、諮問機関が積極的に利用され始めたことで、それらの事務局となる「分室」は増加傾向にあり、図5-1のとおり2017年8月時点で35の「分室」が存在する[12]。そのうち、教育政策に関する「分室」としては、教育再生実行会議担当室がある。これら「分室」にも、官邸からトップダウンで指示がなされたり、本省と直接連絡・調整をする機会があるものの、「本室」を介してそれら業務を行うこともあるという[13]。

　以上をまとめると、現在の内閣官房は、官邸主導の政策形成に大きな役割を果たしていると同時に、官邸と各省とを結ぶ連絡所としても機能していると整理できる。特に、多くの省にとって、内閣総務官室と内閣官房副長官補室（「本室」及び「分室」）の二つが、官邸とのコミュニケーション・チャンネルの構築点になっている可能性が高い。首相秘書官も、首相とのコミュニケーション・チャンネルとして大きな影響力を有していると理解されているが、2018年9月現在、事務の首相秘書官ポストは、外務省、財務省、経産省、防衛省、警察庁からの出向者で固定されているため[14]、上記5省庁以外は、内閣総務官室と内閣官房副長官補室を主たる経路として官邸への接触を試みていると考えられる。

　そこで次節では、文科省が実際どのように内閣官房へ職員を配置しているのかを人事データをもとに分析する。

3　文科省と内閣官房の関係

1　文科省から内閣官房への職員配置状況 ―人事データによる分析

　文科省と官邸の関係はどのような構造になっているのかという問いに取り組むにあたり、本節ではまず、文科省から内閣官房への職員配置の状況を分析する。特に内閣総務官室と内閣官房副長官補室への配置状況が分析の焦点である。なお、本分析に用いる人事データは、文教ニュース社から出版されている文科省及

び旧文部省の幹部職員名鑑をもとに作成した。

　まず、旧文部省時代の 1991 年から 2017 年までの間に文科省が内閣官房へ配置してきた職員数をまとめたものが図 5-2 である。なお、文科省となった 2001 年以降の配置人数については旧文部省採用の職員か、旧科技庁採用の職員かで分類した。また、内閣官房全体の職員数の推移を確認するため、『行政機構図』（1992 年～平成 29 年度版）に記載されている各年度の内閣官房の定員数を折れ線で併記した。

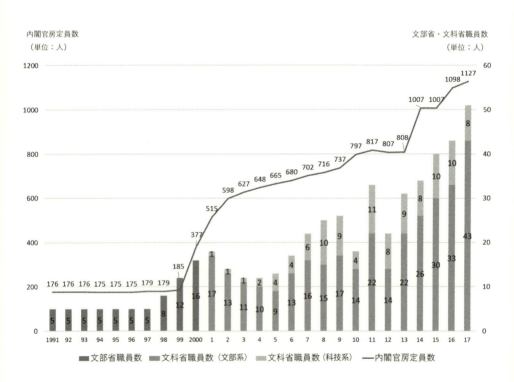

図 5-2　文科省（文部省）から内閣官房への職員配置数の推移（1991 ～ 2017）

注 1）内閣官房の定員数は行政機構図に記載の機構定員数を示している。
注 2）文部省職員数及び文科省職員数（文部系、科技系）は、『文部省幹部職員名鑑』などの「内閣」に記載の職員の実数を示している。
　　ただし、上記名鑑に記載の職員で、文科省職員（旧文部、旧科技での採用）ではないことが明らかな者は除外している。
注 3）上記名鑑の「内閣法制局」に記載されている職員は、文部省職員数及び文科省職員数（文部系、科技系）に含めていない。
出典）『文部省幹部職員名鑑（3 ～ 12 年版）』、『文部科学省幹部職員名鑑（13 ～ 16 年版）』、『文部科学省国立大学法人等幹部職員名鑑（17 ～ 29 年版）』、『行政機構図』（1992 年～平成 29 年度版）をもとに筆者作成。

第5章　文部科学省と官邸権力　105

　図 5-2 からは、内閣官房の定員数が急速に増加し始める 2000 年にやや遅れる形で、文科省の配置人数も 2005 年から徐々に上昇していることがわかる。この配置人数の上昇は、内閣官房副長官補室の「分室」増加に伴うものであり、そのことを示したものが**表 5-1** になる。表 5-1 は、2001 年から 2017 年にかけて文科省から内閣官房へ配置された職員数を、内閣官房の部署別にまとめ直したものである（[ ] 内の人数は内閣官房内の他部署と兼任状態にある職員数を示している）。

　図 5-2 と表 5-1 を合わせみることで、2001 年以降の配置人数の大部分が「準備室」や「事務局」といった名称の「分室」に配置され、その配置人数が増加していることがわかるだろう。実際、2011 年の配置人数が前年から大きく増えているのは、東日本大震災や福島原子力発電所事故に対応する「分室」が新たに四つ設置されたためであり、2013 年以降の配置人数の上昇は第二次安倍政権となって諮問会議が急速に増加したことに関係している。

　さらに表 5-1 からは、文科省が教育政策に大きく関わる分室に十分な数の職員を配置していることがわかる。表 5-1 で網掛けになっている「分室」をみると、教育再生会議担当室には 2007 年に 5 名、教育再生懇談会担当室には 2008 年から 2009 年にかけて毎年 5 名、教育再生実行会議担当室には 2013 年から 2017 年にかけて毎年 6 〜 9 名の職員を配置している。また、幹部職員名鑑を確認すると、教育再生会議担当室の副室長、教育再生懇談会担当室と教育再生実行会議担当室の室長にはいずれも「エース級」の職員が送り込まれている[15]。

　次に、本節で注目する内閣総務官室と内閣官房副長官補室「本室」への配置状況を細かくみてみよう。まず内閣総務官室については、1 〜 3 名の職員がほぼ毎年配置されていることを、表 5-1 から確認できる。さらに 2009 年以降は、前述の「官邸参事官」が配置されていることを名簿情報から確認した。

　また、内閣官房副長官補室「本室」には、3 〜 6 名程度を継続的に配置している（2001 年と 2008 年のみ 9 名）ことが、表 5-1 からわかる。内閣官房副長官補室に勤務していた経産省職員によると、2009 年から 2010 年まで経産省から「本室」へ当時配置されていた職員数は 4 名（内閣参事官 2 名、内閣事務官 2 名）だったという（井上 2012: 73）。それに対し、文科省は 2009 年から 2010 年まで 5 名の職員を「本室」に配置していることから、「本室」に対する文科省の職員配置

表 5-1　文科省から内閣官房への部署別職員配置状況（2001 〜 2017）

	2001	2002	2003	2004
内閣総務官室	2	1	2	1
内閣官房副長官補室（本室）	9	6	3	3
内閣広報室			[1]	[1]
内閣情報調査室	1	1	2	1
内閣サイバーセキュリティセンター				
内閣人事局				
公務員制度等改革推進室	1			
公務員制度改革推進本部事務局				
国家公務員制度改革事務局				
特殊法人等改革推進事務局（特殊法人等改革推進室）	2	1		
司法制度改革推進本部事務局（司法制度改革推進準備室）	2	2	2	1
情報通信技術（IT）担当室	1			
知的財産戦略推進事務局（知的財産基本法準備室）			1	2
構造改革特区推進室			1	2
公益法人制度改革推進室			1	1
行政改革推進室（行政改革推進事務局）				2
行政改革推進本部事務局				
拉致問題対策本部事務局（拉致被害者等支援室）				
教育再生会議担当室				
教育再生懇談会担当室				
教育再生実行会議担当室				
宇宙開発戦略本部事務局				
総合海洋政策本部事務局				
地域活性化統合事務局（地域活性化推進室）				
情報セキュリティセンター				
新型インフルエンザ等対策室				
アイヌ総合政策室				
社会的包摂推進室				
医療イノベーション推進室				
健康・医療戦略室				
東京電力福島原子力発電所における事故調査・検証委員会事務局				
原子力発電所事故による経済被害対策室				
東日本大震災復興対策本部事務局（現地対策本部事務局）				
震災ボランティア連携室				
日本経済再生総合事務局				
法曹制度改革推進室				
東京オリンピック競技大会・東京パラリンピック競技大会推進本部（2020年オリンピック・パラリンピック東京大会推進室）				
まち・ひと・しごと創生本部（まち・ひと・しごと創生本部設立準備室）				
国土強靱化推進室				
新国立競技場の整備計画再検討推進室				
領土・主権対策企画調整室				
観光戦略実行推進室				
文化経済戦略特別チーム				
人生 100 年時代構想推進室				
「明治 150 年」関連施設推進室				
合計	18	14	12	12

出典）『文部科学省幹部職員名鑑（13 〜 16 年版）』、『文部科学省国立大学法人等幹部職員名鑑（17 〜 29 年版）』、をもとに筆者作成。

(単位：人)

2005	2006	2007	2008	2009	2010	2011	2012	2013	2014	2015	2016	2017
1	1	1		1	2	3	3	2	2	2	1	2
4	6	6	9	5	5	5	3	6	4	4	4	4
[1]	[1]									1	1	1
2	2	2	3	2	2	2	2	2	2	3	3	3
										1	1	1
									2	1	1	1
				1	1							
						1						
		1	1	1	1	1	1					
2	2	2	3	3	2	1	2	2	1	1	1	
2	1	1	1									
		1										
1	2	4	1	3		1	2					
									2	2		
1	1					1	1	1		1	1	1
			5									
				5	5							
								9	9	7	7	6
		2	2		2	1	1	1				
				1	1	1	1	1				
			2	2	2	2	2	2				
				1	1	1	2	1				
				1								
					1					1	1	1
				1								
					1	1	1					
									2	4	4	3
					3	2						
					1							
					4							
					1							
									1	1	2	2
									1			
									1	5	7	6
									4	5	5	6
									1		1	1
										2	2	
										1		1
												1
												4
												6
												1
13	17	22	25	26	18	33	22	31	34	40	43	51

状況は他省と比べて必ずしも見劣りする人数ではないと考えられる。

すなわち、文科省は、首相秘書官や内閣総務官、内閣官房副長官補といった主要ポストへの職員配置はできていないものの、他方で、内閣総務官室と内閣官房副長官補室（「本室」及び「分室」）には一定数の職員を配置できている。このことから、文科省は官邸とのコミュニケーション・チャンネルを、内閣官房への職員配置という形で制度的に構築していると評価することができる。

ただし、チャンネルを構築しているか否かという問題と、実際にそのチャンネルを利用しているか否かという問題は別であるため、次に、官邸とのコミュニケーション・チャンネルの運用実態を確認したい。そこで次節では、文科省が官邸と実際どの程度連絡を取り合っているのかを把握するため、サーベイをもとにした分析を行う。

2　文科省から官邸への接触状況—サーベイの結果からみる文科省の認識

前項に引き続き、文科省と官邸の関係はどのような構造になっているのかという問いに取り組むため、文科省が官邸アクターに実際どの程度接触しているかを、サーベイの結果をもとに分析する。分析に用いるデータは、2016年10月から2017年2月にかけて文科省幹部職員114名を対象に実施したサーベイ（以下、2016年度調査）の結果である[16]。

本調査では、文科省と各アクターとの接触頻度及び働きかけの方向についての認識を尋ねた質問（Q8, SQ）と、文科省と各アクターとの関係性についての認識を尋ねた質問（Q22〜24）があるため、これらの質問に対する回答結果をもとにした記述統計から、文科省の認識を確認してみたい。

図 5-3 は、「仕事の実施に際して、関係機関・組織とどれくらい連絡をとりましたか。当てはまる番号に○をおつけ下さい。」という質問（Q8）に対する回答をまとめたものである。なお、分析にあたり、各回答結果に対し、「頻繁に（毎日、いつも）」＝ 30、「時々（数日に1回）」＝ 10、「ある程度（1週間に1回くらい）」＝ 5、「あまりない（1ヶ月に1回）」＝ 1、「ほとんどない（1ヶ月に1回未満）」＝ 0.5、「まったくない」には 0 を与えるというコーディングを行った[17]。

また、Q8 で「まったくない」以外を選択した回答者に対しては、SQ として「そ

の際、こちらから働きかける方が多いですか、先方から働きかけてくる方が多いですか。」という質問をしていることから、その回答結果についても、「こちらから」＝＋1、「同じ位」＝0、「向こうから」＝－1というコーディングを行った[18]。

各コーディングの結果は下記のとおりである。まず、文科大臣や文科事務次官、（回答者が所属する局の）局長といった文科省内部のアクターへの接触頻度に対して、首相、首相秘書官、官房長官、官房秘書官、官房副長官（事務）、官房副長官補室、内閣総務官室といった官邸関係者への接触頻度が非常に低いことがわかる。官房副長官補室への接触頻度が1.91であるものの、他の官邸アクターとの接触頻度は1未満である。つまり、首相をはじめとする官邸アクターに対し、文科省はほとんど接触していない（1ヶ月に1回未満程度しか連絡していない）といえる。なお、上記以外の内閣官房との接触頻度は5.16であるが、それでも1週間に1回ぐらい連絡している程度の接触状況でしかない。

一方、与党や関係団体（国立大学法人や研究機関以外の団体）との接触頻度は、官邸アクターと比べて相対的に高いことがわかる。特に、与党との接触頻度は文科大臣や事務次官との接触頻度よりも高い。

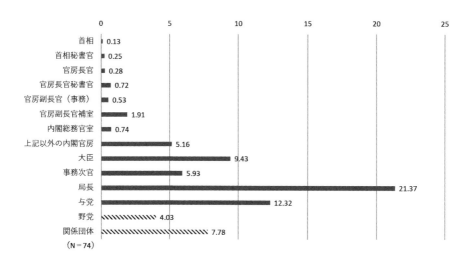

図5-3　各アクターとの接触頻度と働きかけの方向に関する認識

この結果から、文科省は官邸とコミュニケーションできていない反面、自民党議員（与党）との間に太いパイプを有している様相をうかがい知ることができる。

また、働きかけの方向に関するSQの回答結果については、野党と関係団体のみが負となり、その他のアクターはすべて正となった。すなわち、野党と関係団体についてのみ相手側から文科省に働きかけている度合いが大きく、それら以外のアクターに対しては文科省から相手側に働きかけている度合いが大きいと理解できる。なお、図5-3では、相手側から文科省に働きかけている度合いが大きい場合のみ、対角ストライプ柄の横棒を用いている。

次に、文科省と各アクターとの関係性についての認識を尋ねた質問（Q22～24）の回答結果についてみてみよう。Q22～24では、文科省が各アクターとの関係を協調的あるいは対立的と捉えているのか、また、文科省との関係で各アクターの影響力の大きさをどのように認識しているのかを尋ねている。

具体的な質問文は、「現在、あなたの省の政策形成や執行について、理解と協力が得やすいのは、次のうちどれでしょうか。あなたが、理解と協力が得やすいと思われる順に4つお選びください。」(Q22)、「現在、あなたの省の政策形成や執行について、次のどことの調整が一般的にいって困難でしょうか。あなたが、困難だと思われる順に4つお選びください。」(Q23)、「現在、あなたの省の政策形成や執行について、省外で影響力をもつのはどれでしょうか。あなたが、影響力をもつと思われる順に4つお選びください。」(Q24)になる。

これら質問の回答結果をまとめたものが**図5-4**である。分析に際しては、協調的なアクター、対立的なアクター、影響力を持つアクターとして、それぞれ第一位にあげた者に4点、第二位にあげた者に3点、第三位に2点、第四位に1点を与えるというコーディングを行い、その平均値を図5-4に示した[19]。

まず、上記Q8の結果から頻繁に接触していると考えられる与党に対しての認識を確認してみる。与党アクターには、与党首脳（三役等の幹部）、与党政調会、与党族議員の三者を設定しているが、その中でも与党族議員については、他のアクターと比較して協調関係にあり、さらに文科省に対し強い影響力を有しているとの認識が示されている。また、関係団体についても協調関係にあると回答している傾向を確認できる。

第5章　文部科学省と官邸権力　111

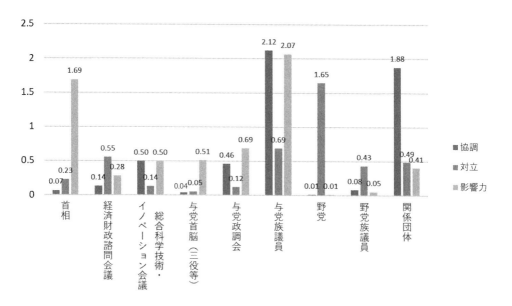

図5-4　各アクターとの関係に関する認識

　対して、首相については、協調的でも対立的でもないが、文科省に対して大きな影響力を有しているという認識をうかがい知ることができる。また、内閣府設置の重要政策会議である経済財政諮問会議と総合科学技術・イノベーション会議については、首相ほどの影響力を受けているとは認識していない様相である。加えて、経済財政諮問会議に比べ、総合科学技術・イノベーション会議を協調関係にあるとみなしているのは、科技系職員の認識によるものと考えられる。

　以上の質問（Q8、SQ、Q22〜24）への回答結果を改めて整理すると、次の二点を指摘することができる。

　第1に、文科省は族議員や関係団体（国立大学法人や研究機関を除く）と頻繁に接触しており協調関係にあると認識している。特に、族議員に対しては影響力の大きさも認識しており、頻繁に接触している。第2に、文科省は首相の影響力の大きさを認識しているものの、首相を中心とする官邸アクターにほとんど接触し

ていない。敢えて、官邸アクター間の接触頻度を比較すれば、内閣官房副長官補室への接触が他より多い。この傾向は、前述の通り諮問機関などの事務局にあたる「分室」への配置人数が増加していることに関係していると考えられる。

つまり、文科省は族議員とのネットワークを重要な経路とした政策形成スタイルを採用しており、副長官補室への連絡を除いて官邸とほとんどコミュニケーションをとっていないということになる。

このような政策形成スタイルは、農水省のスタイルと類似している。村松岐夫を中心に3回実施された官僚サーベイの結果を用いて、中央省庁の政策形成スタイルを分析した曽我謙悟によれば、農水省は自民党議員や利益集団と非常に太いパイプを持っており、また自民党議員の影響力を非常に高く評価している（曽我 2006: 162-165、曽我 2008: 122）。

ただし、曽我の分析は 2001 年までの調査データに基づくものであるため、上記の農水省の政策形成スタイルと、現在の農水省の政策形成スタイルとが必ずしも一致するわけではないことに注意をする必要があるだろう。たとえば、前述の曽我（2008: 122）の分析では、農水省は首相の影響力を低く評価していることが明らかにされている。しかしながら、2017 年時点の文科省が首相の影響力を高く評価していることに鑑みれば、首相の影響力に対する農水省の認識が 2001 年から現在までの間に変化している可能性がある。

3　小括

本節では、人事データの分析と 2016 年度調査の記述統計を組み合わせることで、文科省と官邸の関係はどのような構造になっているのかという問いに取り組んだ。両分析から明らかになったことは次の通りである。まず、文科省は、内閣総務官室や内閣官房副長官補室への職員配置を通じて、官邸とのコミュニケーション・チャンネルを制度的に構築している。しかし、チャンネルを構築しているにもかかわらず、かつ、首相を中心とする官邸の影響力の大きさを認識していながら、文科省は官邸とほとんどコミュニケーションがとれていない可能性が高い。

文科省が官邸の影響力の大きさを認識しているという結果は、第二次安倍政権で官邸による各省統制といった体制が定着し（牧原 2016: 79）、政策過程におけ

る「集権化」がさらに進行していることと親和的である[20]。その一方で、コミュニケーション・チャンネルを制度的に構築しているにもかかわらず文科省がそれを利用していないこと、また、官邸の影響力の大きさを認識していながらコミュニケーションをとっていないことに対しては疑問が残る。特に、先行研究において、影響力が大きいと認識しているアクターに対してはより多く接触するという知見が提示されていることに鑑みれば[21]、文科省の行動は当該知見と矛盾するものである。この残された疑問を本章における第2の問いとして、次節から事例分析を行いたい。

4 政策共同体による政策形成過程の変容──文科省と農水省の事例比較

本節では、文科省が首相の影響力の大きさを認識しているにもかかわらず、なぜ官邸とのコミュニケーション・チャンネルを利用していないのかという問いを事例分析によって明らかにしていく。具体的なアプローチとしては、官邸主導と評価されている小泉政権期を中心とした第一次自公政権期における文科省と農水省の政策形成過程の「違い」、さらに、第一次自公政権期と2012年12月以降の第二次安倍政権期(第二次自公政権期)における文科省の政策形成過程の「変化」を記述しながら、比較分析する。前者は共時的比較であり、後者は通時的比較である。本章の関心対象は文科省であるけれども、文科省の政策スタイルに近い農水省を比較対象とすることで、文科省の政策形成過程の特徴を明示できると考えられる。

1 理論枠組み

本項では事例分析に入る前に、文科省あるいは旧文部省の政策過程に関する先行研究を検討し、分析のための理論枠組みと仮説を設定する。

(1) 政策共同体

戦後日本の教育政策過程を実証的に分析した代表例として、まず、レオナード・ショッパの研究(Schoppa 1991)をあげることができる。ショッパは、中曽根政権期の臨時教育審議会(以下、臨教審)における教育改革がなぜ失敗したのか、と

いう問いに対し、「下位政府」(subgovernment) という概念を用いて説明を行った。下位政府とは、政策分野別の利益をもとに政官業のネットワークから成る集合体である。ショッパによれば、教育下位政府は、自民党文教族と文部省、そして地方自治体の教育委員会や校長会といった利益団体から構成され、当時の教育政策は当該下位政府によって形成されていたとされる。そのため、首相や臨教審といった下位政府外部のアクターが教育改革を進めようとしたところ下位政府がそれに抵抗し、結果として臨教審による教育改革は失敗した、というのがショッパの説明である[22]。

また、「政策共同体」という下位政府と類似の概念を用いた分析として、村上祐介 (2009) や青木栄一 (2013) の研究がある。村上は、教育という個別政策領域の政策過程において政策共同体という概念を用いることの重要性を論じ、小泉政権の三位一体改革による義務教育費国庫負担金制度をめぐる政策過程や、第一次安倍政権の教育再生会議主導による政策過程は、教育政策共同体内部と外部との対立として説明できるとした。村上のいう教育政策共同体の内部とは文科省や自民党文教族、教職員組合であり、外部とは官邸や「公教育業界」外部のアクターを指す（村上 2009: 251-252）。また、青木も 2000 年代以降の少人数学級編制に関する政策過程を分析するにあたって政策共同体という概念を用いている。

以上にみてきた下位政府と政策共同体という概念は、厳密には同一のものではない[23]。しかしながら、閉鎖的なネットワークの集合体が政策形成の中核を担っているという視点は両概念ともに共通する大きな特徴であり、また、いずれも日本の教育政策過程の特徴を説明するための有用な分析概念といえるだろう。実際、教育下位政府あるいは教育政策共同体として説明できる文科省と自民党文教族のネットワーク構造は、前節で確認した文科省と族議員の関係と整合的であり、族議員を経路とする文科省の政策形成スタイルを的確に表していると考えられる。

なお、文科省あるいは旧文部省と自民党文教族の密接な関係については、文部官僚によっても語られている。たとえば、元文部事務次官の高石邦男は、毎年、文部官僚と文教族が予算編成に関する議論をどこかの部屋を借り 1〜2 日間かけてしていたことをあげ、「厚生族や農林水産族など、色々議員はいるけれど

も、文教族ほど深いかかわり関わり合いをしていた部会はない」と、その関係の深さを指摘する（荒井編 2013a: 165）。

　文科省あるいは旧文部省と文教族の密接な関係を生み出している要因については、これまで次のように説明されてきた。第 1 に、戦後の占領期終了から 1980 年代まで日本教職員組合（以下、日教組）に代表される革新勢力と文部省との対立が続いたことにより、文部省と自民党文教族が保守勢力として強い結びつきを持つようになったためである[24]。文部省と文教族は日教組対策という点で共通の利益を有することになり、文部省は文教族からの後押しを得て予算を獲得し、文教族は法案や予算案をはじめとする文部省の政策を自民党の部会で審査することができた（Schoppa 1991: 85-89、村上 2009: 245、寺脇 2013: 25, 149）[25]。さらには、教育政策について現状維持志向という保守的な選好を共有するようになったのである。

　第 2 に、教育政策が極めて政治的な政策分野であり、官僚が利益調整を直接行うことが困難なためである（猪口・岩井 1987: 200-201）。教育政策の効果は測定が難しく、エビデンス・ベースドによる議論が難しい（村上 2009: 252）。また、教育とは本来的にイデオロギー性を有しているため、政治権力とイデオロギー、教育との密接不可分な関係が存在するとされる。そのため、文部省時代から教育政策は文教族主導によるものが多かった（前川 2002: 194）。

　すなわち、文科省や旧文部省にとって文教族とのネットワークを利用した政策形成は、資源獲得や非難回避の意味で従来有用なスタイルだったのである。しかし、文科省が現在、首相に対する影響力の大きさを認識しているということは、政策共同体外部からの圧力に対し、文科省や文教族といった内部アクターが抗えない状態になりつつあると考えられる。

　そこで本節は、政策共同体内部（文科省と文教族）と外部（官邸）の関係や、共同体内部の構造に注目しながら事例分析を行うことにする。また、農業政策についても政策共同体と捉えられる「農政トライアングル」（農水省、農林族、農業団体）が存在するため、この概念は農水省の政策過程の分析にも有効といえる。前節で述べたとおり、2001 年までの調査データからわかる農水省の政策スタイルは自民党議員や利益集団を重視したものである（曽我 2006: 162-165、曽我 2008: 122）。

また、質的アプローチによる別の研究においても、当時の農水省では、原局原課が政策形成の中心を担いながら関係団体と日常的にコミュニケーションを図っていたことが指摘されている（小島・城山 2002: 144-147）。

しかしながら、政策共同体という概念だけでは、各アクター間の関係構造やその変化を記述することはできても、文科省が首相の影響力の大きさを認識しているにもかかわらず、なぜ官邸とのコミュニケーション・チャンネルを利用していないのかという問いを解くことは難しい。そこで、本節は、タイミングや配列といった時間的概念を組み合わせることで、この問いに対する仮説を導出してみる。

(2) タイミングと配列

タイミングや配列とは、歴史的制度論において発展してきた時間的概念である。ポール・ピアソン（Pierson 2004: 54-55）は、事象や過程の時間的順序が帰結に決定的な影響を与えると主張し、タイミングや配列といった概念を用いて過程を考察することの有用性を論じている。

本節では、政策共同体外部からの圧力に対し、文科省や文教族といった内部アクターがどのタイミングで抗えない状態に至ったのかを理解することが重要と考え、タイミングや配列を手掛かりに次のような仮説を設定する。

> 教育政策共同体内部の構造変化が、2000年代初頭ではなく、政権交代が起きた2009年以降に生じたため、文科省は現在においても官邸とのコミュニケーション・チャンネルを利用していない。

一般的に族議員は、1990年代の政治改革によって弱体化を始め、2000年代初頭の小泉政権期には発言力を低下させていたと考えられてきた。特に選挙制度改革による中選挙区制から小選挙区制への移行によって、族議員が減少したと指摘されている[26]。この現象を、政策共同体という概念で換言すれば、政策共同体内部の族議員の権力が低下し、共同体内部が外部からの影響をそれまで以上に強く受ける状態に変化したと説明できるだろう。

しかし、こと文教族に関しては、政治改革による政策共同体内部の構造変化が

第5章　文部科学省と官邸権力　117

小泉政権期の段階でまだ生じていなかったと本節では予想する。文教族は他の族議員と比べて、中選挙区時代から選挙の票や政治資金の面で恵まれてこなかった（猪口・岩井 1987: 200）。そのため、他の族議員と比較して、文教族は選挙制度改革の影響による大幅な世代交代が進まず、政権交代によって自民党が下野する 2009 年まで、教育政策共同体は官邸という外部アクターからの圧力に抵抗できていたと考えられる[27]。ゆえに、文科省は、官邸主導と評価されている小泉政権期においても、必要性の低さから官邸とのコミュニケーション・チャンネルを積極的に使用してこなかったのではないだろうか。

　ここでいう文教族の「世代交代」とは、「第二世代」の文教族から「第三世代」の文教族への入れ替わりを指す。前述のショッパの研究によれば、自民党結党直後、教育政策過程において中心的役割を果たしていたのは大達茂雄や荒木萬壽夫、瀬尾弘吉といった元内務官僚たちであった。しかし、彼らの関心は日教組を念頭に置いた反労働組合政策であったため、教育政策そのものに関心を持つ文教族は、坂田道太や剱木亨弘を除くと、自民党内にほとんどいなかったという。旧文部省と自民党文教族の密接な関係が形成されるのは、坂田らの次の世代にあたる、西岡武夫、森喜朗、河野洋平、藤波孝生といった新しい文教族の誕生後であり、この新しい文教族こそが教育政策共同体の核をなしてきたのである（Schoppa 1991: 79-85）。

　元文科省スポーツ・青少年局長の樋口修資は、坂田らを「第一世代」の文教族、西岡や森らを「第二世代」と整理する。また樋口は、自民党が 2009 年に野党へ転じる前頃から、「第二世代」とは異なり、新自由主義的な教育論を唱える次世代の文教族が自民党内で徐々に頭角を現し始めたという（荒井編 2013c: 99, 246）。

　そこで本節では、新自由主義的な教育論を唱える文教族を「第三世代」の文教族と定義し、ベテラン議員から構成されていた「第二世代」から「第三世代」への本格的な世代交代が、2009 年の政権交代まで生じていなかったと予想する。

　すなわち、教育政策共同体の場合、族議員の世代交代による政策共同体内部の構造変化が他の共同体よりも遅いタイミングで生じたため、文科省は官邸とのコミュニケーション・チャンネルを積極的に利用してこなかったというのが本節の見

立てである。配列としては、①小泉政権、②（自民党下野による）政策共同体内部の構造変化、③第二次安倍政権、という事象の順番が、文科省の政策形成スタイルを規定していると考えられる。

一方、農業政策共同体の場合、政策共同体内部の構造変化が官邸主導の小泉政権期に生じていたため、農水省は官邸とのコミュニケーション・チャンネルの活用に小泉政権当時から取り組んでいた可能性が高い。配列としては、①（選挙制度改革による）政策共同体内部の構造変化、②小泉政権、③第二次安倍政権、という事象の順番で考えられる。

以上の仮説に基づいて、次項から事例分析を行う。

2　小泉政権の連絡室参事官制度

本項では、第一次自公政権期における文科省の政策過程を分析する前に、小泉政権発足直後に行われた官邸スタッフ強化策について説明を加えておきたい。実は小泉政権の初期段階で、文科省と官邸の関係構造を左右する事象が生じている。

小泉政権では、発足から約1ヵ月後の2001年5月17日に「連絡室参事官」と呼ばれる内閣参事官を内閣官房内に設置している。政務担当の首相秘書官だった飯島勲が事務の官房副長官である古川貞二郎と相談し、官邸スタッフを強化するため、首相秘書官を出している省庁（財務省、外務省、経産省、警察庁）以外で重要政策課題を抱えている省庁から秘書官に準じた参事官を採用したのである。その目的は、秘書官を出していない省庁にも小泉首相の意向をよりダイレクトに浸透させ、各省官僚に官邸のほうを向いて仕事をさせるというものだった（清水2009: 87）[28]。

当該参事官は、秘書官とともに首相を支える存在として連絡室参事官と呼ばれ、通称「特命チーム」とされた（飯島 2006: 29）。実際、連絡室参事官は首相秘書官とともに小泉首相と毎日昼食をともにし、さらに当番にあたった1名の参事官は、首相の執務時間中、首相秘書官室に詰めていた[29]。

設置当初の連絡室参事官の省庁構成は、小泉首相と飯島とで考えたとされる。その結果、総務省、厚労省、国交省、文科省、防衛庁から課長級職員を採用

することになり、いずれの省庁も選りすぐった人材を送り込んできた（飯島 2006: 30, 332-334、清水 2009: 87）。**表 5-2** は各省から採用されたすべての連絡室参事官を一覧にしたものであるが、計 11 名（A〜K）のうち、2018 年 11 月現在までに 4 名が事務次官、2 名が外局の長、1 名が省名審議官、3 名が局長級まで昇進している。すなわち、文科省を含めたいずれの省庁も「エース級」を連絡室参事官として官邸に配置していたことがわかる。

しかし、表 5-2 からわかる通り、連絡室参事官の省庁構成は固定されたものではなかった。連絡室が設置されて約 1 年後の 2002 年 3 月に、文科省と農水省の参事官が差し替えられたのである。その後、連絡室参事官の省庁構成は小泉政権が終わる 2006 年 9 月まで、総務省、厚労省、国交省、農水省、防衛庁で安定し、文科省から連絡室参事官が再び配置されることはなかった。

連絡室参事官の省庁構成を取り仕切っていた飯島によれば、連絡室設置当初に文科省から参事官を採用した理由は、韓国と中国が日本の中学歴史教科書の記述

表 5-2　連絡室参事官一覧

	出向元	連絡室参事官の在任期間	2018 年 11 月現在の官職、あるいは退職時の官職
A	総務省	2001.5 〜 2003.8	消防庁長官（20015 年 7 月退職）
B	総務省	2003.8 〜 2006.9	復興庁事務次官（2018 年 7 月退職）
C	厚労省	2001.5 〜 2002.9	雇用均等・児童家庭局長（2016 年 6 月退職）
D	厚労省	2002.8 〜 2004.7	政策統括官（社会保障担当）（2015 年 10 月退職）
E	厚労省	2004.6 〜 2006.9	年金局長（現在）
F	国交省	2001.5 〜 2003.8	総合政策局政策課政策研究官（兼）国土交通政策研究所（現在）
G	国交省	2003.7 〜 2006.9	国土交通審議官（現在）
H	文科省	2001.5 〜 2002.3	文部科学事務次官（現在）
I	農水省	2002.3 〜 2006.9	農林水産事務次官（現在）
J	防衛庁	2001.5 〜 2004.8	防衛事務次官（2017 年 7 月退職）[注]
K	防衛庁	2004.7 〜 2006.9	防衛装備庁長官（現在）

注) J は事務次官退職後、2017 年 10 月に国家安全保障局国家安全保障参与へ就任した。
出典) 飯島（2006）をもとに筆者作成。

に対して修正を求めた教科書問題に対応するためのものだった。けれども、小泉首相が韓国と中国を訪問して教科書問題が一段落したこと、また、BSE（牛海綿状脳症）騒動をはじめとする食の安全問題が大きくなっていたために、文科省から農水省へと参事官を差し替えたという（飯島 2006: 30、飯島・大下 2012: 175）[30]。

この文科省から農水省への差し替えが行われた結果、文科省は約1年しか連絡室参事官を配置できず、農水省は約4年と半年にわたって当該参事官を配置できたという差異が、両省間で生じることになった。

ある農水省幹部は、連絡参事官室への自省職員の配置について、「前は党本部や議員会館に根回しに日参しても、官邸の方を向いて仕事をする意識は少なかった。今は官邸直結だから」と述べており[31]、小泉政権期から農水省が官邸との関係を重視し始めている様相をうかがい知ることができる。

対して文科省は、連絡室参事官への職員配置が約1年の短期間に終わったため、官邸とのコミュニケーション・チャンネルを活用することの必要性を強く認識することがないまま、族議員中心の政策形成スタイルを維持し続けていったと考えられる。

3　第一次自公政権期の政策過程

次に、官邸主導と評価されている小泉政権期を中心とした第一次自公政権期の文科省と農水省の政策過程を順に分析する。本章の関心は文科省にあるため、特に文科省の事例については観察数を増やし分析を行うことにしたい。

(1) 文科省と教育政策
① 義務教育費国庫負担制度の見直し

小泉政権では 2002 年から三位一体の改革が行われ、その改革の一環として義務教育費国庫負担制度の見直しが議論された。義務教育費国庫負担制度の見直しという制度改革は典型的な官邸主導の政策過程として紹介されることが多いため[32]、まずはこの制度改革の事例を観察してみよう。

当時の義務教育費国庫負担制度は、義務教育教職員にあたる小中学校教職員の給与を2分の1の負担率で国が補助するというものである。当該負担制度の廃

止をアジェンダ設定したのは官邸と財務省、総務省であり、文科省にとって負担制度の廃止は「黒船が突然やってきた」ようなものだった（前川・寺脇 2017: 90）。そのため、負担制度の廃止と維持をめぐって、教育政策共同体の内部アクターである文科省と、外部アクターである官邸・財務省・総務省との間で対立が生じたのである（小川 2010: 64-66）[33]。

このような官邸主導の制度改革に対し、自民党文教族は文科省を支持する形で抵抗をみせた。たとえば、文教族の保利耕輔は党内で、「やっぱりこの三位一体の改革はおかしいんじゃないか」と述べ、負担制度を維持すべきとする考えを表明した（前川・山田 2018: 79-80）。

また、2003 年 9 月に文科相へ就任した河村建夫は、就任後の記者会見で「財政論ではなく教育論としてもっと議論が必要だ」と発言し[34]、次に文科相となった中山成彬も負担金制度を堅持する考えを示した[35]。小泉首相は、中山文科相を官邸に呼び、負担金制度の廃止案を受け入れるよう指示したが、中山は制度維持の立場を譲らなかった[36]。さらに、前首相だった森喜朗も、「小泉首相の考えであっても、これだけは承服しない。政治家として命をかけて反対する」と文科省を応援した[37]。

その結果、文科省と官邸・財務省・総務省は、負担金制度の存続を条件に、国庫負担率を 2 分の1 から引き下げる方向で調整を進めることになった[38]。そして最終的に、2005 年 11 月に開催された三位一体改革に関する政府・与党の協議会で、国庫負担率を 2 分の1 から 3 分の1 へと引き下げる代わりに、「義務教育制度については、その根幹を維持し、義務教育費国庫負担制度を堅持する」との文言が政府・与党の合意文書に明記されたのである。

このように官邸が負担金制度を存続させたのは、文科省や文教族といった教育政策共同体の内部アクターに配慮したものであり、負担金制度の見直しをめぐる制度改革は共同体内部の主張が反映される形で終局した[39]。

② **教育基本法の改正**

2006 年 9 月に小泉政権から第一次安倍政権へと移行し、同年 12 月には教育基本法が改正された。この改正法案は、小泉政権から第一次安倍政権にかけて作成されたものであるため、教育基本法の改正をめぐる政策過程についても確認

をしておく。

改正法案の具体的中身の検討から閣議決定までが行われたのは小泉政権期であるものの、小泉首相自身は基本法の改正に熱心ではなかった（前川 2018: 149）。また、文教族の森喜朗は、教育基本法改正を小泉首相や安倍首相の功績ではなく、「それまで自民党の連中が積み上げてきて、やっと公明党も乗ってきた」成果であり、「その最大の勲章者は保利耕輔」であると、基本法改正が文教族による従来路線の改革成果であると回顧している[40]。

実際、保利耕輔は、教育基本法の改正について議論を行った「与党教育基本法に関する検討会」というプロジェクトチームの座長だった（荒井編 2013b: 165）。保利は、公明党の意向を取り入れながら、「バランスのとれた改正」になるよう、改正法の条文の表現の婉曲化に努めたり、国家主義的な方向に対して一定の歯止めとなる言葉を条文内に残した（森・田原 2013: 182、前川・山田 2018: 83-84）。そのような保利の議論の進め方に対し、文科省は全幅の信頼を置いていたという（荒井編 2013b: 166）。保利は、2005年8月の郵政解散を契機に一旦は自民党を離党したため、プロジェクトチームの座長は保利から大島理森へと変わったが、大島もまた文教族の大物だった。

すなわち、教育基本法の改正は、官邸主導によるものではなく、むしろ教育政策共同体内部の文教族によって進められたものだったと考えられる。

③ **教育再生会議の挫折**

第一次安倍政権は、2006年10月の閣議決定に基づき、首相直属の諮問会議である教育再生会議を設置した。教育再生会議において積極的な制度改革が議論されたことにより、官邸主導の教育政策形成が行われたようにみえるものの、第一次安倍政権では教育制度改革に関して官邸の意向が政策に反映されない場合も多かった。

たとえば、教育再生会議の初会合において委員から、教育委員会制度の改革が必要と主張がなされたのに対し、教育委員会の廃止につながる可能性を恐れた文科省や文教族が反発したことで、再生会議の第一次報告書には教育委員会の見直しに関する具体案がほとんど盛り込まれなかった[41]。

また、ゆとり教育の見直しについても、再生会議担当の首相補佐官である山谷

えり子が、2007年1月に開催された与党教育再生検討会で、再生会議の第一次報告の了承を求めた際、党内の文教族議員から「ゆとり教育を見直す理由がわからない」、「拙速だ」などと罵声を浴びる結果となった（田﨑2014: 53）。そして最終的に「骨太の方針2007」へ授業時間数の1割増が明記されるにとどまったのである。

　以上のように、第一次安倍政権の教育再生会議は、文科省と文教族の教育政策共同体の抵抗を完全に抑えることに成功しておらず、教育制度改革においてしばしば挫折していたと考えられる。

(2) 農水省と農業政策

　教育政策同様に農業政策も、従来は閉鎖的な政策共同体内部のアクターによって政策形成がなされてきた。農産物の貿易自由化をめぐる政策過程を例にみると、1970年代末以降の農産物自由貿易化に対し、農水省や自民党農林族は農協の求める価格や関税を維持する方向で一致した行動をとっている。また、1990年代以降のGATT／WTO交渉においても、農水省と農林族、農協という三者を中心とした農業政策共同体によって、保護農政を基軸とした農業政策が決定されてきた（内田2015: 232-233、濱本2017: 23）。

　しかし2000年代に入ると、農水省と農林族は、自由貿易化に抵抗しつつも、保護農政から農産物輸出政策への転換に理解を示し始めるようになる（三浦2010: 18-19）。具体的事例として、農産物の貿易自由化をめぐる小泉政権期の政策過程を確認してみよう。

　小泉政権では、経済財政諮問会議をアリーナとして、農業も対象に含めた構造改革がアジェンダ設定された。この構造改革の流れに合わせて推し進められたのが、FTA（自由貿易協定）戦略である。小泉政権は、シンガポールとのFTAに続いて、メキシコとの正式なFTA交渉を2002年11月から開始し[42]、農産物の保護政策から積極的な輸出政策への転換を目指した。一方で農林族は、そのような官邸主導によるメキシコとのFTA交渉に関し、交渉の落としどころを探っていた官邸に対して「メキシコのご機嫌とりなどするな」と注文をつけたものの、目立った形での抵抗は行わなかった（吉田2012: 620）[43]。このことから、すでに小

泉政権期において農林族の変容が生じ始めていたと考えられる。

三浦秀之（2010: 34-35）によると、農林族の変容にはいくつかの要因があるとされる。第1の要因は、選挙制度改革により小選挙区制度が導入されたことで、農産物生産者だけでなく一般消費者を意識する必要性が出たことである。また、このような一般消費者に対する意識は、鳥インフルエンザやBSE問題といった食の安全問題によってさらに強まったという。加えて、新たな選挙制度下では、補助金などのポークバレル政策を有効に活用した集票が困難になったため、農林族にとって従来の保護政策を堅持するインセンティブが少なくなっていた（Sasada 2008: 143）。

第2の要因は、農林族の世代交代が進んだことである。堀之内久男や江藤隆美、大原一三といった大物の農林族が2003年の衆議院選挙に出馬せず引退したことで、保護派農林族の影響力が低下していた。その一方で、都市部選出の島村宜伸や、農産物の貿易自由化について理解のある中川昭一といった「新たな農林族」が政権内で起用されていった（三浦 2010: 35-36）。また、2005年の郵政選挙において、保護派農林族である元農水相の野呂田芳成や松下忠洋が自民党を離党したことで、保護派の弱体化がさらに進んだのである。

このような変容は農林族だけでなく農水省にも起きている。当初、農水省はFTAに反発していたものの、政策過程における官邸の影響力拡大と保護派農林族の弱体化が生じていく中で、経済財政諮問会議や規制改革会議での議論をもとにした政策を打ち出していくようになる（三浦 2010: 37）。

以上のことから、農水省や農林族を中心とする農業政策共同体は、小泉政権期より内部構造に変化が生じており、農水省は官邸や経済財政諮問会議と接触しながら、農産物輸出政策への転換を受容していったと考えられる。

4　第二次安倍政権期以降の変化

前項の事例分析から、第一次自公政権期の文科省は文教族とともに教育政策共同体を維持し、官邸主導の政策過程においても政策共同体としての影響力を十分に行使できていたことを確認した。本項では、2012年12月以降の第二次安倍政権期（第二次自公政権期）の政策過程を対象とする事例分析を行い、第一次自

公政権期と第二次安倍政権期とで、文科省の政策形成に変化が生じているかを考察する。

　第二次安倍政権の発足前に遡ると、安倍晋三は2012年9月の自民党総裁選挙に勝利した後、党内に教育再生実行本部を設置し、下村博文を本部長として11月下旬には「中間とりまとめ」を発表した。このとりまとめ内容は、衆議院選挙の公約に反映させるためのものであり、12月に行われた選挙では「教育再生」と題する公約がアベノミクスとともに掲げられた（寺脇 2013: 262-263）。

　そして、衆議院選挙に勝利し第二次安倍政権を発足させた安倍首相は、直属の諮問機関として教育再生実行会議を設置し、教育再生担当相と兼任する形で下村博文を文科相に就任させた。また、いじめ対策と教育委員会制度の見直しをアジェンダ設定し、教育再生実行会議で検討を開始させたのである[44]。

　前者のいじめ対策に関しては、文教族の馳浩が中心となり、最終的に議員立法の形で、いじめ防止対策推進法案がまとめられ、2013年6月に国会で可決された（前川・寺脇 2017: 229）。

　それに対し、教育委員会制度の見直しについては、2013年4月に、地方自治体の首長が任命する教育長に地方教育行政の権限と責任を一元化させる改革案が教育再生実行会議でまとめられた[45]。教育再生実行会議が示したこの改革案は安倍首相の持論に近いものであったため[46]、下村文科相は教育委員会制度の見直しを中央教育審議会（以下、中教審）に諮問すると同時に、当該案をふまえて検討するように中教審に要請した[47]。

　その結果、2013年12月に、教育委員会の持つ人事などの執行権限を首長へ移管し、教育委員会を首長の付属機関とするA案が中教審から文科相へ答申されたのである。ただし中教審は、教育委員会の政治的中立性を懸念する意見に配慮し、教育委員会に執行権限を残したまま教育長の権限を強化するB案も答申に併記した（村上 2014: 77、村上・広瀬 2016: 268）。

　そこで、最終的にA案とB案のいずれにするかを検討するため、自民党内に教育委員会改革に関する小委員会が設けられ、協議が行われた。下村文科相は、小委員会に対してもA案を軸に検討するよう求めたが、小委員会のメンバー12名のうち半数以上がA案に対して慎重な姿勢を示した。また、連立を組む公

明党も基本的に教育委員会は残すべきという考えだった[48]。

こうした状況により、安倍首相は、地方教育行政の責任の所在さえ明確にできるのであれば、執行権限を教育委員会に残しても構わないとの考えを下村文科相に伝え、首相に近い文教族がA案とB案の折衷案をとりまとめることになったのである。

その後、2014年2月上旬に、教育委員会を従来通り執行機関と位置づける一方で、教育長と教育委員長を一本化した「新教育長」を地方教育行政の最終責任者とする折衷案が作成された。この「新教育長」は首長が任命・罷免できるとされたため、最終案にも官邸の意向が反映される結果になったといえる。さらには、教育行政の基本的方針である大綱を定める権限を教育委員会から首長へ移すとともに、首長と教育委員会が協議・調整を行う「総合教育会議」を新たに設けることが変更点に含まれたため、地方教育行政における首長の権限は事実上強化されることになった（村上 2014: 78、村上・広瀬 2016: 268-269）。そして、折衷案に基づく地教行法改正案が2014年6月に国会で成立し、2015年4月から施行された。すなわち、安倍首相は、公明党に配慮して教育委員会制度を残存させたものの、自身の選好に一致した改革の「実」をとることに成功したのである[49]。

では、政策共同体の内部アクターである文科省は、以上の政策過程をどのように捉えていたのだろうか。旧文部省以来、文科官僚（旧文部官僚）の基本的な政策選好は、現行の政策や制度を維持することであるといわれてきた（Schoppa 1991: 93）。実際、2013年当時の初等中等教育局長は、合議制の教育委員会に執行権限を絶対残すべきと考えていたという（前川・寺脇 2017: 232）。しかし、教育委員会制度改革について文科官僚に近い選好を有していたのは公明党であり、文科相や自民党文教族ではなかった。教育政策について現状維持志向という選好を持つ「第二世代」の文教族の多くが、2012年に自民党が与党へ復帰するまでの間に引退していたため、第二次安倍政権で文教関係の要職に起用されたのは、下村博文、義家弘介、遠藤利明、馳浩、有村治子、山谷えり子といった「第三世代」の文教族だったのである。

また、党の政調に基盤を置いた「第二世代」の文教族と異なり、「第三世代」の文教族は、教育再生実行会議のような首相直属の諮問機関、あるいは自民

党総裁直属の教育再生実行本部に依拠する形で政策形成に関与していた（寺脇 2013: 156-158）。すなわち、第二次安倍政権は、官邸だけでなく党内にも総裁直属の機関を中心とした意思決定過程を構築したことで、政策過程をさらに「集権化」させていたと考えられる（牧原 2016: 58-59）。

第一次安倍政権では、文科省や文教族といった教育政策共同体内部と官邸という外部アクターの対立によって教育委員会制度改革が失敗に終わった。それに対し、第二次安倍政権では、「第二世代」から「第三世代」へと文教族の世代交代が生じていたことで政策共同体内部の構造が変化し、官邸主導の教育委員会制度改革が行われたのである。「第二世代」の文教族の多くが政策共同体内部から退出したことで教育政策共同体の閉鎖性にほころびが生じ、文科省の政策形成に対する官邸の影響力がより強まるという変化が起きていたと考えられる。

5　結論と今後の展望

本章ではまず、文科省と官邸の関係はどのような構造になっているのかという問いに取り組み、人事データと 2016 年度調査の分析を通じて、文科省が官邸とのコミュニケーション・チャンネルを制度的に構築しておりかつ首相を中心とする官邸の影響力の大きさを認識していながら、官邸とほとんどコミュニケーションをとっていないことを明らかにした。

そして次に、なぜ文科省が官邸とのコミュニケーション・チャンネルを利用していないのかという問いを検討するため、事例分析を用いて、第一次自公政権期における文科省と農水省の政策形成過程を比較し、さらには第一次自公政権期と第二次安倍政権期における文科省の政策形成過程の変化を考察した。

事例分析で得た知見は次の通りである。第 1 に、農水省の場合、第一次自公政権時点で農業政策共同体の内部構造に変化が生じていたのに対し、文科省の場合は文教族との閉鎖的な教育政策共同体を維持していた。そのため、農水省は官邸主導による農産物輸出政策への転換を受容する状況にあったが、文科省は官邸主導の教育制度改革に抵抗し続けることに成功した。また、文科省の場合、小泉政権の連絡室参事官への職員配置が 1 年間で終わったのに対して、農水省

は約 4 年半にわたって連絡室参事官への配置を維持していた。この期間の違いが、官邸とのコミュニケーションに対する両省の認識に差異を生み出していた可能性がある。

　第 2 に、第一次自公政権期では政策共同体によって官邸主導に抵抗した文科省だったが、第二次安倍政権期では現状維持志向の「第二世代」の文教族ではなく「第三世代」の文教族が要職に就いていたことで、文科省は官邸主導の政策形成に従属してしまう。つまり、第一次自公政権期では閉鎖的構造を維持していた教育政策共同体が、第二次安倍政権期では文教族の世代交代によって内部構造が変容したため、官邸による政策共同体への浸食が生じたのである。「第二世代」の文教族は、文科省にとっての支援者だったのに対し、「第三世代」の文教族は、官邸の代理人としての役割を果たしたと考えられる。

　以上をまとめると、教育政策共同体の構造変化が第一次自公政権期ではなく第二次安倍政権期に起きたため、文科省は従来の政策形成スタイルを柔軟に変えることができず、官邸とのコミュニケーションに不慣れなままサーベイ時点の 2017 年に至ったと説明できる。仮説で述べたとおり、教育政策共同体の構造変化が他の共同体よりも遅いタイミングで生じたことと、①小泉政権、②政策共同体内部の構造変化、③第二次安倍政権という配列が、その後の文科省の政策形成を規定したのである。

　ただし、文科省と官邸の関係は今後さらに変化する可能性がある。先のサーベイの結果からも明らかな通り、2017 年時点において文科省は官邸の影響力の大きさを十分に認識している状態にあり、今後は官邸アクターとのコミュニケーションを積極的にとるべく戦略転換を図ることが予想される。サーベイの時点において文科省が官邸の影響力を認識しながら官邸とコミュニケーションをとっていなかった事実は、官邸アクターとの双方向的なコミュニケーションの実現が容易ではないことを示唆しているものの、文科省にとって将来的にこの問題を改善することが不可能であることまでをも意味するものではないだろう。

　本章で分析したのは 2017 年までの文科省であり、2019 年現在の文科省ではない。文科省の政策形成の実態把握のためには、観察時期を現在にまで広げた文科省研究が引き続き求められる。

注

1 たとえば、待鳥（2012）、野中・青木（2016）、中北（2017）。
2 たとえば、牧原（2016）75-79 頁、竹中（2017）279 頁。
3 コア・エグゼクティブを、政治的な最終調整を担うアクター間の相互作用あるいはアクター間の制度的関係としての執政ネットワークと捉えた研究として、Rhodes（1995）がある。
4 内閣官房副長官（事務）を 8 年 7 ヶ月務めた古川貞二郎によれば、官邸と内閣官房は制度的にも運営的にも一体的であるという（古川 2005: 2）。ただし現実には、首相や官房長官、官房副長官は首相官邸で執務を行い、内閣官房の職員の大部分は官邸向かいの内閣府本府庁舎・中央合同庁舎 8 号館内に常駐しているため、内閣官房の職員の多くは官邸と別の空間で活動している。
5 2000 年代以降の教育政策の「集権化」を指摘するものとして、青木（2013）、村上（2009）がある。
6 第一次自公政権期と第二次安倍政権期（第二次自公政権期）という分析期間の区分については、竹中（2017）を参考にしている。
7 内閣法（12 条 2 項）では、内閣官房の所掌事務を、閣議事項の整理や内閣の庶務に関する事務（1 号）、内閣の重要政策に関する基本的な方針や閣議に係る重要事項、行政各部の施策の統一を図るために必要な事項に関する企画・立案と総合調整事務（2 〜 5 号）、そして内閣の重要政策に関する情報の収集調査事務（6 号）と定めている。また、内閣人事局の新設に伴う 2014 年の内閣法改正により現在は、国家公務員の人事行政に関する事務（7 〜 12 号）と行政機関の機構及び定員に関する事務（13 〜 14 号）も所掌事務に加わっている。
8 2014 年に成立したサイバーセキュリティ基本法により、サイバーセキュリティ戦略本部が内閣に設置され、合わせて内閣官房に内閣サイバーセキュリティセンターが新設された。
9 牧原は、各省の大臣官房から内閣官房や諮問機関の事務局への出向を繰り返す官僚を「官房型官僚」と呼び（牧原 2003: 34-36）、さらには、内閣参事官や首席内閣参事官への出向経験者や、そのような出向を通じて究極的に内閣官房副長官候補者となる者を「内閣官僚」と定義している（牧原 2004: 48）。
10 首席内閣参事官に続き、現在の内閣総務官のポストには、厚労省（旧厚生省）や総務省（旧自治省）、国交省（旧建設省）といった旧内務省系の省庁から職員が配置されている。
11 文科省関係者へのインタビュー調査（2018 年 9 月 9 日）による。
12 本部や諮問機関などは 2009 年の政権交代で設置数が一旦減少したものの、現在は再び増加傾向にある。諮問会議などの設置数の推移については、野中・青木（2016: 77-86）が詳しい。
13 「本室」と「分室」の関係は、「本室」に対する「分室」ごとの自律性によって決まるといわれている（井上 2012: 72-73）。

14　首相秘書官は、福田康夫政権まで慣例的に、政務担当と、外務省、財務省、経産省、警察庁からの出向者を合わせた5人体制だった。しかしその後、麻生太郎政権で上記5人に総務省を加えた6人体制となり、民主党の菅直人政権と野田佳彦政権では従来の5人体制に厚労省と防衛省を加えた7人体制へと増員されている。そして第二次安倍政権期（第二次自公政権期）に入ってからは、現在の6人体制（政務、外務省、財務省、経産省、防衛省、警察庁）となっている。なお、2013年11月から2015年7月までの一時期は、上記6人に総務省を加えた7人体制が採用された。

15　教育再生会議担当室の副室長は2013年7月に文部科学事務次官へ昇進し、教育再生懇談会担当室の室長は研究振興局長（2012年1月～）と高等教育局長（2014年1月～）を歴任している。また、教育再生実行会議担当室の室長には2013年から2017年までの間に4名の職員が就任しているが、初代室長は初等中等教育局長を経て退職、二代目は大臣官房審議官（高大接続及び高等教育局担当）を経て大学入試センター理事に出向（2017年7月～）、三代目は官房審議官（初中局担当）や文化庁文化部長（2017年7月～）を歴任、四代目は官房審議官（初中局担当）との兼任で室長に就いている。

16　「2016年度調査」の回収率や単純集計については、青木ほか（2017）を参照されたい。

17　Q8の回答結果のコーディングは、1ヶ月（約30日間）のうち接触したと考えられる日数に置き換える形で行った。このコーディングは、曽我（2006）を参考にしている。

18　SQについて「非該当」に当たる回答や無回答（NA）は欠損値として処理した。

19　Q22～24の回答結果のコーディングは、曽我（2008）を参考にしている。

20　元文部科学次官である前川喜平も、文科省と官邸との関係について、「現在の文科省は官邸、内閣官房、内閣府といった中枢からの要請について逆らえない状況がある」。「政権中枢の力が強まっていることは事実だ」という認識を述べている（『朝日新聞』2017年5月25日）。

21　たとえば、曽我（2006）175頁。

22　文教族の特徴や具体的な議員についての情報は、佐藤・松崎（1981）や猪口・岩井（1987）、Schoppa（1991）が詳しい。

23　下位政府論は、アメリカにおいて多元主義論を批判する形で登場し発展してきた。政官業の「鉄の三角形」も下位政府論の考え方である。それに対し、政策共同体論は、政府と利益集団の関係のあり方が政策分野別に異なるとして、イギリスで発展してきた理論になる。両者は完全に同一の理論ではないものの、分野別の閉鎖的な集合体による政策過程が存在することを指摘している点で大きく重なる。これら理論の整理に関しては、西岡（2004: 207-211）が非常に詳しい。

24　文部省と日教組の対立は、1994年に自社さ連立の村山政権が誕生したことで、日教組が運動方針の転換を行い収束する。特に、1997年4月に発令された中教審に日教組委員長だった横山英一が委員として入ったことで、文部省と日教組が「和解」したと

みなされた（寺脇 2013: 169-170、前川 2018: 133）。この「和解」は、「日教組との融和」という指示を受けた文部大臣の与謝野馨が水面下で横山と接触したことにより実現したという。また、「和解」後には、森喜朗や大森理森といった文教族が日教組の新春旗開きに参加したり、日教組の求めに応じて文科省の官僚が政策の説明に行くようになったとされる（前川・山田 2018: 44, 182）。

25 文教族は1970年代から予算編成過程で積極的な役割を果たすようになったという。文教族は、文部省に対し予算案に関する自分たちの考えを伝え、大蔵省や自民党にも働きかけを行った。そのような攻撃的戦術から当時の文教族は「関東軍」と呼ばれていた（Schoppa 1991: 85-88）。

26 たとえば、中北（2017）121-122頁。

27 2009年の総選挙の結果、自民党は党史上かつてない落選者を出し、さらにその後3年以上の野党暮らしをしたことで、自民党の族議員は大きく弱体化したと評価されている（中北 2017: 122）。

28 連絡室参事官は「各省の最新情報や官僚サイドの見解を吸い上げて小泉に報告する一方、小泉の意思や官邸内の空気を肌で感じ、省益に立てこもりがちな各省に、縦割り行政を超えた官邸の視点をフィードバックする役回りでもあった」という（清水 2009: 149-150）。

29 『日本経済新聞』2005年2月28日朝刊。

30 飯島は、連絡室参事官の人事を完全に固定せず、その時々の状況によって採用する省庁を柔軟に変える方針を取っていたと説明するが、その反面、「もしその省が官邸の意思を聞かないようなら、その参事官を外して、それまで外されていた省から参事官をとる」ことについて否定をしていない（飯島・大下 2012: 176）。

31 『日本経済新聞』2005年2月28日朝刊。

32 たとえば、青木（2013）305頁。

33 当時の初等中等教育企画課長だった前川喜平は「奇兵隊、前へ！」と題するブログを介して、義務教育費国庫負担制度の廃止を批判している。

34 『朝日新聞』2003年9月23日朝刊。

35 『朝日新聞』2004年11月3日朝刊。

36 同上。

37 『朝日新聞』2004年11月6日朝刊。

38 『朝日新聞』2004年11月10日朝刊。

39 『朝日新聞』2005年12月1日朝刊。

40 森喜朗は教育基本法の改正を支持する立場をとっていたが、その一方で、安倍晋三や1980年代に教育基本法改正に取り組んだ中曽根康弘は自分たち文教族と異なる考え方を有していたと主張する。たとえば、中曽根政権期に文部大臣だった森は、中曽根から教育基本法の改正を指示されたが、中曽根の教育改革は「復古主義」であり、文

教族が目指す「現実主義の教育改革」とは異なると考えていた（森・田原 2013: 162-167）。
41 『朝日新聞』2006 年 10 月 21 日朝刊、2006 年 12 月 22 日朝刊。
42 シンガポールとの FTA 交渉は、小泉政権発足前の 2001 年 1 月から開始されていた。
43 『朝日新聞』2003 年 12 月 12 日朝刊、2004 年 3 月 31 日朝刊。
44 いじめ対策と教育委員会制度が教育再生会議で最初に取り上げられた背景には、2011 年に滋賀県大津市で起きたいじめ自殺事件があったといわれている（前川・寺脇 2017: 229）。
45 『朝日新聞』2013 年 4 月 5 日朝刊。
46 『朝日新聞』2014 年 2 月 19 日朝刊。
47 『朝日新聞』2013 年 4 月 26 日朝刊。
48 『朝日新聞』2014 年 2 月 19 日朝刊。
49 『朝日新聞』2014 年 2 月 19 日朝刊。

参考文献

青木栄一（2004）「政府・文部科学省・中央諸団体の教育政策動向」『教育政策学会年報』11 巻、207-213 頁。
青木栄一（2013）『地方分権と教育行政―少人数学級編制の政策過程』勁草書房。
青木栄一・伊藤正次・河合晃一・北村亘・曽我謙悟・手塚洋輔・村上裕一（2017）「2016 年度文部科学省幹部職員調査基礎集計」『東北大学大学院教育学研究科研究年報』66 巻 1 号、177-198 頁。
飯島勲（2006）『小泉官邸秘録』日本経済新聞社。
飯島勲・大下英治（2012）『官僚』青志社。
井上能宏（2012）「内閣官房副長官補室に出向して」『特技懇誌』264 号、特許庁技術懇話会、70-78 頁。
猪口孝・岩井泰信（1987）『「族議員」の研究』日本経済新聞社。
内田龍之介（2015）「TPP 交渉と農政改革―政権復帰後における農林族議員の行動変化」『政策創造研究』9 号、関西大学政策創造学部、231-257 頁。
小川正人（2010）『教育改革のゆくえ―国から地方へ』筑摩書房（ちくま新書）。
小島浩司・城山英明（2002）「農林水産省の政策形成過程」城山英明・細野助博［編］『続・中央省庁の政策形成過程―その持続と変容』中央大学出版部、141-166 頁。
佐藤誠三郎・松崎哲久（1981）『自民党政権』中央公論社。
清水真人（2009）『首相の蹉跌―ポスト小泉 権力の黄昏』日本経済新聞出版社。
曽我謙悟（2006）「中央省庁の政策形成スタイル」村松岐夫・久米郁男［編］『日本政治変動の 30 年―政治学・官僚・団体調査に見る構造変容』東洋経済新報社、159-180 頁。

曽我謙悟（2008）「首相・自民党議員・官僚制のネットワーク構造―日本のコア・エグゼクティブ」伊藤光利［編］『政治的エグゼクティブの比較研究』早稲田大学出版部、107-130頁。

高橋洋（2009）『内閣官房の組織拡充―閣議事務局から政策の総合調整機関へ』御厨貴［編］『変貌する日本政治―90年代以後「変革の時代」を読みとく』勁草書房、127-159頁。

高橋洋（2010）「内閣官房の研究―副長官補室による政策の総合調整の実態」『年報行政研究』45号、ぎょうせい、119-138頁。

竹中治堅（2017）「安倍政権と民主党政権の継続性」竹中治堅［編］『二つの政権交代―政策は変わったのか』勁草書房、273-289頁。

田崎史郎（2014）『安倍官邸の正体』講談社（講談社現代新書）。

寺脇研（2013）『文部科学省―「三流官庁」の知られざる素顔』中央公論新社（中公新書ラクレ）。

中北浩爾（2017）『自民党―「一強」の実像』中央公論新社（中公新書）。

西岡晋（2004）「福祉国家再編のメゾ・レベル分析に向けて―政策ネットワーク論からのアプローチ」『早稲田政治公法研究』75号、早稲田大学大学院政治学研究科、199-235頁。

野中尚人・青木遥（2016）『政策会議と討論なき国会―官邸主導体制の成立と後退する熟議』朝日新聞出版。

濱本真輔（2017）「農業政策―政権交代がもたらす非連続的な米政策」竹中治堅［編］『二つの政権交代―政策は変わったのか』勁草書房、22-52頁。

古川貞二郎（2005）「総理官邸と官房の研究―体験に基づいて」『年報行政研究』40号、ぎょうせい、2-23頁。

前川喜平（2002）「文部省の政策形成過程」城山英明・細野助博［編］『続・中央省庁の政策形成過程―その持続と変容』中央大学出版部、167-208頁。

前川喜平（2018）『面従腹背』毎日新聞出版社。

前川喜平・寺脇研（2017）『これからの日本、これからの教育』筑摩書房（ちくま新書）。

前川喜平・山田厚史（2018）『前川喜平「官」を語る』宝島社。

牧原出（2003）『内閣政治と「大蔵省支配」―政治主導の条件』中央公論新社。

牧原出（2004）「戦後日本の『内閣官僚』の形成」『年報政治学』55巻、木鐸社、47-66頁。

牧原出（2016）『「安倍一強」の謎』朝日新聞出版（朝日新書）。

待鳥聡史（2012）『首相政治の制度分析―現代日本政治の権力基盤形成』千倉書房。

三浦秀之（2010）「農産物貿易自由化をめぐる政策意思決定システムの変遷―自民党政権下の変化に注目して」『法政論叢』47巻1号、日本法政学会、18-46頁。

村上祐介（2009）「教育改革の政治過程」岡田浩・松田憲忠［編］『現代日本の政治―

政治過程の理論と実際』ミネルヴァ書房、240-255 頁。
村上祐介（2014）「教育委員会改革からみた地方自治制度の課題」『自治総研』430 号、地方自治総合研究所、75-91 頁。
村上祐介・広瀬裕子（2016）「地方教育行政改革の政治学—日本とイギリスの事例から」小玉重夫［編］『学校のポリティクス』岩波書店、265-301 頁。
森喜朗・田原総一朗（2013）『日本政治のウラのウラ—証言・政界 50 年』講談社。
吉田修（2012）『自民党農政史（1955 〜 2009）—農林族の群像』大成出版社。
Pierson, P. (2004) *Politics in Time: History, Institutions, and Social Analysis*, Princeton University Press.（粕谷祐子［監訳］（2010）『ポリティクス・イン・タイム—歴史・制度・社会分析』勁草書房。）
Rhodes, R.A.W. (1995) "Introducing the Core Executive," Rhodes, R.A.W. and Patrick Dunleavy eds., *Prime Minister, Cabinet and Core Executive*, Basingstoke: Macmillian Press.
Sasada, H. (2008) "Japan's New Agricultural Trade Policy and Electoral Reform: 'Agricultural Policy in an Offensive Posture [seme no nosei]'," *Japanese Journal of Political Science*, Vol.9, Iss.2, Cambridge University Press: 121-144.
Schoppa, L.J. (1991) *Educational Reform in Japan: A Case of Immobilist Politics*, New York: Routledge.（小川正人［監訳］（2005）『日本の教育政策過程』三省堂。）

参考資料
荒井英治郎［編］（2013a）『教育政策オーラル・ヒストリー 髙石邦男（元文部事務次官）』。
荒井英治郎［編］（2013b）『教育政策オーラル・ヒストリー 御手洗康（元文部科学事務次官）』。
荒井英治郎［編］（2013c）『教育政策オーラル・ヒストリー 樋口修資（元文部科学省スポーツ・青少年局長）』。
週刊文教ニュース編集部［編］（1991-2000）『文部省幹部職員名鑑（3 〜 12 年版）』文教ニュース社。
週刊文教ニュース編集部［編］（2001-2004）『文部科学省幹部職員名鑑（13 〜 16 年版）』文教ニュース社。
週刊文教ニュース編集部［編］（2005-2017）『文部科学省国立大学法人等幹部職員名鑑（17 〜 29 年版）』文教ニュース社。

第 6 章
配置図からみる文部科学省統合の実相

手塚洋輔

　この章では、「庁舎内の部署配置」と「執務室内の座席配置」の分析を通じて、執務空間の変化という観点から省庁統合の実相に迫る。そのため、まず、庁舎内における各部署や執務室の配置について、庁舎の移転での変化に着目しつつ、文部科学省全体の特徴を抽出する。その結果、執務空間という観点からは、庁舎内の部署配置・幹部執務室の配置・各執務室内の座席配置いずれをとってみても、総じて文部系と科技系とで分立的な状況が続いていることがわかった。他方で、大臣官房総務課や会計課のように、早期から課長職の一本化がなされた課もあるが、文部系・科技系両者が融合した成果というよりは、旧文部省が従来有していた「小官房」の色彩が統合後も強く反映された可能性が示唆される。

1　執務空間と組織内コミュニケーションの交錯

1　大部屋主義における組織統合

　中央府省も含めて、日本における官僚制組織の特徴として、大部屋主義による執務形態が指摘されてきた（大森 2006、真渕 2010）。この大部屋主義とは、業務内容が職員個人単位ではなく、組織単位で概括的に割り当てられ、その中で分担されるという執務の形態と、その結果執務空間も個室に分かれて業務するのではなく、組織単位で空間を共有するというシステムである。

　この大部屋主義の中で、上司・部下も含めた顔のみえる関係が構築され、密接なコミュニケーションをテコにして集団的に円滑な業務を達成するものとされる。このように「近接性」が重要であることは、たとえば、多機関連携の現場においても、複数の機関が同じ場所に設置されることで連携を促進する効果があることが報告されている（石川［編］2013、伊藤［編］2019）。

　より広く、空間設計と政治的なコミュニケーションに相互関係があるという視点も、近年では指摘されつつある（御厨［編］2010）。ここでいう空間設計は広く国土といったレベルから庁舎や邸宅レベルまで幅広いが、かつて戦災や GHQ の進駐によって、中央省庁の庁舎が都内に分散していた頃は、相互の行き来も容易ではなく、調整に苦労するということにもなったのである（手塚 2015）。逆に別館や分室など物理的に離れた空間を確保することで、主流派に隠れて裏で組織改革案を練るといったこともある（片桐 2013）。

　その意味で、組織再編は、単に組織図上の位置づけとは異なる次元で、物理的な空間の改変が行われる。いわば組織設計が情報の流路を規定するとすれば、物理的な空間設計は人間の流路を規定する。この両者を視野に入れることで初めて、組織再編の効果を同定できるだろう。

2　本章の課題

　そこで本章は、2001 年の中央省庁再編を、こうした執務空間の再編として捉え直す。その際、二つのレベルで分析を試みる。第 1 のレベルは、庁舎内の部屋割りである。空間設計が組織の作動を規定するという大部屋主義の知見にしたが

えば、こうした大部屋をどのように配置するのかに注目する必要がある。この場合、密に連絡を取る必要がある部局同士は近接性に配慮し、可能な限り近くに配置することが合理的ということになろう。とりわけ複数の庁舎に分かれて執務する組織では、意思決定の在り方や組織としての一体性に関わる重要な問題となる。他方で、部屋の移動に要するコストを考えれば、部屋割りには、過去の経緯に強く影響される側面もある。

この点、複数の省庁が大規模に統合したところでは、それまで別々であった空間が統合されることになり、空間を組み替える機会となった。もっとも、国土交通省や厚生労働省が元々同一庁舎を使用していたために小規模な組み替えにとどまった。これに対して文科省の場合、再編当初は旧文部省と旧科学技術庁で二つの異なる庁舎を使用するかたちで出発したという特徴を持つ。その後、庁舎の建て替えに伴って、同一庁舎で執務することとなった。その意味で、各段階でどのように庁舎とその部屋割りがなされたのかを精密に分析することができる。

第2のレベルは、各執務室内における座席位置である。通常であれば、組織上の位置づけと座席位置が対応し業務を遂行している。つまり、組織図上の分業形態がそのまま空間に投影されて執務空間を構成し、近い関係であれば近く、遠い関係であれば距離が遠くなるという道理である。

しかしながら、組織上の位置づけは建前にとどまり、業務遂行の実態が異なることもなくはない。その典型例が、各府省の大臣官房審議官であろう。官房審議官は、組織上は大臣官房に属しているが、大半は○○局担当というように担当を割り当てられており、実際の執務も官房のあるフロアではなく、担当局のフロアで行われるのが通例である。だとすると、特に統合された役所の場合、組織図上は一体・融合の建前を掲げていても実態が異なる可能性は無視できない。それゆえ、配席図を用いた分析が有用なのである。

以下では、最初にこうした執務空間を把握に用いた資料群について簡単に紹介した後に、第2節において、庁舎内の部屋割りの観点から文科省の実相を把握することを試みる。先にみたように、庁舎の建て替えに伴う2度の移転に着目しつつ、その特徴を分析する。続く二つの節では、配席図を用いた分析を行う。その際、文部系と科技系[1]の統合・融合の度合いを測るため、第3節で、両者が組

織的に統合したものと位置づけられている大臣官房を取り上げる。そして第4節では、原局の事例として、科技系を主体としつつも文系の部局も一部入っている研究三局（科学技術・学術政策局、研究振興局、研究開発局）の統合実態を詳しくみていく。最後に第5節では、得られた知見を整理した上でさらなる研究課題を提示したい。

3　執務空間に関する資料

　中央府省をめぐる行政組織研究において一般的に利用可能な、執務空間に関する資料群にはどのようなものがあるのだろうか。本章では、大きく2種類の資料群を用いて接近している。いずれも市販されているものであり、入手可能なものである。

　第1に、部屋割りを示すフロア配置図ということでは、『霞ヶ関官庁フロア＆ダイヤルガイド』（国政情報センター）が有用である。毎年度発刊されており、府省別に部屋割りが掲載されている。機密の高い法務省や外務省は各階配置図のみとなっているが、その他大半の府省は各フロアの部屋の配置まで掲載されており参考になる。

　第2に、配席図としては、一部の省を対象に、外部の人間が陳情などで活用することを目的に市販されたものが存在する（先のフロア配置図も含まれている）。文科省のものは『文部科学省ひとりあるき』（全国都道府県在京文教担当者連絡協議会）という。この他に厚労省であれば『ガイドブック厚生労働省』（厚生行政出版会）といったものが存在する。配席図は、課・室の入る「大部屋」ごとに、職名・氏名・電話番号などが掲載されている。大部屋における「シマ」がどのように構成されているのかといったことを読み取ることができるため、通常の業務体制を透視するには格好の資料といえるだろう。

　ここで特に注目すべきは、この電話番号（内線番号）である。統合当初の大臣官房を例にとると、従前、旧文部省ではおおむね2000番台（一部3000番台）の内線と03-3581-から始まる外線番号が使われていたが、それらは統合後もそのまま引き継がれた。これに対して、統合によって新設された職（科技系）については3400番台や3500番台の内線が割り当てられることが多く、しかも外線が03-

第 6 章　配置図からみる文部科学省統合の実相　139

5511- から始まるという具合で明確に異なる。電話番号は外部に開かれているため混乱を避けるべく「追加」が基本であり、割り当てし直すことはまずない。したがって、これらを丹念に辿ることによって、その職がどの時点で追加されたものなのか、また職名が変更されても同一の番号を使っていれば継続性が高いといったことが判別できるのである。

　もちろん、フロア配置図にせよ、配席図にせよ、民間会社が「独自」に調査して発刊しているという体裁を採っているため、その正確性は保証されない。さらに、刊行時期によって、データが古いままであったり、抜けがあったりということもありうる。加えて、大部屋主義を理解するには、その人物の属性（キャリア・ノンキャリアや出身省庁など）に関する情報が欠かせないことも考慮し、適宜人事データと突合させて補完した。基礎資料としては財務省印刷局の『職員録』や、文科省関係でいえば『文部科学省国立大学法人等幹部名鑑』（第 5 章・第 8 章参照）を参照するとともに、特にノンキャリア職員の出身省庁を知るために、適宜各年度版『文部科学省名鑑』（時評社）や同社が提供するデータベースなども活用した。

2　フロア配置図からみる省庁統合

1　省庁再編と庁舎

　2001 年の中央省庁再編において、複数の省庁が大規模に統合したところでは、庁舎の問題も随伴した。中でも、その問題が最も大きく招来したのは、複雑な組織形態の内閣府を除けば、それぞれ異なる庁舎を使用してきた文部省と科技庁を統合した文科省だったといってよい。なぜなら、国交省や厚労省は、統合された各省庁の大半が以前から同一の合同庁舎を共有していた他、従来別々の庁舎であった自治省・郵政省・総務庁が合併した総務省の場合であっても、再編に合わせて合同庁舎 2 号館を新築して入居することになったため、いずれも同一庁舎で出発することができたからである。

　こうして再編当初は、旧文部省庁舎と旧科技庁庁舎に分かれての業務となったが、その後、2004 年には文部省庁舎の建て替えに伴い、仮移転とはいえ曲がりなりにも同一庁舎での業務を開始した。旧文部省庁舎と会計検査院庁舎の跡地

に霞ヶ関コモンゲート（合同庁舎7号館）が整備された2008年以降は、そのうちの東棟と旧文部省保存庁舎に入居して現在に至っている。

したがって、文科省の統合を空間の側面から把握しようとすると、この庁舎移転によってどのように変化したのかをみる必要があるため、以下の3期に分けて考察を進める。第1は、2001年から2004年までで、旧文部省庁舎と旧科技庁庁舎が分離していた時期である。正確にいうと、旧科技庁庁舎に入居していた旧科技庁の流れが強い研究三局（科学技術・学術政策局、研究振興局、研究開発局）はすぐに旧郵政省庁舎に移転し、文科省の別館となったので、旧文部省庁舎と別館とで執務していた時期である。

第2は、旧文部省庁舎の建て替えることとなったことによって、すべての部局が丸の内に一時移転した時期である。それまで別館にあった研究三局についても移転したので、事実上、この時に空間面での統合が行われたといってよい。

第3は、建て替えが完了し、新築の合同庁舎7号館東棟に入居した2008年以降である。永続的な庁舎として完成したこともあって、どのような執務空間とするのかという配置思想が色濃く出ていると考えられる。

2 第1期分離の時期（2001〜2004年）

では、まず省庁再編によってどのように変わったのかをみていこう。局レベルで整理すると、大臣室をはじめとする幹部や大臣官房は統合されて旧文部省庁舎に、加えて旧文部省の流れを汲む生涯学習政策局、初等中等教育局、高等教育局、スポーツ・青少年局、国際統括官、文化庁も旧文部省庁舎に配置された。その一方で、先に述べたように旧科技庁と旧文部省学術国際局が一部合流した研究三局は2001年7月までは旧科技庁庁舎に残り、その後、旧郵政省庁舎に移転し文科省別館となった。

したがって、この時期においては、文科省に統合されたといっても、大臣官房を除けば、原局レベルでは大ざっぱに文部系と科技系で分かれて業務する形が続いていたのである。

各庁舎のフロア配置をみると、旧文部省庁舎（6階建）では、幹部室が3階に設けられ、そこからの距離の順番に、大臣官房（2〜4階）、生涯学習政策局（2

階)、初等中等教育局（4階）、高等教育局とスポーツ・青少年局（5階）、文教施設部（1～2階）、文化庁（6階）がそれぞれ配置された。別館は、旧郵政省庁舎の9～11階を使用し、科学技術・学術政策局（9階）、研究振興局（10階）、研究開発局（11階）と局ごとにフロアを利用する形態を採った。ここで興味深いのは、科技庁庁舎時代にも旧来の幹部室がそのまま残されていたのに加えて、別館に移転してからも9階には「幹部室」と称される部屋が複数用意されていたことである。これは科技系の幹部が随時別館で執務することも可能にしていたのかもしれない。

もっとも、分離の時代にあっても、大臣官房は、文部省から引き継がれたところと科技庁から移ってきたところが組織図上は融合した。そこで、両者が交わった大臣などの幹部室と大臣官房の部屋割りを中心に、若干考察を施しておこう。

第1の特徴として、使用面積だけを取っても、旧文部省時代と比べて、大臣官房の占める割合は顕著に増加した。その理由として一つには、二つの省庁が統合されたことによって官房の業務量も拡大したことがあげられる。加えて二つ目に、事務次官級以上の大臣等幹部の増員も指摘できよう。従来、大臣・政務次官・事務次官の3名であったところ、再編後には、大臣・副大臣（2名）・大臣政務官（2名）・事務次官・文部科学審議官（2名）と合計8名となったからである。

関連して第2に、官房の各課長が個室化した。それまで、旧文部省で個室を持っている課長はいわゆる官房三課長（人事・総務・会計）に過ぎず、その他の政策課・調査統計課・福利課の課長は大部屋での執務であった。科技庁では秘書課・総務課・会計課のみの体制でそれぞれが個室で執務していた。統合により、人事・総務・会計の三課長に加えて、それに相当する人事担当の参事官や総括会計官（後述）にも個室が整備された他、さらに政策課長と国際課長も個室となった。

第3に、組織図上は融合したとはいえ、旧文部省の官房に科技系が「合流」した痕跡を色濃く残していた。それを徴表するのが、電話番号（内線番号）である。先に例としてあげたように、文部系と科技系では内線番号も外線番号も異なっていたからである。もちろん、こうした電話番号は職員個人ではなく「職」に割り当てられるものであるから、融合の度合いが高まれば、文部系職員が3400番台

を使ったり、逆に科技系職員が 2000 番台を利用したりすることになろう。しかし、それが例外にとどまるという事実は指摘できる。

3 第2期仮移転の時期（2004～2008年）

本館と別館に分かれていた状況も、旧文部省庁舎（本館）が建て替えられることになったことから、2004 年に両方とも丸の内の民間ビル（10 階建・1 棟）に仮移転することになる。これによってすべての部局が同一の庁舎に入居することになった。

第 1 期と同じように幹部室フロアからの距離に応じてフロア配置をみると、幹部室が執務室としては最も上の 9 階に設けられ[2]、そこから順番に、会計課を除く大臣官房（8～9 階）、生涯学習政策局（8 階）、初等中等教育局（7 階）、高等教育局とスポーツ・青少年局（6 階）、科学技術・学術政策局（5 階）、研究振興局と研究開発局（4 階）、文化庁（3 階）、官房会計課と文教施設部（2 階）と配置された。

こうしたフロア配置にみられる特徴として、第 1 に、局の配置順については、第 1 期とあまり変化がみられない。最初に大臣官房から始まり、生涯学習政策局、初等中等教育局、高等教育局、スポーツ・青少年局と文部系の部局が続く。その後に、第 1 期では別館に入っていた科技系の研究三局、外局の文化庁が連なる。幹部との距離感ということでは、教育の方が中枢に近く、科学技術については相対的に遠い存在になっているのである。

第 2 に、大臣官房会計課が他の官房各課と離れて低層階に配置されていることである。これは、たとえば、3 階には情報公開窓口や高等教育局の大学設置室などが本体と離れて配置されていることから、業者や外部の出入りが多い部局を低層階にまとめるという設計思想を読み取ることができる。とはいえ、他の統合省庁である国交省・厚労省・総務省ともに、会計課は他の官房各課と同じく中層階に配置しており、文科省のような分離型を採るところは少数にとどまる。このように会計課が「独立」しているのは、官房業務についても総務課系統と会計課系統が明確に分かれていたという旧文部省の伝統といえるかもしれない（前川 2002）。

第 3 に、次にみる第 3 期と比較した時、事務次官以下の幹部職員の執務室が

一連となって配置されている点も特徴である。①事務次官→②官房長→③総括審議官→④官房総務課長→⑤文部科学審議官（科技系）→⑥文部科学審議官（文部系）→⑦官房審議官（内線3000番台・後に政策評価審議官[3]）の順番に並んでいる。

4　第3期現庁舎の時期（2008年～）

　2008年、旧文部省庁舎と隣接する会計検査院庁舎を一体的に再開発して、合同庁舎7号館が建設され、2棟あるうちの西館には金融庁と民間企業が入居した。東館の上層は会計検査院が、下層（3階～19階）を文科省がそれぞれ使用することとなり、これに付属する旧文部省庁舎を一部保存した庁舎（6階建）とあわせて一体的な運用となった。

　第2期の仮庁舎において、大臣室などの幹部フロアが執務フロアとしては最上階に配置されたが、現庁舎では、中層（11階）に位置づけなおされた。第1期の幹部フロアが6階中3階にあったことを想起すれば、元に戻ったともみえる。実際、他の府省の大半で、このように大臣室や大臣官房を建物の中層部に配置されており、これが一般的な形態といえなくもない。

　これまで同様に、幹部室フロア（11階）からの距離に応じてフロア配置を整理すると、会計課を除く大臣官房（10～12階）がまずあって、そこから下に向かっては生涯学習政策局（9階）、初等中等教育局（7～8階）、国立教育政策研究所（5～6階）、官房会計課（4階）、文化庁（旧庁舎5～6階[4]）、文教施設部（別館4階）となる。反対に、上に向かっては、高等教育局私学部とスポーツ・青少年局（13階）、高等教育局（14階）、科学技術・学術政策局（15階）、科学技術政策研究所（16階）、研究振興局（17階）、研究開発局（18階）という順番となっている。その後、スポーツ・青少年局がスポーツ庁になるなど若干の変動はあるもののおおむね維持されている[5]。

　恒久的な庁舎となった第3期の特徴として、まず第1に、局の配置順については、ほとんど変化はなく、研究三局、文教施設部、文化庁への距離が遠いことは固定化されている。また、官房会計課が他から切り離されて低層階に位置づけられることも継続している。その意味で、第2期と第3期の共通点も多い。

他方で第2に、職員の移動ということでいえば、低層階用のエレベータと高層階用のエレベータが分離されたことがあげられる。官房フロアのある4階・10階〜12階はいずれも止まるが、それ以外では、5〜9階と13〜18階を相互に行き来することはできない。これにより、教育三局といっても、生涯学習政策局と初等中等教育局は乗り換えなしに移動できるが、高等教育局は官房フロアで乗り換える必要があり、物理的な距離が単なる階数以上に遠くなったとはいえるだろう。

第3に、幹部の部屋割りについても、第2期から変更がある。それまでとは異なり、「①事務次官・②官房長・④官房総務課長」のブロックと、「⑤文科審（科技系）・⑥文科審（文部系）・③総括審議官・⑦政策評価審議官[6]」のブロックに分かれて配置された（○内は第2期の説明で使用した番号）。執務空間としては、官房総務課長→官房長→事務次官というラインが明確になったと解釈することもできよう。

文科審・審議官のブロックをみると、まず、部屋の配置として、2人の文科審の間に、二つの審議官室となっているが、2008年の移転当初は総括審議官のみが配置されるにとどまり、政策評価審議官（内線3000番台）は10階にある政策課近くの部屋を使用したため、もう一つの部屋は空室だった[7]。にもかかわらず、同じ総括審議官でも科技系は文科審（科技系）の隣、文部系は文科審（文部系）の隣を使うなど出身省庁で使用する部屋が異なる運用がなされた。

この形態は、数年後、政策評価審議官が10階から11階に移動した際にも引き継がれた。すなわち、総括審議官か政策評価審議官かという区別ではなく、文部系か科技系かで部屋と電話番号が割り当てられ、「文科審（科技系）→審議官（科技系）」→「審議官（文部系）→文科審（文部系）」と分立の度合いの高い配置がなされている。

3　配席図からみる省庁統合（大臣官房の場合）

1　文部省と科技庁における官房

文部省では元来、官房機能は省内を主導するというよりも、内部管理的要素が強かったとされる。法制面については、総務課に置かれた法令審議室が中心

第 6 章　配置図からみる文部科学省統合の実相

に省内の調整を行い、予算面では会計課の総括予算班で全体を束ねていた。90年代に官房長の職位の上昇がみられるという観察があるものの、法制面や予算面では基本的に局ごとの制度が強く、強い主導性を発揮する場面はそう多くなかったといってよい（前川 2002、荻原・青木 2004）。

　これに対して科技庁では、予算の獲得も含めて全庁的な対応を行うスタイルであった。その意味で官房の役割も総じて大きかったといってよいだろう（木場 2002）。ただしこの種の戦略的な部門は内閣府に設置された総合科学技術会議とその事務部門である政策統括官組織に移ったために、官房組織については旧文部省の職制を色濃く残したものになったといえる。

　詳しくは後述するが、たとえば、旧文部省の官房三課には「班」という組織単位や「副長」という職があり、科技庁にはみられないものであった。こうしたものも統合後に引き継がれた。とはいえ、官房三課が同じように統合が進むわけではないだろう。キャリア官僚が中心となる部署とノンキャリア職員が中核となる部署では異なるといったことが予想される。そこで、以下では総務課・人事課・会計課ごとの違いに留意しながら、配席図をもとに統合の実相に迫りたい。

2　官房総務課

　大臣官房総務課は、対外的な窓口として機能するとともに全省的な組織管理や法令管理を行うため、中央府省においては、枢要な部署の一つである。しかしここで謎なのが、統合後、総務課長が最初から 1 名体制だったことである。総務省・国交省・厚労省などの統合省庁では少なくとも発足時点において（現在まで継続しているところもあるが）、旧省庁ごとに総務課長とそれに相当する参事官を置くのが通例であった。なぜなら総務課長は官房長の意を受けて、国会対応などを行うため、統合後も出身省庁別に組織される必要があったからである。

　文科省の場合、統合してから文部系が 2 代続いたものの、2004 年には科技系へと代わるなど、たすき掛け人事が予定されていたようにも思われる。ただ後で述べるように、人事課と会計課では、当初は、文部系と科技系の両方にそれぞれ課長級ポストが用意されたことを考えると、そもそも総務課長の重要性が他と比べてそう高くないということかもしれない。特に、科技庁は、所管する法律も少なく、

国会対応の必要性が文部省と比べて相対的に小さかったようにも思われる。

さて、総務課内に目を向けると、秘書的な業務から文書管理に至るまで多様な業務を抱えており、いくつかの班や室に分かれていることが特筆される。こうした課内の体制については、第1期から第3期までの間に大きな変化はみられない。

その中でも重要となるのが、旧文部省時代から続く法令審議室（総務課審議班）である。中堅・若手のキャリア職員を起用し、省全体の組織や法令に関する案件について、省内の意思決定手続きの下審査やその取り回しを行っていた（前川2002）。ある意味、この法令審議室が総務課としての本体であるといってもよいだろう。

省庁再編後、法令審議室に新しく審議第四係が設けられるとともに、副長職が追加され、科技系も入ることになった。室長（文部系）の下に、2人の副長（文部系＋科技系）がおり、さらに4人の係長のうち3名は文部系・1名は科技系という布陣で組み立てられた。とはいえ、文部系と科技系は別のラインを構成していることに留意する必要がある。文部系3名の係長は、最初に第3係長として配属され、順次、第2係長→第1係長と回っていくなど一体的な運用がみられる。これに対して、科技系の第4係は別個の扱いとなっているであり、この点分立的である。こうした仕組みも第1期から第3期を通じて基本的に維持されている。

また、国会対応の点で重要なのが、国会連絡室である。各府省は、厳しい国会日程の中、法案の審議を円滑に進めてもらうため、関係する国会議員と緊密に接触する体制を整えている。その最前線が府省ごとに国会内に設けている国会連絡室であり、その職員が中心となって審議スケジュールの把握や質問取りを行っている。文科省では官房総務課の中に国会連絡室が設置され、主にノンキャリアの職員が配置されている。人数としては圧倒的に文部系が多く、おおむね長期にわたって繰り返し配属され、国会議員や秘書との関係を構築している。国会連絡室長も室長代理も文部系で、従来からノンキャリアのエリートポストと目される（前川2002）。

3　官房人事課

人事課（ここでは採用や異動に関わる任用部門を中心にみていくことにする）の特徴は、

文部系と科技系で分立が続いているところである。まず、人事課長と官房参事官の2名体制であることが指摘できる。ただしこの点だけをとると他の統合省庁とも変わらず、むしろ一般的であるとさえいえる。他方、文科省で特徴的なのは、両者で執務室の場所と電話番号が固定しており、逆に課長と参事官という「看板」だけが掛け替えられるということにある。要するに、分立的な状況が継続している。

人事課に配属されたキャリアの職員は少なく、人事課長・参事官と、2名の人事企画官兼副長の他数名である。キャリア職員の採用や人事についての中心となるのが、この副長であり、文部系と科技系から1名が就任し、現在でも事務系は文部系が、技術系は科技系が担当しているとされる。

もっとも、ノンキャリアの職員が大半を占める人事課で分立を決定的にしているのが、文部系が執務する空間と、科技系のそれとが隔たっていることである。そこで、課内の配置をみよう。これについては第1期・第2期・第3期と配置は異なるが、現在まで分立状態が続いていることを示す。文部系が圧倒的に多い中で、科技系がどこに配置されているのかに注目する。

まず第1期では、文部系は人事課長（文部系）から近い順に総務班・審査班・任用班・給与班と複数の係が設置されているのに対して、科技系は、さらにその先に「企画班」としてまとめられ、科技系の副長もこの企画班に座席がある。企画班は、文部系の人事課長からはもっとも遠いところにあるものの、その一方で、階の異なる科技系の参事官の個室には移動しやすい場所でもある。

第2期では、文部系と科技系の課長（参事官）室が同一フロアに設置されるが、科技系の入る課長（参事官）室の前に、引き続き科技系は「企画班」として配置され、文部系とは切り離されたままである。ただ2006年の組織改編で、企画班が廃止されると、それまでの企画第一係・企画第二係はそれぞれ、任用第二係・給与第二係となった。ただし文部系を担当する他の任用班や給与班のシマとは異なり、従前企画班のあった場所にそのまま存置された。要するに組織図は変わっても配席図に変化はないのである。

第3期になると、庁舎移転によって人事課の形状がL字型に変わり、任用班と給与班の中間に科技系の任用第二係と給与第二係も含まれるようになるなど、融合が進んだかにみえる。しかしながら、文部系任用担当係→科技系の任用第

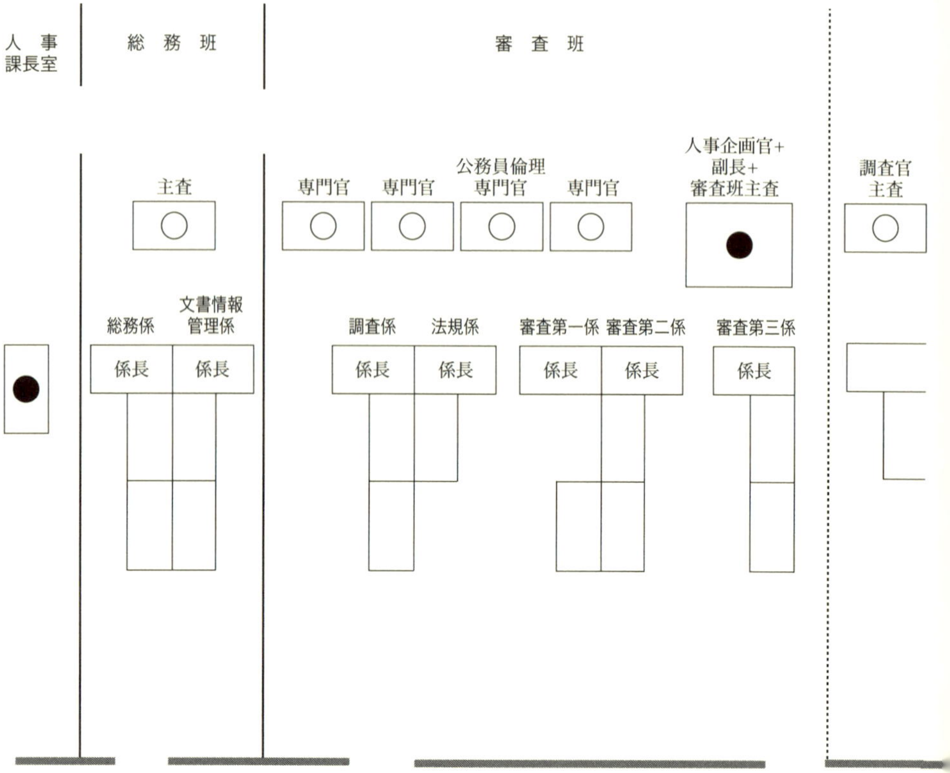

人 事
課長室
総 務 班
審 査 班
主査
専門官
専門官
公務員倫理
専門官
専門官
人事企画官+
副長+
審査班主査
調査官
主査
総務係
文書情報
管理係
調査係
法規係
審査第一係
審査第二係
審査第三係
係長

図 6-1　人事課配席図（2001 年）

注）●文部系キャリア　○文部系ノンキャリア　★科技系キャリア　☆科技系ノンキャリア
　属性については、人事データ等を適宜確認して筆者が判定したものである。
　併任・兼任については、原則省略し、必要なものに限って＋で列記した。
　係長以下は配席状況をみるため、配席図に氏名の記載のある座席のみ空欄として示し、氏名の記載のない座席は省略した。
出典）『文部科学省ひとりあるき（平成 13 年版）』をもとに筆者改変。

第6章　配置図からみる文部科学省統合の実相

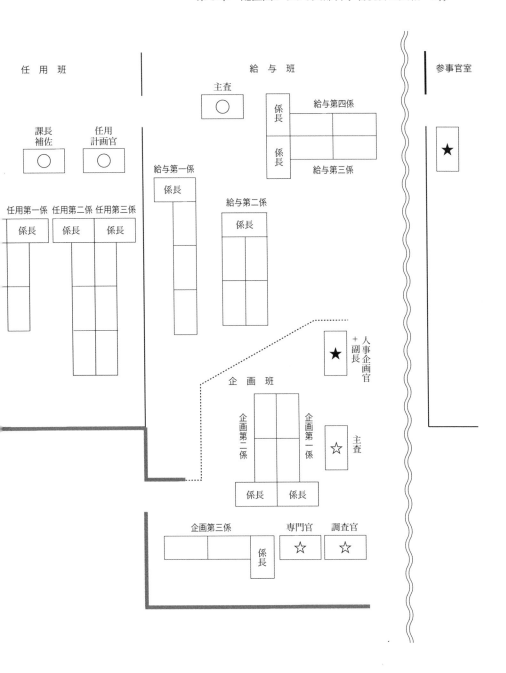

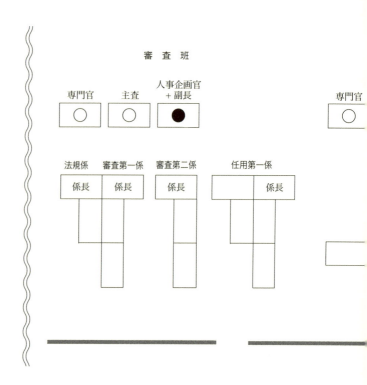

図 6-2　人事課配席図（2004 年）

注）図 6-1 と同じ。
出典）『文部科学省ひとりあるき（平成 16 年版）』をもとに筆者改変。

第 6 章　配置図からみる文部科学省統合の実相

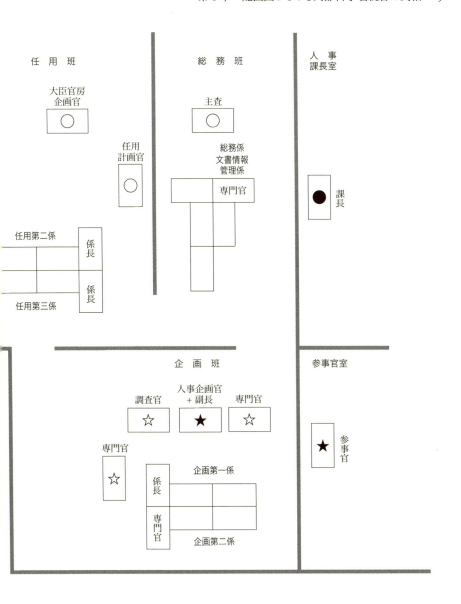

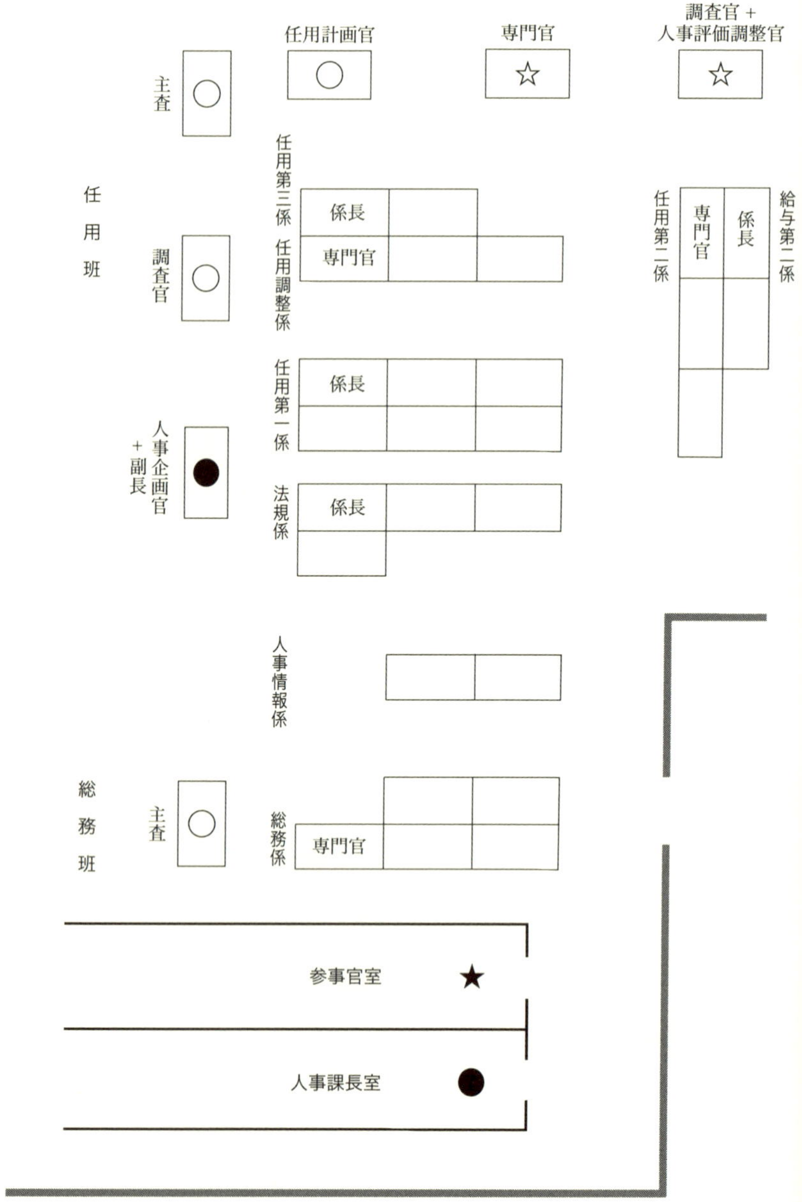

		任用計画官	専門官	調査官 + 人事評価調整官
	主査 ○	○	☆	☆

		任用第三係 任用調整係	係長			給与第二係	専門官	係長
任用班	調査官 ○		専門官			任用第二係		

	人事企画官 +副長 ●	任用第一係	係長		
		法規係	係長		

		人事情報係		

| 総務班 | 主査 ○ | 総務係 | | 専門官 | |

参事官室 ★

人事課長室 ●

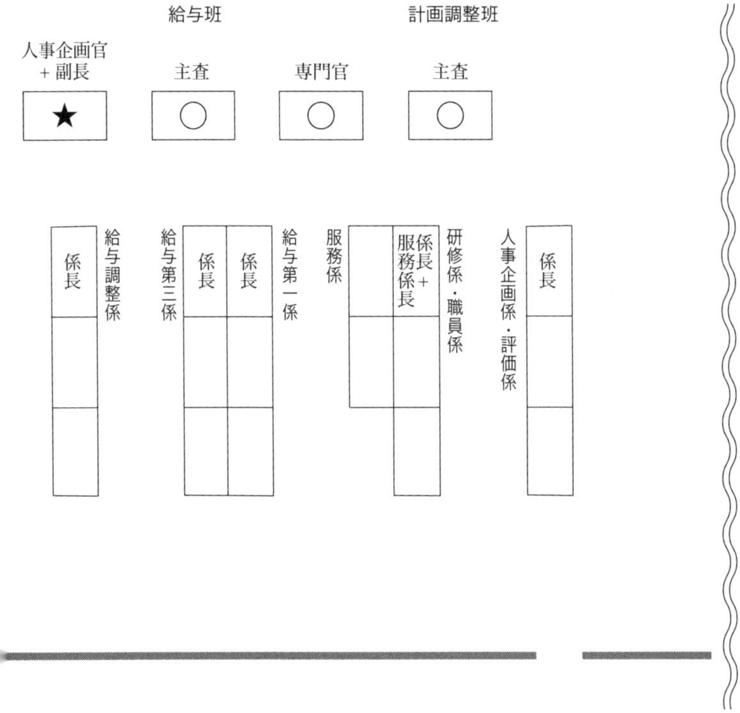

第 6 章　配置図からみる文部科学省統合の実相　153

　　　　　　給与班　　　　　　計画調整班
人事企画官
＋副長　　　主査　　　専門官　　主査
★　　　　　○　　　　○　　　　○

給与調整係　係長

給与第三係　係長　係長

給与第一係　係長　係長

服務係

係長＋服務係長

研修係・職員係

人事企画係・評価係　係長

図 6-3　人事課配席図（2016 年）
注）図 6-1 と同じ。
出典）『文部科学省ひとりあるき（平成 28 年版）』をもとに筆者改変。

二係・給与第二係→文部系給与担当係と変則的な配置であり、しかも任用第二係と給与第二係の前に科技系[8]の副長（キャリア）や科技系専門官（ノンキャリア）が位置していることから、依然、空間的には明確に区分されている。

4　官房会計課

　会計課（ここでは予算部門に着目する）も文部系と科技系が分かれている。ただし人事課と比べると違いもある。まず課長については、統合に際して会計課長と総括会計官の2名体制とし、科技系が会計課長、文部系が総括会計官を務めた。総括会計官とは聞き慣れない職だが、課長級ポストである主任視学官を流用したものであり、人事課参事官と比べて公式度が低い。2004年の組織改編によって、総括会計官は廃止され、会計課長1名体制になった。ただし当初からそのことが既定路線であったわけではないことは、2004年に移転した仮庁舎に総括会計官用の個室とおぼしきスペースが確保されているから推認される。以後は、文部系と科技系が総務課長とポストを分け合う形で就任しており、いずれが中心となっているわけではない。

　次の座席配置に関しては、人事課とは異なる形で分立が制度化されている。というのも、現在でも組織規則上、第一予算班は文部系の局、第二予算班が科技系の研究三局、第三予算班が国立大学法人などの文部系の機関を担当すると明記されているからである。よって、融合の度合いを測るに際しては、第二予算班とそれらを総括する総括予算班の空間と配置に着目することになる。

　その際に留意するべきことは、文部系と科技系では予算編成の比重が大きく異なることである。旧文部省では予算は基本的にノンキャリア職員の仕事とされてきた。制度の積み上げが特徴となっているからである。全体を統括する総括予算班のリーダーを務める予算企画調整官（室長級）は、旧文部省時代からノンキャリア会計事務官の中心的存在である（前川2002）。これに対して、旧科技庁では予算獲得は政策的に重要であり、キャリア職員が大きく関与してきた。

　第1期は、総括予算班から各予算班が順番に並んでいる配置で、第二予算班もその中に組み込まれている。総括予算班には2名の予算企画調整官が置かれ、ノンキャリアの文部系とキャリアの科技系がそれぞれ就いた。その他の専門官や

主査についても、文部系はもっぱらベテランノンキャリア職員である（2名）に対して、科技系は若手キャリア職員となっている（1名）。この他に、国立大学法人化を前にして、一時期、国立大学を担当する班に文部系キャリアの官房企画官が配置されるなど、大規模な制度変更に際しては一定の対応が採られている。

　第2期は、第一予算班と第二予算班の間に総括予算班が配置され、科技系の予算企画調整官や専門官の座席が第二予算班の近くとなった。その意味で文部系と科技系で空間的にも分離されることになった。さらにこの傾向は2007年の組織改編によって班構成が変わり強化された。総括予算班を中心に、文部系の第一・第三予算班と科技系の第二予算班が異なる方向に配置展開されるようになったからである。キャリア職員の配置にさほど変化はないが、国立大学法人改革を担当していた文部系キャリアの企画官は今度は三位一体の改革対応のためか、一時期、第一予算班を担当していたことが配席図からはうかがえる。

　第3期でも分立的な空間は固定化された。総括予算班を中心に第一・第三予算班と第二予算班が異なる方向に展開される形態が踏襲されたからである。ノンキャリア中心の文部系とキャリアを配置する科技系という構図も持続した。ただし、民主党への政権交代後に財務企画班に配置されていた文部系キャリアの副長が総括予算班に移動したことからも予算編成における調整の重要性が高まったことがみて取れる。

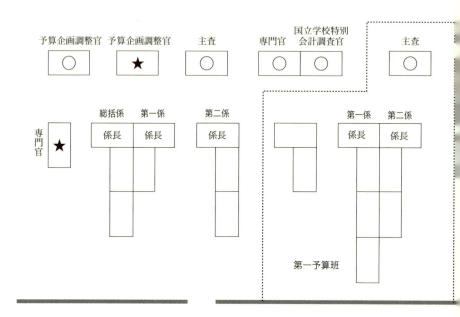

図 6-4　会計課配席図（2001 年）

注）図 6-1 と同じ。
出典）『文部科学省ひとりあるき（平成 13 年版）』をもとに筆者改変。

第 6 章 配置図からみる文部科学省統合の実相

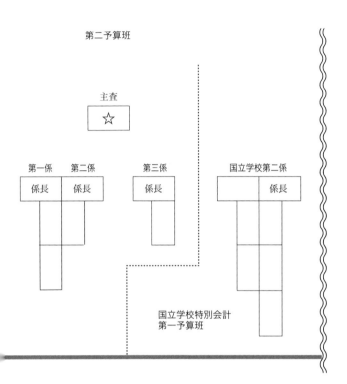

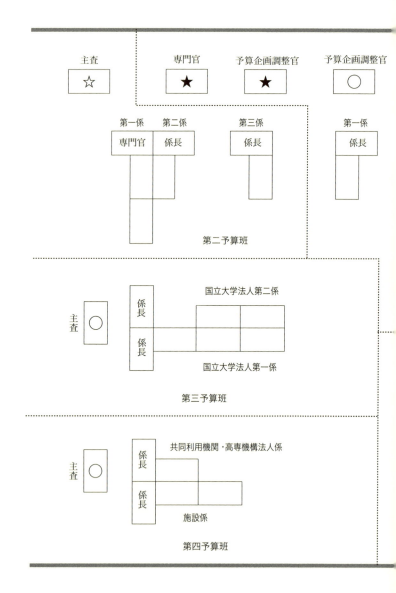

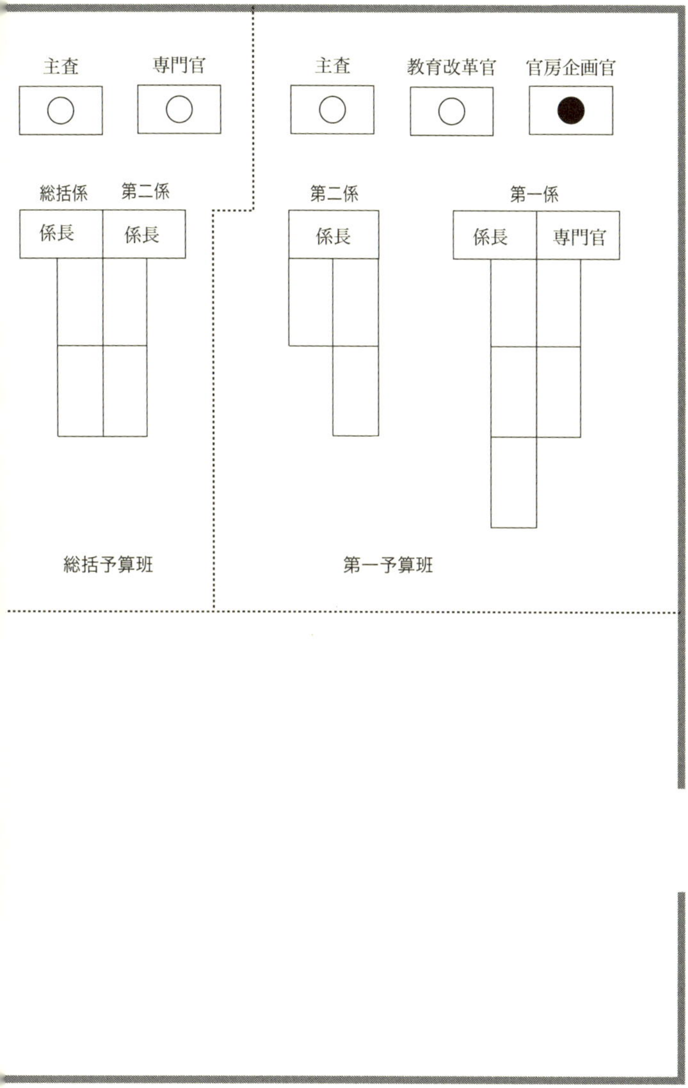

第 6 章　配置図からみる文部科学省統合の実相　159

図 6-5　会計課配席図（2004 年）
注）図 6-1 と同じ。
出典）『文部科学省ひとりあるき（平成 16 年版）』をもとに筆者改変。

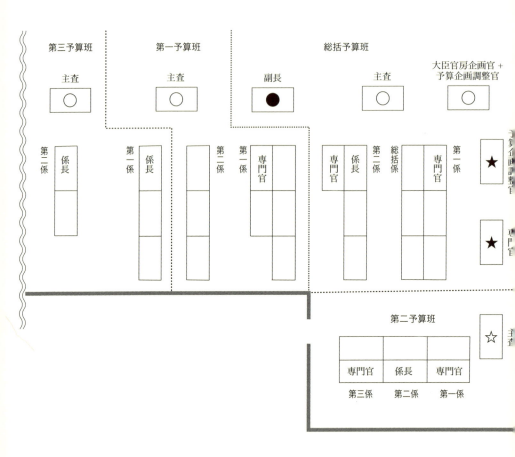

図 6-6　会計課配席図（2016 年）

注）図 6-1 と同じ。
出典）『文部科学省ひとりあるき（平成 28 年版）』をもとに筆者改変。

4 配席図からみる省庁統合（研究三局の場合）

1 研究三局の特徴

　科学技術・学術政策局、研究振興局、研究開発局（研究三局）は、旧科技庁の部局を中心にしつつも、旧文部省学術国際局の一部を引き継いでおり、組織的には二つの省庁の機能を統合した局の構成になっている。

　元来原子力を主たる対象とした旧科技庁は再編前、原子力関係の２局（原子力局と原子力安全局）に多数の職員を抱えていた。一部は経産省の原子力安全・保安院に移るとともに、内閣府に新設された総合科学技術会議の事務局である内閣府政策統括官組織に移る（出向する）職員もいたため、再編で残された旧科学技術政策局を中心に原子力安全部門（原子力規制）とごく一部の旧文部省学術国際局学術課の企画立案部門が統合されて「科学技術・学術政策局」になり、同様に旧科学技術振興局と旧文部省学術国際局の学術部門とがほぼ均等に合流して「研究振興局」に、旧科学技術開発局と旧原子力局を引き継ぐ形で「研究開発局」がそれぞれ組織された。

　そのため、三つの局長ポストのうち、旧文部の部門が占める割合が最も大きい研究振興局長を文部系が、残る二つを科技系が分け合う構図がごく一時を除いて継続している。また、課長級ポストについても、少なくとも統合当初は、教育三局が圧倒的に文部系で占められていたのに比べると、科技系が多いとはいえ、文部系も一定数就任しており、その限りでは融合が図られているともみえる。

　また、研究三局の間での課の移動がみられるなど局と局の境界が明瞭でないのも特徴である。たとえば、科学技術・学術政策局のうち最も大所帯だった原子力安全課が、東日本大震災後の原子力規制体制の見直しで環境省原子力規制庁に移管された際、それまで研究振興局にあった課の一部がその隙間を埋めるかのように科学技術・学術政策局に移されている。

　このように、研究三局をひとかたまりとして捉えると、局と課のレベルでは、組織的にも人事的にも文部系と科技系が混じり合い、融合しているといえなくもない。だが、本当にそうだろうか。そこで配席図を手がかりに、各分野を所管する原課と、それら原課を統合する筆頭課とに分けて、融合の実態を分析することにしましょう。

2　原課における分立の構造

　研究三局に特徴的なこととして、各課で多様な研究機関を抱えており、それらが実働を担っているという点がある。旧科技庁時代から国立の試験研究機関や理化学研究所などの特殊法人が重要な地位を占めていた。同様に旧文部省学術国際局も、日本学術振興会をはじめとする外郭団体や研究機関の比重が大きかったといえる。

　これらの中には、科技系と文部系で沿革が異なるものの、類似した役割を担うものもある。たとえば、研究者の育成や研究支援については科学技術振興機構（科技系）と日本学術振興会（文部系）があり、前者は科学技術・学術政策局人材政策課が、後者は研究振興局振興企画課が所管する。また、研究機関に関しても、科技系の理化学研究所や宇宙航空研究開発機構（JAXA）などは、現在では「国立研究開発法人」として位置づけられているのに対して文部系は、同様の機関が「大学共同利用機関法人」として整理されている。

　それゆえ、これらの諸機関の所管を軸に、文部系の原課と科技系の原課が分立しているとみることもできる。しかし他方において、科技系の海洋研究開発機構（国立研究開発法人）と文部系の国立極地研究所（大学共同利用機関法人情報・システム研究機構）はともに、研究開発局海洋地球課の所管となっているなど組織上は融合しているものもある。

　だがことはそう単純ではない。これらの法人類型が制度的に異なる扱いをされていることである。というのも、研究三局の予算は会計課第二予算班の管轄だが、文部系の大学共同利用機関法人については国立大学法人と同様に第三予算班が担当していることを想起すれば、予算の立て方からして、国立研究開発法人と大学共同利用機関法人では異なるのである。

　そのため、科技系の原課で大学共同利用機関法人を抱えているところでは、当該法人を担当する特定のラインが設けられており、それを取りまとめる職（○○科学△△官など）には文部系ノンキャリア職員が就任することが通例となっている。このように、一見組織的に融合しているようにみえても、実態としては分立が続いているといえよう。

3 筆頭課における分立の構造

一般的に局の筆頭課は局内の原課のとりまとめを行うなど、局全体の調整を行う機能を有する。たとえ局内の課が文部系と科技系に分立していたとしても、この筆頭課が調整を果たしていれば一定程度融合しているといえなくもない。そこで、研究三局の筆頭課である、科学技術・学術政策局「政策課」、研究振興局「振興企画課」、研究開発局「開発企画課」の実態を検証していくことにしよう。

まず、局長と筆頭課長の関係から整理すると、研究三局で様相が異なる。科技系優位といえるのが、研究開発局であり、局長と開発企画課長の両者を科技系が占めている[9]。これに対して、科学技術・学術政策局ではほとんどの時期、局長は科技系、政策課長は文部系である一方で、研究振興局は反対に、局長が文部系、振興企画課長は科技系というように、局長と課長で均衡を図っていると考えられる。

そこで次に、均衡がみられる二つの課について政策形成に大きく影響し得る審議会の庶務に着目しつつ、両課の配席図を検討することで課内の融合・分立の同定を試みる。まず、科学技術・学術政策局政策課では、第1に、科技系の課長補佐のラインと文部系の補佐のラインが分かれており、係単位まで見渡すと融合しているわけではない。とはいえ第2に、研究三局を包括する科学技術・学術審議会の全体を統括しているのが、政策課内文部系の企画官・課長補佐・学術政策第1係のラインであり、科技系領域に対して文部系が強く関与しているようにみえる。だが第3に、この審議会も課に対応して分科会・部会ごとに縦割りで行われるだけでなく、全体の重要度が高いような基本政策に関しては政策課ではなく科技系の計画官（現在は科学技術・学術戦略官（制度改革・調査担当））が行うこととなっており、政策課の果たす役割は限定的である。

さらに徹底しているのが研究振興局振興企画課である。第1に、振興企画課長は科技系であるとはいえ、日本学術振興会を担当する学術振興係は文部系である他、文部系で構成される学術企画室が別に設けられておりラインが分立している。しかも一時は、学術振興係と学術企画室を隣り合わせに配置することで、文部系の空間と科技系の空間が明確に分離されていたこともある。第2に、文部系の学術企画室が科学技術・学術審議会学術分科会を担当するが、学術分科

会に属するのは文部系の原課が担当する部会にとどまり、同じ研究振興局の基礎研究振興課やライフサイエンス課といった科技系の担当する部会は学術分科会ではないところに属している。このように文部系と科技系は審議会の構成という点でも画されている。

5　仕切られた大部屋主義と統合の実相

　本章では、フロア配置図と配席図を手がかりにしつつ、組織的には融合したかにみえる大臣官房と研究三局を中心に、文科省の統合の実相を立体的に把握することを試みた。総じていえば、分立的な側面はまだまだ残存しているというのが正直なところである。空間からみると、文部系と科技系が「るつぼ」のように混ざり合っているのではなく、入れ子状に「サラダボウル」となっている。

　大部屋主義の議論では、「所管課」としての一体性が前提である。しかしながら、統合した課の執務空間は大部屋を共有してはいるものの、実際には分割されている状況にあり、いわば「仕切られた大部屋主義」の性格を帯びている。本章では、「仕切られた」側面をやや強調してきたが、その裏側には共有していることがもたらす側面もあるだろう。その点はさらなる検討が必要である。

　ところで、官房三課を比べてやはり人事課の分立は非常に固い印象を受ける。この点は、たとえば、厚生労働省においても近年、総務課長を1名に、会計課長相当のポストも参事官から企画官に下げたのに対して、人事課は依然として課長と参事官の2名体制であることからもわかるだろう。同じ官房機能といっても、統合の度合いに差がみられるのである。

　だとすると、総務課長は当初から1名で、会計課長もすぐに1名になったことを指して、それだけ両課が統合を達成しているといえるだろうか。この点、会計課の場合、文部系はノンキャリア職員が中心の制度予算であり、科技系も科学技術予算の決定が内閣府で行われることから、政策的な優先順位付けを会計課で主導する余地がそう大きくなかったからではないかと思われる。総務課に関しても、国会対応の重要性の違いが影響している可能性がある。

　こうしてみると、旧文部省以来の「小官房制」の伝統（前川 2002）は脈々と生

き続けているといえるだろう。総務課長や会計課長が一本化されたのは統合が達成されたからなのか、それとも文科「省」としての意思決定が希薄であるという消極性からきているのかは、他省と比較しつつ議論を進める必要がある。文科省がさまざまな改革に翻弄されている理由の一つは、もしかすると、内実を伴わない早すぎる統合がもたらした思わぬ逆機能なのかもしれない。

注

1 以下では、断りのない限り、旧文部省で採用されたり由来したりする職員や職を「文部系」、旧科学技術庁のそれらを「科技系」と呼ぶ（「はじめに」参照）。
2 10階は会議室や記者会見室に使われた。
3 2004年の組織改正によって、官房審議官（内線4000番台）が1名追加されているが、執務室は同一フロアであるものの少し離れている。
4 東館3階と旧庁舎5階が接続している。
5 2018年の組織改正については本章では扱わない。
6 現在は、サイバーセキュリティ・政策立案総括審議官となっているが、以下では政策評価審議官で統一する。
7 総括審議官の隣室にはおそらく、もう1人の官房審議官（内線4000番台）を入れる予定だったところ、スポーツ法制の改正に乗り出さざるを得なくなったスポーツ・青少年局に当該審議官を割り当てたために空室となったのではないかと推測される。
8 統合後採用された技術系キャリアも含む。
9 研究開発局は原課の課長級ポストも文部系が一時はゼロになり、現在は原子力賠償担当の参事官のみとなっていることからその傾向が読み取れる。

参考文献

石川正興［編］（2013）『子どもを犯罪から守るための多機関連携の現状と課題』成文堂。
伊藤正次［編］（2019）『多機関連携の行政学』有斐閣。
大森彌（2006）『官のシステム』東京大学出版会。
荻原克男・青木栄一（2004）「文部省の官房機能」『教育制度学研究』11号、144-158頁。
片桐幸雄（2013）『片桐幸雄オーラル・ヒストリー』東京大学先端科学技術研究センター御厨貴研究室・東北大学大学院法学研究科牧原出研究室。
木場隆夫（2002）「科学技術庁の政策形成過程」城山英明・細野助博［編］『続・中央省庁の政策形成過程―その持続と変容』中央大学出版部、25-44頁。
手塚洋輔（2015）「官衙街『霞が関』の計画と官衙建設の展開」御厨貴・井上章一

［編］『建築と権力のダイナミズム』岩波書店、65-89 頁。
前川喜平（2002）「文部省の政策形成過程」城山英明・細野助博［編］『続・中央省庁の政策形成過程』中央大学出版部、167-208 頁。
真渕勝（2010）『官僚』東京大学出版会。
御厨貴（2010）『権力の館を歩く』毎日新聞社。

第 7 章
旧科学技術庁の省庁再編後の行方
―「総合調整」から「司令塔」への進化？

村上裕一

　旧科学技術庁の業務は、2001 年の省庁再編により文部科学省と内閣府に継承された。科技系の文科省幹部職員に、省庁再編前後の政府内での文部科学政策の優先順位の変化を問うたところ、回答は「上昇した」と「低下した」とに二分された。科技庁が 1956 年、原子力予算成立の後押しを受ける形で創設されたものの、原子力などの権限が徐々に引き剥がされ、原子力官庁としての特徴を失っていったことを捉えれば「低下した」といえる。他方で、政府全体の科技政策の「総合調整」を担った科技庁の科学技術会議が、省庁再編を機に「重要政策に関する会議」の総合科学技術会議となり、2000 年代後半以降、その「司令塔」機能を強化してきていることに着目するならば、「上昇した」ともいえる。本章では、科技庁時代の「総合調整」と、総合科学技術・イノベーション会議に期待されている「司令塔」機能とを比較・検討し、さらに、省庁再編の意義を考える。

1　サーベイ結果と本章の問い

1　サーベイ結果にみる科技庁の特徴

2016年10月から2017年2月にかけて、文科省幹部職員114名を対象にその意識などを問うた青木ら（2017）のサーベイの結果（回答率：65.8%）によると、旧文部省（以下、「文部系」と記す）に対する旧科学技術庁出身者（以下、「科技系」と記す）の回答の特徴が、①日本国民にとっての最重要政策課題、②政策形成過程における他府省などとの関係性、③官僚・行政官の果たすべき役割に関して、かなり明確に表れた。

(1) 最重要政策課題に関する認識

表7-1　日本国民にとっての最重要課題（n=68）

(%)

	経済成長	科学技術	外交・安全保障	社会福祉・医療	教育
科技	① 29.2	② 20.8	③ 16.7	④ 16.7	⑤ 8.3
文部	③ 11.4	⑥ 0.0	③ 11.4	② 22.7	① 45.5
全体	③ 16.0	⑤ 8.0	④ 13.3	② 21.3	① 32.0

表7-1からは、第1に、文部系の首位は教育、科技系でも科学技術は第2位であり、それぞれの所掌事務からすれば順当な結果が出たといえる。第2に、科技系では経済成長が首位であり、教育政策よりも経済政策への関心の強さがうかがわれる。このことから、経済官庁の関心との近さが推測されよう。もっとも、別の問いで政策に理解・協力が得やすい相手方を問うたところ、科技系は多い順に、①与党族議員（75.0%）、②総合科学技術・イノベーション会議（Council for Science, Technology, and Innovation. 以下、CSTI）（50.0%）、③他府省（29.2%）、③族議員以外の与党議員（29.2%）、⑤与党政調会（20.8%）をあげ、経済産業省は財務省（12.5%）にも及ばず8.3%に過ぎなかった。逆にそうした理解・協力が得にくい相手方として経産省をあげた回答が29.2%に上ったことを加味すると、経済成長を重要と考え経済官庁とのつながりが強固にあり得るものの、その

分、経産省との調整には苦労している科技庁出身者の様子がうかがわれる。第3に、科技系では教育が第5位でもあることから、文部系と科技系とはこの設問において対照的である。文科省全体では、教育が首位、社会福祉・医療が第2位、経済成長が第3位となっているが、これは単に回答数が多かった文部系の傾向を反映しているに過ぎない。第6章で論じられた執務空間の現状が象徴するように、また現役職員へのヒアリングによれば、現時点では完全に「融合」するに至っていないとされる科技系と文部系とが、今後互いにどう影響し合うかが注目される。

(2) 他府省などとの関係性の認識

表7-2　内閣府との接触頻度（n=68）

(%)

	まったくない	ほとんどない	あまりない	ある程度	時々	頻繁に
科技	0.0	12.5	25.0	29.2	12.5	20.8
文部	15.9	15.9	22.7	20.5	15.9	9.1
全体	10.7	14.7	28.0	21.3	13.3	12.0

表7-2から、内閣府との接触頻度は明らかに文部系よりも科技系の方が多い。科技庁の一部が内閣府（局長級分掌官の政策統括官（科学技術・イノベーション担当）付）に編入され、そことも多かれ少なかれ接触がなされていることを示していると思われる。(1)で述べたように、政策についての理解・協力がCSTIから得やすいとした科技系は半数に上った。実際、科技系には文科本省と内閣府との間で行き来するキャリアパスもある。

表7-3　所属局長との接触頻度（n=68）

(%)

	まったくない	ほとんどない	あまりない	ある程度	時々	頻繁に
科技	0.0	0.0	0.0	12.5	20.8	66.7
文部	2.3	2.3	2.3	6.8	29.5	56.8
全体	1.3	1.3	1.3	8.0	28.0	60.0

表 7-3 からは、科技系において、所属局長との接触がないということが基本的にはあり得ないことがわかる。逆に文部系では、所属局長と接触のない幹部職員がいる。これについては、各省庁幹部職員の行動原理を示している可能性もあるが、同職員と局長との距離感を反映している可能性もあり、それは所属局の規模と相関していよう。たとえば、文部系の生涯学習政策局、初等中等教育局、高等教育局の定員がそれぞれ 149、316、261 であるのに対し、科技系の科学技術・学術政策局、研究振興局、研究開発局はそれぞれ 109、149、183 であり（『行政機構図』）、科技系は相対的に小所帯である。

表 7-4　他省庁官僚との接触頻度（n=68）

(%)

	まったくない	ほとんどない	あまりない	ある程度	時々	頻繁に
科技	0.0	0.0	20.8	33.3	20.8	25.0
文部	0.0	15.9	20.5	36.4	15.9	11.4
全体	0.0	9.3	20.0	34.7	20.0	16.0

表 7-5　他省庁職員との接触の方向性（n=67）

(%)

	こちらから	同じくらい	向こうから
科技	4.2	91.7	0.0
文部	15.9	77.3	6.8
全体	12.0	82.7	4.0

表 7-4 からは、両方とも、他省庁官僚との接触が全くないということはないが、科技系は、他省庁官僚との接触頻度がより多いという特徴が読み取れる。

しかも、その接触がどちらからの働き掛けによるかを問うた表 7-5 によれば、「向こうから」とした科技系は皆無であり、文部系でこれが 6.8％であることと比較すると、科技系の主体性・積極性がうかがわれる。科技系の「こちらから」が 4.2％に過ぎないことから、同庁が「攻め」の官庁だと直ちに断じることはできないが、このことは、そもそも科技庁が調整官庁であったこと、またそれが「原

局原課のみならず官房系統組織が新たなアイディアを「創発」し、原局に投げ掛け、また修正を加えて「共鳴」盤としての機能を果たす」「企画型」官庁（木場2002）であったことと必ずしも矛盾しない。

表7-6　国立大学法人との接触頻度（n=68）

(%)

	まったくない	ほとんどない	あまりない	ある程度	時々	頻繁に
科技	0.0	20.8	4.2	29.2	16.7	29.2
文部	13.6	22.7	18.2	20.5	9.1	15.9
全体	9.3	21.3	13.3	24.0	12.0	20.0

表7-7　研究機関との接触頻度（n=68）

(%)

	まったくない	ほとんどない	あまりない	ある程度	時々	頻繁に
科技	0.0	8.3	4.2	20.8	33.3	33.3
文部	25.0	27.3	22.7	11.4	6.8	6.8
全体	18.7	21.3	16.0	13.3	14.7	16.0

表7-8　大学・研究機関などとの接触の方向性（n=127）

(%)

	こちらから	同じくらい	向こうから
科技	0.0	69.6	30.4
文部	14.1	38.0	47.9
全体	9.4	50.4	40.2

　本章では、当初科技系の所管から大学研究関係が除外されていたという経緯（本章第2節第3項）から、省庁再編前後の大学の存在・位置付けの変化（村上2016a）にも注目したい。
　表7-6によれば、国立大学法人との接触は、そもそも高等教育局を擁した文部系よりも科技系の方が多い。この差異は、国立大学法人を除く研究機関との接触

頻度（表7-7）においてさらに目立つようになり、接触が（まったく・ほとんど・あまり）ないとする文部系は75.0％にも上った。他方、従来多くの研究機関を抱えていた科技系では、接触が（ある程度・時々・頻繁に）あるとする回答が87.4％にも上った。

さらに、それら2表の結果を併せ、研究機関などとの接触の方向性を問うた**表7-8**によれば、両方とも「向こうから」接触を受けることが多く、この傾向は表7-5と対比するとより顕著である。「向こうから」の接触が文部系においてより多いのは、文部省が「現場が新たなアイディアを主導して「創発」し、現場での実験の結果を踏まえて「共鳴」に至る」「現場型」官庁とされた（前川2002）ことと整合的といえよう。それに対し、省庁再編前のデータとの比較が望まれるところではあるが、同じ枠組みで「企画型」とされた科技系さえも、今回のサーベイ結果によれば研究機関などからアプローチを受ける状況になっており、その点において、科技系と現場、なかんずく大学など研究機関との距離感はかなり近い（近くなった）ことが推察される。方向性が「同じくらい」の数字を比べると、科技系が省庁間の調整官庁の機能を果たしていることの他、それに比しても研究機関などとの関係性がより強いことがうかがわれる。

(3) 官僚の果たすべき役割の認識

表7-9　良い政策ができる条件 (n=68)

(%)

	一定の広いガイドラインの中で、行政官が決定を行う裁量権をもつとき	行政官が外部の専門的知見を考慮するとき	立法機関（国会）が行政（官）のとるべき方向を明確に示すとき	行政官が、決定によって影響をうける団体の意見を聞くとき
科技	① 33.3	① 33.3	③ 16.7	④ 12.5
文部	② 27.3	③ 15.9	① 45.5	④ 11.4
全体	② 28.0	③ 22.7	① 34.7	④ 13.3

良い政策ができる条件を問うた**表7-9**によると、第1に、科技系と文部系の差

が最大だったのが「立法機関（国会）が行政（官）のとるべき方向を明確に示すとき」だった。このことから、文部系が国会をより「重視」していることがうかがわれる。少なくともこれまで、文部系が文教族との関係を重視してきた状況と整合的である。第 2 に、第 1 点目の裏返しだが、科技系の「行政官が外部の専門的知見を考慮するとき」と「一定の広いガイドラインの中で、行政官が決定を行う裁量権をもつとき」の数字が大きいことから、それが「行政裁量」をより重視していることがわかる。ここで「行政裁量」には、行政官自身の裁量と、行政官が連携する外部者の助力により下す専門的判断（エビデンス）とを含むものと考えたい（村上 2016b）。第 3 に、文科省全体では、「行政官が決定によって影響をうける団体の意見を聞くとき」の数字が最下位になる。これについては、科技系と文部系とで同様である。

表 7-10　行政裁量のあるべき方向性（n=67）

(%)

	増大すべき	現状通り	減少すべき
科技	33.3	45.8	20.8
文部	23.3	74.4	2.3
全体	28.4	60.8	10.8

　行政裁量のあるべき方向性を問うた**表 7-10** によると、行政裁量の現状にある程度満足している文部系に対し、科技系の回答は「増大すべき」と「減少すべき」で二分されている。表 7-9 と併せると、文部系が、良い政策を作るためには、国会（政治家）の意向を受けながらも自らがより大きな裁量を持つべきと考えているようであるのに対し、科技系の中には、たとえ自らの裁量をいくぶん小さくすることがあるとしても、あくまでそのマネジメントに基づき、外部の専門的知見（エビデンス）を活用することにより政策を改善すべきと考える傾向があるといえる。

2　本章の問い

　表 7-11 は、省庁再編前後の文科政策の優先順位の変化を問うた結果である。これについて指摘すべきは、科技系が（かなり・ある程度）上昇（58.4％）と（あ

表 7-11　省庁再編前後の文科政策の優先順位 (n=68)

(%)

	かなり上昇	ある程度上昇	変わらず	ある程度低下	かなり低下
科技	16.7	41.7	4.2	25.0	12.5
文部	4.5	54.5	34.1	6.8	0.0
全体	8.8	50.0	23.5	13.2	4.4

る程度・かなり）低下（37.5％）とに二分された点である。本章では、サーベイ結果、とりわけ科技系の回答の特徴に着目し、その規定要因、なかんずく省庁再編前後の政府内での文科政策の優先順位の変化に関する認識について、回答が「上昇」と「低下」とに二分された理由を、歴史を振り返って明らかにしたい。

　本章における見立ては次の通りである。すなわち、科技庁が1956年、原子力予算成立の後押しを受ける形で創設されたものの、原子力の権限が徐々に引き剥がされ原子力官庁としての特徴を失っていったことを捉えれば、同庁の地位は低下したといえる。他方で、政府全体の科技政策の「総合調整」を担った科技庁の科学技術会議（以下、科技会議）が、省庁再編を機に「重要政策に関する会議」の総合科学技術会議（Council of Science, and Technology Policy。以下、CSTP）となり、2000年代後半以降、その「司令塔」機能を強化してきていることに着目するならば、同庁の地位は上昇したともいえる。もっとも、そうした状況下でも、「司令塔」の主導権が旧来の科技庁から離れ、経済官庁や財政官庁など、他省に移りつつあるとすれば、それを科技系としては「低下」と認識することもあり得る。

　なお、これについて検証する中で、本章では上記の総理府外局による「総合調整」機能と内閣府の「司令塔」機能との比較も行いたい。それには、2001年の内閣機能強化の効果を検証するという意義が認められる。

3　本章の構成

　本章では、第1に、戦後「産学官連携」の中で我が国の科技政策拡充のコンセンサスが形成され、原子力への国民的関心が高まる中で科技庁が創設され

た経緯をみる（第2節）。第2に、基本的な科技政策の企画・立案・推進、事務の総合調整、経費の見積の方針の調整という、科技庁の所掌事務の実施状況を振り返る（第3節）。第3に、1995年に科技基本法が制定され、科技への政府投資目標が具体的に謳われるようになり、科技「省」創設の可能性すら語られるようになるも、原子力事故などによりその権限が見直され、結果として科技庁が「解体」されていった経緯をみる（第4節）。第4に、省庁再編以降、科技政策の司令塔機能が制度的に強化されていく一方で、経済官庁など関係省庁がその「威を借りる」形で政策の推進を図っている現状と、それへの対応状況を述べる（第5節）。

2 科技庁創設史概観

　本章では、第1節で整理した科技庁の特徴の規定要因を探るべく、村上（2015）を引用しながら、まず科技庁創設史を簡単に振り返る。第2次世界大戦中から科技庁創設に至るまでの約15年間は、おおむね3期に分けることができる。

1　第1期―終戦～講和条約

　終戦後のGHQによる対日管理政策で従前の科学動員体制が解体される中、たとえば放射性同位体分離・航空機・加速器・テレビ・レーダーといったものの研究も禁止された。それまで科技振興を旗印としていた技術院も廃止され、その機能は内閣調査室、文部省科学教育局、商工省特許標準局の3省に分割された。

　1946年11月になると、GHQ経済科学教育局の仲介により、嵯峨根遼吉（物理学者）・茅誠司（物理学者）・田宮博（微生物学者）らが中心となって学術研究体制世話人会を立ち上げた。1947年8月には、学術体制刷新委（内閣の臨時機関）が学術会議と科技行政協議会の設立を答申した。それを受け1947年12月に設立された科技行政協議会（STAC）はGHQの支援を受けた学術会議や各省庁とGHQとの連絡を主な業務とし、その決定をGHQは尊重した（科学技術政策史研究会 1990: 56）。STACは、総理府が事務局を務め、総理（会長）と国

務大臣(副会長)の下、学術会議推薦による学識経験者と各省庁事務次官(26名)により構成され、科技関係省庁を越えた調整(例：学術会議の勧告の取り扱い、関係予算の連絡調整、研究用機器輸入のための外貨割り当てなど)にあたった。1950年以降はSTAC科技予算部会が科技関係予算を審議し、その結果を大蔵省に予算編成要望として示した(鈴木 2010: 105)が、1952年4月にサンフランシスコ講和条約が発効すると、GHQの後押しがなくなりSTACは地盤沈下を起こした(武安 2009: 90)。とはいえ、講和条約で一切の研究制限が撤廃され通産・運輸・文部・防衛各省庁が航空研究計画策定に取り掛かる中、STAC航空部会がそれを調整した。この時、学術会議が原子力委の設置を建議した。

2　第2期—朝鮮戦争特需〜挫折

1950年3月、朝鮮戦争特需や世界的な技術革新への対処として、衆議院に科技振興に関する決議案が上程された。1951年には、後に第30代科技庁長官を務めることになる前田正男が中心となって、与党自由党に科技振興特別委が設置された。同年9月には、池田亀三郎(三菱油化)が政・学・財からなる産業科技振興協議会を組織した。この時、特許庁・工業技術院を含む科技一元化は叶わなかったものの、国会議員連盟とも連携しながら、科技庁設立の機運を高めていった。1952年には、前田正男による科技庁設置要綱案が自由党案として承認され12月に政府に申し入れたが、実現しなかった。これには、民主主義科学者協会が反対していたといわれる。1953年8月に国会で超党派の科技振興議員連盟が結成されると、衆院本会議の「科技振興に関する決議」案には官庁技術者懇や日本科学技術者連盟なども協力した。これには、長年の事務官優位に対する技官の不満が反映されていた。

ところが、1954年2月に松前重義らが提出した科技庁設置法案は、造船疑獄事件により審議未了となった。

3　第3期—原子力予算成立〜創設

1954年3月、学術会議専門委で、原子核研究は大いに実施すべきとしながら、原子力研究が兵器製造につながる危険性があるとの意見が大勢を占めていた。こ

れには、第 5 福竜丸事件を受けた国民の原子力への高まりが多かれ少なかれ効いていた。そうした中、1954 年度予算編成で、改進党の中曽根康弘や斎藤憲三ら有志の発議により原子力予算案が提示された。政府は、原子力利用準備調査会を設置した。1954 年 10 月、その原子力予算が自然成立すると、学術会議が原子力の研究・開発・利用の 7 原則を総理に申し入れた。この頃民間でも科技政策推進が叫ばれており、経済同友会が科技促進対策を決定し、経団連も「科技総合行政機関設置の要望」、「科技行政機関設置の要領について」を建議した。

そうした中で、1955 年 10 月、衆議院商工委小委が科技庁設置を決議し、行政審もそれを後押しした。また、行政審答申や政府案骨子が池田亀三郎（経団連）からの建議を取り入れた。ただし、この時学術会議の反対を受けて[1]、大学研究関係は科技庁所掌事務から除外された。

1955 年 12 月、中曽根康弘・前田正男・松前重義らにより原子力基本法などがスピード可決すると、それに伴って科技庁設置方針も難なく策定された。科技庁 OB の証言によれば、この原子力基本法がなければ科技庁はできなかった。そして 1956 年 5 月、科技庁が総理府外局として創設され、原子力行政はその内部部局である原子力局が所管した（初代科技庁長官、原子力担当国務大臣には正力松太郎が就いた）。

以後、科技庁は、「政府全体の科技行政の総合調整を行うとともに、自ら個別の（筆者注：原子力・航空・海洋・宇宙といった）科技研究開発プロジェクトを実施するという二面性」（木場 2002: 26）を持った。

3 科技庁の「総合調整」機能

本節では、第 2 節で創設までを追った科技庁の活動状況を振り返る。すなわち、第 1 に科技庁の制度・建付けを整理する（第 1 項）。第 2 に、科技庁の活動実態を論じる。科技基本政策の企画・立案・推進に関しては、総理からの諮問を受けた科学技術会議の答申が一定の重みを持ったが、科技に関する経費の見積の方針の調整について、科技庁は当時の大蔵省支配、与党自民党（族議員）や各省庁からなる多元主義的なプロセスの中に置かれた。科学技術振興調

整費(以下、科振費)はたしかに科技庁の存在と強くリンクしたが、「総合調整」の多くはあくまで各省予算の重複排除にとどまり、必ずしも能動的な調整と呼べるものではなかった(第2項)。第3に、1995年に制定された科技基本法に基づく科技政策を論じる。同法は、1993年の非自民党連立政権への交代で下野した自民党の(一部商工族)議員の主導によって成立した。結果的に彼らは政権に返り咲き、以後の科技政策推進にあたってもプレゼンスを発揮し続けることになる(第3項)。

1 科技庁の権能をめぐって

(1) 科学技術庁設置法

1956年5月に設置された科技庁の所掌事務には、①科技に関する基本的な政策を企画し、立案し、及び推進すること、②関係行政機関の科技に関する事務の総合調整を行うこと、③関係行政機関の試験研究機関の科技に関する経費及び関係行政機関の科技に関する試験研究補助金、交付金、委託費その他これらに類する経費の見積の方針の調整を行うこと、④原子力利用に関する試験研究の助成を行うこと、⑤科技に関し多数部門の協力を要する総合的試験研究及び各種研究に共通する基礎的試験研究について助成を行うこと、⑥資源の総合的利用のための方策一般に関する事務を行うこと、⑦所掌事務に関する統計及び調査資料を作成し、頒布し、又は刊行すること、⑧発明及び実用新案の奨励を行い、並びにこれらの実施化を推進すること、がある。「人文科学のみに係るもの」及び「大学における研究に係るもの」を除く、とされた。同庁設置法で長官に付与された権限を用い、池田正之輔長官は文部大臣に対して「科学技術者養成の強化」を勧告した(武安 2009: 99)。

(2) 科学技術会議

科技庁設置から3年が経とうとしていた1959年2月、科技会議設置法が制定された。同法案がまず提出された前年、学術会議や各省の反発で1度廃案になったが、成立にあたり、国会で基礎研究の重視と学問研究の自由確保が付帯決議されたという経緯がある(鈴木 2010: 109)。

従前の科技審議会に代わって置かれたこの科技会議は、①科技一般に関する基本的かつ総合的な政策の樹立、②科技に関する長期的かつ総合的な研究目標の設定、③研究目標を達成するために必要な研究で特に重要なものの推進方策の基本の策定などについて、総理からの諮問を受けて答申することや、必要に応じて意見を申し出ることを任務とした。その庶務は科技庁科技政策局政策課において総括及び処理したが、大学における研究に係る事項に関するものについては文部省学術国際局学術課との共同とした。総理が議長を務め、議員は、大蔵大臣、文部大臣、経済企画庁長官、科学技術庁長官、日本学術会議会長、及び、科学技術に関してすぐれた識見を有する者のうちから総理が任命する者（5名。うち2名が常勤）である（第6条）。議長が必要有りと認める時、関係国務大臣を議員として臨時に出席させることができた（総務庁行政監察局編 1992: 3-4）。

科技会議は、科技関係省庁それぞれが擁する研究開発機関や審議会の科技関連の取り組みを包括する政策を策定する組織だったが、それだけにその答申などは一般的な内容にとどまる場合が多く、具体的な政策方針は各省庁の審議会で議論された（有本ら 2016: 151-152）。

(3) 科学技術振興調整費

科振費は、総合的な科技の振興を図るため、科技庁に一括して計上される経費として1981年度に創設され、その後基本的に増加の一途を辿った。欧米の基礎研究への「ただ乗り論」なども受けつつ予算編成大綱の柱に科技振興が明記された同年度には、文部・通産両省も予算獲得に努めた（大熊 2009: 16）。

科振費の運用は、1981年3月に科技会議において決定された「基本方針」と、科技会議政策委員会が毎年度決定する具体的な「運用方針」とに沿ってなされた（総務庁行政監察局編 1992: 26-27）。

「基本方針」によれば、科振費は、①先端的・基礎的な研究の推進、②複数機関の協力を要する研究開発の推進、③産学官の有機的連携の強化、④国際共同研究の推進、⑤緊急に研究を行う必要が生じた場合の柔軟な対応、⑥研究評価の実施と研究開発の調査・分析に活用される（総務庁行政監察局編 1992: 35）。

科振費は科技庁への一括計上費であるため、年度当初に科技会議政策委における具体的な「運用方針」の審議決定を経る。科技庁は、各研究開発課題などについて各省庁と協議しつつ、試験研究費、職員旅費、外国旅費、非常勤職員手当などの立目を行い、大蔵省と実行協議の上、承認を得るという手続きを踏んだ（総務庁行政監察局編 1992: 34）[2]。一括計上費の科振費は、科技庁から各省庁に移し替えられ、具体的な運用（公募、審査、資金配分、中間・事後評価など）も各省庁によって行われた[3]。

大熊（2009: 26-34）によれば、科振費は、新研究分野の開拓のみならず今日の研究システムの原型（ERATO など）を生み出し、また科技庁の政策官庁化、さらには制度官庁化を促した。科振費は省庁再編の 2001 年に「日本全体の科技施策を見渡した機動的かつ戦略的に活用する資金」として一新され、同年 3 月の CSTP 決定「科学技術振興調整費の活用に関する基本方針」に沿って、科技システム改革を中心とする多くのプログラムが展開された。2011 年、CSTP が科技政策の司令塔機能を発揮し、各府省を牽引して自ら策定した科技イノベ政策を戦略的に推進するために、各府省の施策を俯瞰し、それをふまえて立案する政策を実施するために必要な施策に活用されるものとして科技戦略推進費が創設されると、科振費のプログラムはそれにより継続実施されるようになった[4]。その意味では、現在の科技予算にもこの科振費との連続性があるといえる。

2 「総合調整」の態様─地球環境研究などを例に

科技庁の総合調整の態様を知るべく、総務庁行政監察局編（1992）を参考に、地球環境研究の事例を概観したい。

(1)「経費の見積の方針の調整」

科技庁は、同庁設置法第 4 条 4 項の規定（前項）に基づき、毎年度、関係各省庁の予算作成作業に先立って、科技振興施策の重点事項、重点的に推進すべき研究開発を示した「科学技術に関する経費の見積の方針の調整の基本方針」など（「基本方針」）を決定した。また、研究員当積算庁費（unit cost per researcher）や学会出席旅費などの経費積算にあたっての「共通指針」を、予算

第7章　旧科学技術庁の省庁再編後の行方

作成のガイドラインとした（総務庁行政監察局編 1992: 26）。

　見積もり方針の調整にあたって科技庁は、予め一定の様式により各省庁から長期的な研究計画などを提出させ、総合的研究開発、特別研究、補助金、委託費などについてもヒアリングをした。科技庁は、関係省庁の概算要求構想の段階において各省庁からヒアリングを行い、予算要求方針の調整を行うとともに、予算要求の段階でも再度ヒアリングを行い、その結果を取りまとめた「科学技術に関する経費の見積の方針の調整意見書」を毎年 10 月頃に大蔵省と総務庁に提出し、政府の予算編成に反映されるよう要望した（総務庁行政監察局編 1992: 26）。

　科技庁は毎年度、科技関係省庁の共通的経費についての共通指針を予め各省庁に示す他、それらの概算要求に係る研究開発課題などのうち相互に関連する研究開発課題について調整を行ったが、それは「不必要な重複の排除」などに主眼を置いた（総務庁行政監察局編 1992: 29）。

　前者について、科技庁が新規研究開発課題との関係で特に類似研究との相違を明確にする必要があると判断したものについては、当該研究課題について研究目的、研究内容、研究手法、研究フェイズなどについて関係各省庁の合意の下に仕分け・調整を行い、関連する研究開発課題相互の分担、連絡調整の必要性、その研究の重要性などについて関係各省庁に具体的な調整意見を述べた。各府省庁の分担などに関して行った調整は、1990 年度の概算要求で 5 件（科技庁対通産省、農水省、環境庁のもの）、1991 年度は 4 件だった（総務庁行政監察局編 1992: 28-29）。

　科技庁は、複数省庁別個の要求構想を共同研究とするなどの調整を 3 件行ったとされる。第 1 に、高効率ガスタービンに関する研究（1978 〜 1984 年）では、通産省と科技庁（航空宇宙技術研、金属材料技術研）がそれぞれ独自に予算要求を構想していたが、調整を経て、一つの共同研究として概算要求することとなった。第 2 に、厚生省が人体許容量の設定に必要な基礎的研究（1976 年）の概算要求を構想していたが、科技庁（特別研究促進調整費）の研究開発課題との関連性により、調整を経て、厚生省は当該年度の要求を取り下げた。第 3 に、郵政省の高密度大容量データ蓄積システムに関する調査研究については、関連分野の技術開発進展度からみて時期尚早であるという調整を経て、郵政省は要求を取り

下げた（総務庁行政監察局編 1992: 29-30）。科技庁の調整権限は一見強そうだが、3件というのは決して多くないという見方もできる。

(2)「計画の調整」―「基本計画」と「総合推進計画」

1989年10月、総理が主宰し関係18省庁閣僚が出席した「地球環境保全に関する関係閣僚会議」は、関係省庁が緊密に連携し、地球環境保全に関する調査研究、観測・監視及び技術開発を総合的に推進するため、各年度当初に「地球環境保全調査研究等総合推進計画」を定めることを申し合わせた。同会議は環境庁（当時）が窓口となって、毎年度、上記計画の実施状況及びその結果の報告を受けた。一方、科技会議も、1990年8月の「地球科学技術に関する研究開発基本計画」（第17号答申）で地球科学技術の範囲、重要研究開発課題、研究開発の推進方策などを定め、その中で「関係省庁、関係研究機関等の活動を長期的、総合的に推進していくための仕組みの確立を図る」と指摘した。毎年度の「総合推進計画」は、科技会議答申（「基本計画」）（＝総理決定）をふまえて推進された（総務庁行政監察局編 1992: 14）。

1991年度に科技庁が「経費の見積の方針の調整」の一環で行った調整が5億2300万円分だったのに対し、環境庁による調整は17億円分にも上った。ここでは、地球的規模の現象のうち、自然現象に起因する長期的観測研究を科技庁で、人間活動に起因する短期的研究を環境庁で、それぞれ調整を図るとの仕分けであった。ただし、いずれにおいても大学での研究に係るものは除外され、地球環境全般にわたり必要な観測を含む基礎的研究、及び、地球環境保全に資する技術開発に係る基礎的研究を総合的に推進する大学などは、文部省が所管した（総務庁行政監察局編 1992: 15-16）。

(3) 省庁の「縦割り」と非効率―北極圏研究を例に

政府が参加した地球環境問題に関連する国際共同研究プロジェクトのうち、科技庁と文部省が取り組んだ地球環境に関連する北極海プロジェクトからも、省庁関係が読み取れる。

1987年10月、旧ソ連が北極開放政策を発表して以来、地球環境保護などの

観点からの国際共同研究の重要性が高まったことへの対応として、日本では1990年度から、①科技庁が科振費による総合研究（予算規模は1990～1991年度で約3億1100万円）に、また②文部省（国立極地研究所）が国立学校特別会計による北極圏地球環境共同研究事業（同じく約1億3900万円）に、それぞれ取り組んでいた（総務庁行政監察局編1992: 17）。

これらの国際共同研究の対外的な窓口は、日本学術会議での検討を経て文部省国立極地研究所北極圏環境研究センターが務めたが、同研究所は「文部省側の業務で多忙になる」という理由から、科技庁所管の①には参加しなかった。また文部省も、②と発足の経緯や計画を異にするという理由から、①へは大学の教育・研究に支障のない範囲内で協力するという消極的な態度をとった。こうした科技庁と文部省との「分断」は、科学技術情報についても指摘されている（総務庁行政監察局編1992: 18-20）。

3　科学技術基本法

科技基本法は、1968年などに制定の契機があった。しかし、産業や軍事の要求に結びつきやすい科技だけでなく科学研究全般の振興を盛り込んだ科学研究基本法を制定するべきとの学術会議の反発や、宇宙開発をめぐる科技庁と文部省・大学の対立があって、実現してこなかった（鈴木2010: 109-110）。ところが、かつて産官学の共同研究に消極的だった学者グループにも組織の壁を越えた交流に基づく科技研究開発の推進が必要不可欠だとの認識が広がっていった1990年代（尾身1996: 276-277）、バブル崩壊で研究開発費が減少する中、科技振興こそが経済活性化に必要との認識と期待が国会においても大きくなり、議員立法の末、1995年11月に公布・施行となった。

(1) 制定過程

まず、1992年4月に閣議決定された「科技政策大綱」に「できるだけ早期に政府の研究開発投資額を倍増するように努める」と記載された。

通産省出身で科技庁出向経験もある尾身幸次（2018年7月26日付け毎日新聞朝刊22面も参照）は、1993年に自民党が下野した際、橋本龍太郎政調会長（当

時）から打診され自民党科技部会長に就いた。橋本政調会長から、「自民党も野党になったことだから、議員立法を検討してみてはどうか」という指示が各部会長にあり、尾身は「科技基本法を取り上げることの必要性に思い至った」という。「科技政策大綱」の上記の文言もあり、それに賛同が得られそうな政治状況もでき上がりつつあった（尾身 1996: 275-277）。

　自民党科技部会は 1994 年 3 月に基本法に関する本格的な検討を始め、まず、関係省庁と学界・研究機関・経済界から科技振興に関する意見聴取を行った。羽田内閣の早期退陣がうかがわれる中、同部会は素案取りまとめの作業を急ぎ、6 月には科技・文教・商工の合同部会で基本法要綱案（「尾身私案」）を発表。自民党政審会で了承を得た。ただ、これを 6 月末に成立した村山政権の目玉にしようとしたところ大蔵省の抵抗により成立に時間がかかることが予想されたことから、議員立法での成立を目指す決断をした（尾身 1996: 277-278）。

　1994 年 9 月には自社さ（自由民主党・日本社会党・新党さきがけ）の与党科技調整会議で検討を開始し、以後、超党派の「科学技術と政策の会」からも支援を受けることができた。その後、衆議院法制局で法文素案がまとまり、12 月には自民党科技部会に科技基本法小委が設置された。翌 1995 年 1 月には自民党政調会が法文素案を了解し、また、尾身小委員長自ら関係団体と意見交換を行った。その後、社会党から進め方に関する異論が出たことを機に与党連絡調整会議に科技基本法検討 PT が設置されたが、やはり社会党内の意見がまとまらず、1995 年度通常国会への法案提出は見送られた（尾身 1996: 278-281）。

　しかし 1995 年度臨時国会の開会に際しては社会党の意見集約が進み、10 月 27 日には自社さに新進党を加えた 4 党（衆議院議員 9 名）共同で基本法案が提出された。その 4 日後には衆議院科技委員会において全会一致で可決。緊急上程された本会議でも全会一致で可決された。折衝の過程で、予算の急激な増大を警戒する大蔵省が慎重な意見を出したが、基本法では「資金確保について政府の努力義務を規定し、付帯決議を付し、資金確保の意思を明確にすることで最終的な合意に至り決着を見た」（尾身 1996: 281-282）。

(2) 科学技術基本計画

　科技基本計画は、科技基本法に基づき、科技の振興に関する施策の総合的かつ計画的な推進を図るための基本的な計画であり、今後 10 年程度を見通した 5 年間の科技政策を具体化するものとして、政府が策定するものである。科技基本法は、科技振興施策を総合的、計画的に推進するため、政府において科学技術会議・CSTP・CSTI の議を経て科技基本計画を作成すべきこと、また、政府が、科技基本計画について、その実施に関し必要な資金の確保を図るため、必要な措置を講ずるよう努めることを規定した。

(3) 政府投資の具体的目標の明記

　政府研究開発投資額については、科技会議第 18 号答申（1992 年）でその努力目標を記すことになってはいたものの（木場 2002: 42）、このたび、科技基本計画においてその長期目標を具体的な数字で示すようになったことの意義は大きい（尾身 2003: 31）。ただし、これらの数字については十分に達成されない状況が続いている。

　科技基本計画の第 1 期（1996～2000 年度）では、政府研究開発投資比率を欧米主要国並みに引き上げるという考え方の下、期間中の 5 年間に科技関係経費の総額を「約 17 兆円」にするという数値目標が掲げられた。この数字は、まず、科技庁が関係省庁に想定される研究計画を聞き取り、5 年後には政府全体で 4 兆円超の経費が必要との見通しを得たことによる（木場 2002: 39-42）[5]。その後、第 2 期（2001～2005 年度）では、対 GDP 比率 1％、また期間中の GDP の名目成長率が 3.5％を前提として「約 24 兆円」とし、第 3 期（2006～2010 年度）では、対 GDP 比率 1％、また期間中の GDP の名目成長率が平均 3.1％を前提として「25 兆円」、第 4 期（2011～2015 年度）では、さらに官民合わせた研究開発投資を対 GDP 比の 4％以上にするという目標を加え、対 GDP 比率 1％、また期間中の GDP の名目成長率が 2.8％を前提として「25 兆円」とした[6]。

　Society5.0 を看板に掲げた最新の第 5 期（2016～2020 年度）では、財務省との調整の結果「政府研究開発投資について経済・財政再生計画との整合性を確保しつつ」という文言が本文中に入ったものの、官民合わせた研究開発投資を

対 GDP 比 4% 以上、対 GDP 比 1%、期間中の GDP 名目成長率を平均 3.3%
という前提で試算の上、政府研究開発投資の総額の規模を「約 26 兆円」とした。

4　科学技術政策の「司令塔」機能

1　目玉分野の「剝離」
(1) 原子力
　科技庁創設には原子力予算の成立が大きな原動力になった（第2節第3項）こともあり、科技庁は長年、原子力官庁として認識されてきた。したがって、科技庁の原子力権限が他府省に移管・分散されるのに伴い、科技庁のプレゼンスは低下していったといえる。
　① 前　史
　科技庁には長官官房を含め全6局あったが、そのうち2局が原子力関連だった。一つが原子力局であり、原子力の利用に関する基本的な政策の企画・立案・推進と、原子力に関する研究開発利用の推進を業務とした。同局は、専属の事務局を持たなかった原子力委（1956年に発足した総理府本府の付属機関）の庶務を処理した。『原子力白書（昭和33～34年度版）』によると、「原子力局はいわば原子力行政の中核的実施機関であるが、原子力委を実施機関とせずに政策機関にとどめながら、なお実施機関たる原子力局をその事務局とすることによって、実質的には行政委員会的な機能を期待するというのが、原子力委制度立案者の意図であって、企画と実行の一体化が図られ」た。原子力委員長はすなわち科技庁長官であり、大臣ポストだった。もう一つが原子力安全局（原子力安全調査室）で、原子力の開発利用に関する規制と、原子力利用に伴う障害の防止を業務とした。同局は、原子力船むつの放射線漏れ事故をきっかけとして 1978 年 10 月に原子力委から分離した原子力安全委の事務を担当した。
　省庁再編直前の 2000 年末において、科技庁内局 560 名に対し原子力局が 112 名（20.0%）、原子力安全局が 135 名（24.1%）であり（『行政機構図』）、併せて 44.1% という比重は大きかった。科技庁が原子力官庁と認識されたもう一つの所以である。

② 事故多発と省庁再編

　1990年代後半には原子力トラブルが相次いだ。たとえば、2016年末に官邸主導で廃炉が決まることになる動燃高速増殖炉もんじゅのナトリウム漏洩（1995年12月）や東海村JCO核燃料加工施設の臨界事故（1999年9月）などである。特に死者2名を出したJCO事故を受け原子力安全委の機能が強化されたが、2000年4月には、同委員会を独立の立場で補佐するため、事務局が科技庁原子力安全局から総理府原子力安全室に移管された。さらに、2001年4月の省庁再編時には原子力安全委が内閣府に移管され、独立の事務局を持った。同時に原子力委も内閣府に移った際、それは「付属機関」から「審議会等」となり、同委員長は大臣ポストでなくなった。現在、同委員会の庶務は原子力政策担当室（室長は政策統括官（科技イノベ担当）が併任）が担当している。

　省庁再編後に原子力を所管したのは、文科省では科技・学術政策局の原子力安全課、研究振興局の量子放射線研究課、研究開発局の原子力課と核燃料サイクル研究開発課であり、経産省（資源エネルギー庁）では電力・ガス事業部の原子力政策課と核燃料サイクル産業課、そして原子力安全・保安院（その他、国交省など）であった。規制対象施設については、文科省が試験研究炉、研究開発段階炉（発電用以外）、ラジオアイソトープ等施設、経産省が実用発電炉、研究開発段階炉（発電用）、製錬・加工・貯蔵・再処理の各施設、国交省が実用舶用原子炉という割り振りとなった[7]。

　また、これら3省の「1次規制」に対して、「2次規制」（例：規制調査）は事務局機能がさらに強化された原子力安全委が担った（村上2009）。各省からの独立性や中立性を保ち、総理を通じて関係行政機関へ勧告する権限を有するなど、通常の審議会よりも強い権限を持った。

③ 権限の「剥奪」

　2011年3月の東京電力福島第一原子力発電所事故を受け、また2012年8月のIAEA特別会合で原子力安全委と原子力安全・保安院の機能不全が指摘されたこともあり、2012年9月、原子力規制委員会（環境省の外局・3条委員会）が発足した。これに伴い、文科省科技・学術政策局原子力安全課は廃止された。文科省の放射線利用や原子力利用の規制に関する業務や核物質の安全を守る業

務は、原子力規制委・原子力規制庁に移管された。

(2) 海　洋

　海洋に関して科技庁は、深海アクセス技術、総合的海洋観測体制とその高度解析技術に着目し、1971年に海洋科学技術センター（現JAMSTEC）を整備してその研究開発に努めた（大熊 2009: 50-51）。CSTIが主導し2014年度から5か年計画で始まったSIP（後述）では、そのJAMSTECが管理法人を務める海洋資源調査技術が対象となり、他の技術より多額の予算が配分されている（図7-1）。技術それぞれの特性もあり予算額の多寡だけで比較はできないが、原子力と宇宙に比べると相対的に、海洋科技政策は科技庁に「残っている」と評価できるのかもしれない。

　ただし、2007年の海洋基本法施行により海洋基本計画が策定されるようになり、その検討の場としてできた総合海洋政策本部の参与会議には科学者・技術者も参加している。中国の海洋進出をトリガーとしつつ、議員立法の形を採りながら、海洋政策については国交省総合政策局を中心とした体制が整えられていった（秋山 2007）。当初内閣官房に置かれた総合海洋政策本部事務局は、内閣官房・内閣府の組織スリム化の中で、2017年4月に内閣府（総合海洋政策推進事務局）へ移管となった。『政官要覧』などによると、2018年8月現在、幹部職員（18名）の出身省庁の構成は、建設省7、通産省3、運輸省2（事務局長を含む）、農水省2、海保庁2、外務省1、厚生省1となっている。

(3) 宇　宙

①「公共事業としての宇宙開発」

　日本の宇宙開発は、占領期の制約により大学の技術研究という姿を借りてきたゆえ文部省の所掌にあったことから、科技庁はこれを自らに移すべきと主張した（鈴木 2012: 178-179）。1969年、科技庁はその宇宙開発推進本部を発展的に解消し、東大宇宙科学研（ISAS）とは別に、米国ロケット技術の受け皿として宇宙開発事業団（NASDA）を設置。科技庁の下部機関としてロケット開発と実用衛星の開発を進めた。NASDAは、ロケット打ち上げに係る損害賠償責任問題対

第 7 章　旧科学技術庁の省庁再編後の行方　189

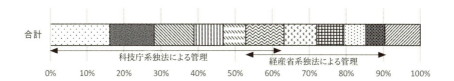

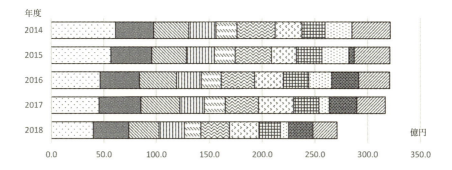

- □ 次世代海洋資源調査技術（JAMSTEC）
- ▨ 革新的構造材料（JST）
- ▧ エネルギーキャリア（JST）
- ▥ レジリエントな防災・減災機能の強化（JST）
- ▨ 革新的燃焼技術（JST）
- ▨ インフラ維持管理・更新・マネジメント技術（JST・NEDO）
- □ 自動走行システム（NEDO）
- ▨ 次世代パワーエレクトロニクス（NEDO）
- □ 革新的設計生産技術（NEDO）
- ▨ 重要インフラ等におけるサイバーセキュリティの確保（NEDO）
- ▨ 次世代農林水産業創造技術（NARO）

図 7-1　SIP における対象課題ごとの予算配分状況とその変化

注）管理法人のうち、JST は国立研究開発法人科学技術振興機構、NEDO は国立研究開発法人新エネルギー・産業技術総合開発機構、JAMSTEC は国立研究開発法人海洋研究開発機構、NARO は国立研究開発法人農業・食品産業技術総合研究機構。
出典）内閣府ホームページ（http://www.cao.go.jp/）の各年度の「SIP の実施方針」を参考に、筆者作成。

応や周辺漁協との信頼関係形成に携わった他（大熊 2009: 44-50）、科技庁とともに巨額の宇宙予算を確保し、自らが技術開発のロードマップをコントロールするなど、産業界にも指導的立場をとった。これは産業界にも利益をもたらし、産官の宇宙開発コミュニティを形成したが、技術者主導で研究開発志向が強いという特徴を持った。こうして日本の宇宙開発は「公共事業としての宇宙開発」の性格を帯びた。この性格は、総理府に置かれ、科技庁長官が委員長を務め、科技庁研究開発局宇宙政策課（当時）が事務局を務めた宇宙開発委員会が科学者・技術者を委員としたことによる政策的・戦略的視点の欠如、省庁間調整や国家戦略策定の機関としての機能不全によって、さらに強化された（鈴木 2012: 183-191）。

これに対し、NASDA や科技庁の対抗勢力になり得た通産省は、石油ショック後、人工衛星を用いた資源探査に強い興味を示し、宇宙開発事業へと参入しようとした。それはあくまで無人宇宙実験システムというニッチ事業に限定されていたが、科技庁から宇宙産業振興を任務とする通産省へと宇宙開発予算をシフトさせていくべきとの意図が確かに存在していた（鈴木 2012: 207）。

② 河村懇話会と宇宙の「一元化」

宇宙分野は 2001 年の省庁再編の影響を直接には受けず、その後の特殊法人改革でも、NASDA や ISAS などの宇宙航空研究開発機構（JAXA）への統合以外、宇宙開発の政策的方向性そのものに大きな変化はなかった（鈴木 2012: 191-192）。しかし、2003 年の情報収集衛星打ち上げ失敗時の最高責任者であった河村建夫文科大臣（当時）が、辞職後 2005 年に「国家宇宙戦略立案懇話会」を発足させ、宇宙政策を文科政策に限らず産業・外交・防衛政策と連動したものであるべきとの認識を各省政務（副大臣）と共有したことは、日本の宇宙開発の在り方を見直すきっかけとなった（鈴木 2012: 197-202）。

超党派の議員立法として提出された宇宙基本法では、宇宙政策決定システムが色濃く科技開発の性格を帯びていたのは、その中心に科技庁と NASDA がいたためだったということ、さらにこのたび、それを利用する官庁をも巻き込んだ宇宙開発へとシフトすべきとの認識から、新たに「宇宙開発体制の一元化」を目標に掲げた。また、宇宙開発担当大臣のポストと、総理大臣を本部長とし全閣僚をメンバーとする宇宙開発戦略本部を新設することとした。これに伴い、内閣官房

宇宙開発戦略本部事務局が宇宙開発を担うこととなった（鈴木 2012: 203-204）。

③ 宇宙政策推進体制の今

　宇宙政策もこのようにして、やはり科技庁から「剥離」した。ただし、宇宙開発戦略本部事務局は内閣官房・内閣府の組織スリム化の中で 2016 年 3 月に廃止され、その業務は内閣府（宇宙開発戦略推進事務局）へ移管された。『政官要覧』などによると、2018 年 8 月現在、同局幹部職員（12 名）の出身省庁は通産省 4（事務局長を含む）、JAXA3、科技庁 2、防衛省 2、郵政省 1 となっている。科技庁の名残は確かにあるが、他省もかなり多くなっている。

2　省庁再編

　省庁再編に先立つ各省庁ヒアリングの記録（村上 2016a）をもとに、1990 年代の科技省庁に係る議論を振り返りたい。

(1) 省庁ヒアリング

　科技庁が特に強調したのは、科技基本法と科技基本計画に沿って科技創造立国を目指した必要な施策を講じていくことが政府にとっての最重要行政課題の一つだということである。その際、科技振興が国の機能に幅広く関連しかつこれらを支えるものであることから、「他の国の機能のいずれかに包含させることは科技振興の特定の一面のみに偏らせる危険があり不適当」とした。そして、科技行政を総合的かつ柔軟に実施するとともに、その成果を国民生活に的確に活用していくために、「行政改革後の政府部内で強力なリーダーシップを発揮する科技行政の中核組織が必要」としている。その組織は、科技政策の企画・立案、科技振興基盤の整備、基礎的・創造的研究の推進、先端技術の集約と研究開発の実施、特定省庁のみでは実施困難な研究開発の中核的推進、民間の研究開発と地域の科技の振興、そして原子力安全規制などを一体的に行う機能を持つべきとし、その長には強力なリーダーシップを持つ専任の大臣であることが必要、としている（科技庁説明資料：1997 年 5 月 21 日）。これは要するに科技政策の計画と調整の実質化を目指すものであって、大熊（2009: 67-70）はそのために、①政府全体の立場から科技における重点を示さなければならなくなった、②研究開発投資

の増額に伴い、国民に総合的な説明責任を果たさなければならなくなった、③産に次ぐ規模の学（とりわけ大学）を対象にしていかなければならなくなったという当時の情勢を指摘している。

　科技行政と文教行政との関係について、科技庁は「科技に関する国の責務を確実に果たしていくためには、国立試験研究機関等（国研）の公的研究機関並びに国立をはじめとする大学及び大学共同利用機関、さらには地域や民間も含めた研究者の能力が最大限に活かされることが不可欠」とした（これは過去の「縦割り」の教訓でもあろう）。ただし、研究者個人の自由な発想を第一として行われる大学の研究と、社会的・経済的ニーズをふまえ戦略的・重点的に研究開発を実施する科技推進の違い、あるいは、研究・教育機関という両側面を持つ大学に関して、個性・創造性を涵養し既知の一定の基礎的知識体系を青少年に修得させることが求められる教育行政と、新知識を創出する基礎研究と社会的・経済的ニーズに対応した研究開発を企画・立案・推進しその成果を活用しようという科技行政への取組みの基本的考え方・手法の違いがあるので、「それぞれ別の立場から緊密に協力し科技創造立国の実現を図っていくのが妥当」としている（科技庁説明資料：1997年5月21日）。

(2)「藤田試案」と科技庁

　1997年8月、藤田宙靖主査から「省庁再編案（座長試案）」が叩き台として示された。ここで提案されたのは、甲案（最多省数の13府省2大臣庁案）と乙案（最小省数の10府省3大臣庁案）である。

　甲案では、省庁編成の一つに科学技術省を設け、科技政策、宇宙・海洋等開発、研究開発の機能を担うものとされた一方、文部（学術教育文化）省は別立ての省として想定されている。座長試案で、「科技は全ての行政分野と関係するので、何らかの横串機構によって対処することも理論的には考え得るが、ここでは、21世紀に向けて科技立国を目指す我が国の姿勢を国の内外に広く示す意味において、独立の一省を設けることを考えた」とする一方、文部省を「科学技術省と一体として一組織を構成することも考えられないではない」が「そのような道を選択しなかった」。それは、「学術研究・教育の振興とりわけ自然科学系のそれ」と

「科技の振興」は「組織的に分離し、協力システムは何らかの横串的な機構によることとするのを適当」と考えたためとした。

　他方、乙案では科学技術省を独立省とはせず、科技行政には国務大臣をコアとする横串機構によって対処することとしている。科学技術省を独立省とすることについては、科技庁が「自らの権益を守るために汲々としている」、「科技会議を重視して国政に生かそうという姿勢に乏しい」との消極的見解があった。一方、単独では対応できない問題に横断的に対応する科技会議を強化して総理大臣の直轄下に置くことにはおおむね賛意があったことから、実際には乙案に近い「折衷案」での省庁再編となった。

(3) 文科省統合への期待

　2001年1月、省庁再編により科技庁の業務は文科省と内閣府に継承された。初代の町村信孝文科大臣は、同省発足にあたり、教育改革と科技基本計画策定が当面の大きな課題だとの認識を示し、同計画策定には、笹川堯科技政策担当大臣（当時）と連携を取りながら進めていきたいと語った。さらに、省庁統合と新省誕生のメリットに関しては、「科技庁関連の研究機関と大学の研究所が上手に融合され、人的・財政的に有効利用が図られれば、長期的には我が国の科技の発展に寄与していくだろう」と答えた（『原子力産業新聞』2001年1月11日付け1面）。

3　「司令塔」機能の強化

　省庁再編で、科技行政の横串機構としてCSTPが創設された（村上2015）。それは、原子力・海洋・宇宙といった分野での科技庁の権限が「剥離」していく中で、それにとっての新たな活路になった側面があると考えられる。

(1)「重要政策に関する会議」

　CSTPは、後に小泉純一郎総理と竹中平蔵大臣による行政改革の「震源」ともなる経済財政諮問会議と並んで、中央省庁等改革の目玉となった。内閣機能強化を柱の一つとした中央省庁等改革で新設された内閣府において、特に内閣と総理を助ける「知恵の場」として機能することが期待されたのがこの「重要政策

表 7-12 　CSTP・CSTI 本会議の開催回数

	CSTP 本会議開催回数 (A)		在職年数 (B)	A/B(＝回数 / 年) (() は持回り除く)
	全　数	うち持回り		
森　 II	5	0	(0.30)	16.7
小泉 I	26	0	2.57	10.1
小泉 II	17	0	1.84	9.2
小泉 III	11	0	1.02	10.8
安倍 I	10	1	1.00	10.0 (9.0)
福　田	7	0	1.00	7.0
麻　生	8	2	0.98	8.2 (6.1)
鳩　山	6	1	0.73	8.2 (6.8)
菅	9	5	1.24	7.3 (3.2)
野　田	7	3	1.32	5.3 (3.0)
安倍 II	19	1	1.99	9.5 (9.0)
安倍 III	25	11	2.85	8.8 (4.9)
安倍 IV	8	0	(1.07)	7.5
平　均	158	24	17.91	8.8 (7.5)

注) 民主党政権期には網掛けをしてある。第 2 次安倍内閣の途中で、CSTP から CSTI になった。第 2 次森内閣と第 4 次安倍内閣の在職年数にカッコを付けてあるのは、それぞれ中央省庁再編以後とデータ加筆時までの数字のため。
出典) 2018 年 11 月 24 日現在。村上 (2015：158) のデータに、CSTI ホームページ (http://www8.cao.go.jp/cstp/index.html) のデータを筆者が加筆。

に関する会議」である。総理や官房長官を議長とし、関係大臣と有識者から構成される。

　科技基本法制定にも尽力した尾身 (2003: 31) が「政治と科技が密着し、科技の振興をわが国政の重要課題の一つとした意義」が極めて大きいとしたポイントは、第 1 に、年 1 回、形式的に開催されるだけだった科技庁時代の科技会議に対し、CSTP では、月 1 回必ず総理が出席し、その前で各議員が台本のない実質的な議論を展開するようになったという点。第 2 に、各省より 1 段高い立場から基本的政策の企画立案と総合調整を行い、予算などの資源配分の方針の審議や評価を行うようになった点である。CSTP・CSTI 本会議の開催状況は**表 7-12** の通りである。

以後、CSTPの司令塔機能強化に向けた動きが徐々に進展した（村上 2015）。まず、第2期基本計画（2001〜2005年度）では、CSTPが「科技政策推進の司令塔として、省庁間の縦割りを排し、先見性と機動性を持って運営」されることが明記された。そうして人文・社会科学とも融合した「知恵の場」として活動することなどがここで謳われた。第3期（2006〜2010年度）では、CSTPは「総理のリーダーシップの下、科技基本計画に示された重要政策が、我が国全体として的確・着実に具現化されるよう、政策推進の司令塔として府省を超えた国家戦略を示し、先見性と機動性を持って運営を行う。その際、日本学術会議、経済財政諮問会議、知的財産戦略本部、IT戦略本部、規制改革・民間開放推進会議、男女共同参画会議、地域再生本部などと密接な連携をとる。また、CSTPは、21世紀の人間社会の在り方を視野に置き、常に世界に開かれた視点を持ちつつ、人文・社会科学とも融合した「知恵の場」として、積極的に活動する」とされた。

(2) 民主党政権期

民主党政権下で策定された第4期（2011〜2015年度）には、「国として科技イノベ政策を一体的に推進していくためには、各府省が、具体的な政策などの企画立案、推進、さらには社会還元に至るまで、一貫したマネジメントの下で取り組むとともに、各府省の政策全体を俯瞰し、より幅広い観点から、政策を計画的かつ総合的に推進する機能を強化していく必要がある。このため、科技イノベ政策を国家戦略として位置付け、より一層強力に推進する観点から、CSTPの総合調整機能を強化し、さらに、これを改組して、新たに「科技イノベ戦略本部（仮称）」を創設し、政策の企画立案と推進機能の大幅な強化を図る」とある。CSTP改組に向けた関連法案は2012年通常国会に提出されるも審議時間切れで廃案となったが、後述の産業界の提言も相俟って、その後の機能強化の動きへとつながっていくことになる。

経団連は2012年4月、「「イノベ立国・日本」構築を目指して」、産業競争力懇談会（COCN）は同年5月に「イノベによる再生と成長のために」、経済同友会は「日本再生のために真のイノベ力強化を」、連合は「イノベによる成長と国民

生活の向上に向けて」という、イノベーションと競争力強化に関する戦略を提言した。これらは、民主党政権（当時）下の国家戦略会議における民間議員の提案や総理発言をふまえて各民間団体が策定したものであった。そこでは科技イノベ推進体制整備も謳われた。

(3) 第2次安倍政権以降

2012年12月に始まった第2次安倍政権下では、CSTPを「世界で最もイノベに適した国」づくりの司令塔にする旨の施政方針演説があり、2013年3月のCSTP本会議では「CSTPの司令塔機能について、権限、予算両面でこれまでにない強力な推進力を発揮できるよう、抜本的な強化策を具体化すべく検討していただきたい」と述べた。2013年1月には、経団連が「強力な司令塔の実現」、「ファンディングの仕組みの改革」、「大学・大学院の改革」、「科技予算及び研究開発促進税制の拡充」の4本柱からなる改革の早期実現を強く求め、これは当時政策論議の主戦場となった産業競争力会議でも俎上に載った。

その結果、2013年6月の『日本再興戦略：JAPAN is BACK』に「CSTPの司令塔機能を強化し、省庁縦割りを廃し、戦略分野に政策資源を集中投入する」との文言が盛り込まれ、それをある種の原動力とする形で2014年4月に「内閣府設置法の一部を改正する法律案」が可決・成立し5月に施行となった。同法では、①イノベ創出の促進に関する総合調整機能などの強化、②CSTPからCSTIへの改組、③科技イノベ施策の推進機能の抜本的強化、④府省の枠や旧来の分野の枠を超えた戦略的イノベ創造プログラム（SIP）の創設を行った。④で、いったん文科省に移管されていた「科技基本計画の策定及び推進に関する事務」、「科技に関する関係行政機関の経費の見積りの方針の調整に関する事務」を内閣府へと移管した点が重要といえる。

5　考察―旧科技庁の省庁再編後の行方

本章ではこれまで、科技庁創設から省庁再編を経て、CSTIの司令塔機能強化に至る流れを概観してきた。科技予算が大いに増大するも、科技「省」への

昇格の夢が途絶え、省庁再編を経て科技庁が柱とした原子力などの権限は「剥離」。同庁研究開発局に縦割り課を有した海洋科学技術、宇宙開発などはそれぞれに産学の政策コミュニティを持つものであり、各分野独自のロジックによる「剥離」の結果、科技庁はある意味において「解体」した[8]。それでは、果たして科技庁はどこへ行ったのだろうか。村上（2016a）に依りつつ予算（第1項）と人員（第2項）についての検討を行い、それに続き第3項で科技庁の得失について検討する。

1 予算面

第2次安倍政権下のCSTPは、2013年、各府省が概算要求の検討を始める前（6月）から、科技担当大臣を議長とし、財務省を除く関係府省長幹部から構成される「科技イノベ予算戦略会議」において重複排除と連携調整を行い、その上で資源配分方針を調査審議・議決した。たしかにそれは、各省庁の提案に基づくヒアリングを実施し重点化の対象施策をアクションプランにより特定したが、実際には府省庁別予算の相対シェアなどに大きな変化がなかった。2013年度の科技関係政府予算（3兆5975億円）のうちCSTPと内閣府の調整権限を確実に及ぼせるのは科技振興費（1兆3007億円（36.2%））に過ぎなかったことから、その総合調整は不十分との指摘もある。CSTIのSIPに係る2014年度「科技イノベ創造推進費」予算概算要求では当初、内閣府による一括計上が目指されたが、結果的には各府省庁の科技振興費の4%以上の「拠出」を受ける形で計517億円となった。これは目未定経費のため、予算編成後もCSTIと内閣府は個別課題の選定や配分額の調整、府省庁間連携を推進できる立場にあった。にもかかわらず、内閣府が直接に計上したのは5億円に過ぎなかった（榎 2013: 104-105、114-118）。また、2014年8月の「司令塔間連携・調整会議」提言が示唆するように、他の「司令塔」の出現によってCSTIが調整可能な予算の範囲は縮小している。たとえば、2015年度「科技イノベ創造推進費」予算の35%（175億円）は、健康・医療戦略推進本部が2014年7月に決定した資源配分方針などに基づき、その総合的な予算要求配分調整の下で実施することとされている。

府省別科技関係予算シェアの変化を図示した図7-2からは、文科・経産両省

のシェアが一貫して大きいことがわかる。2008年度を基準にした場合のシェアの変化を図示した図7-3からは、内閣府と経産省が増加傾向にあり、厚労省と防衛省が減少傾向にあることが読み取れる。ただし、前述したように、厚労省の減少傾向にはおそらく健康・医療戦略本部の立ち上げが影響しており、また、防衛省に関しては2017年3月の日本学術会議「軍事的安全保障研究に関する声明」が作用している可能性がある。

さらに図7-4には、内閣府と文科省の科技予算を足した「科技予算」と文科省の科技以外（文教＋芸術文化＋スポーツ）の「文教等予算」の比率と変化を図示した。指摘すべきは3点であり、第1に、文科省内での予算割合でいえば、ほぼ一貫して文教等予算が科技予算の約4倍となっている。文部省系局と科技庁系局の職員数が1077対452であることからすると、科技は予算の割に職員数で幅を利かせているともいえよう。ただし、2010年度から2013年度にかけて文

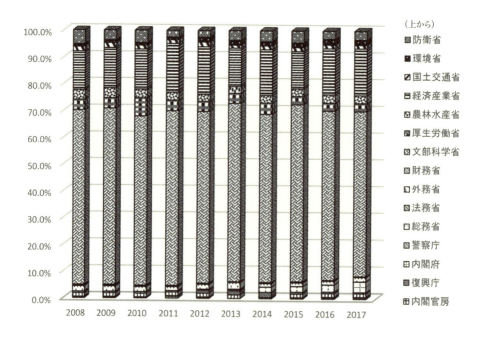

図7-2　府省別科技関係予算シェアの変化

注）1991年度の科技関係政府予算2兆226億3100万円では、文部省46.3％、科技庁25.8％、通産省12.7％であった。
出典）内閣府ホームページ（http://www.cao.go.jp/）を参考に、筆者作成。

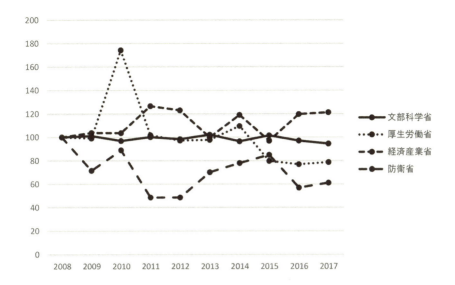

図 7-3 府省別科技関係予算シェアの変化（基準＝ 2008 年度）

注）2008 年度を 100 とした場合のシェアの変化（ただし、変化の大きかった経産省、文科省、厚労省、防衛省のみ）を可視化した。逆に、内閣府は 2017 年度が 700 を超えるため、対象から外した。
出典）内閣府ホームページ（http://www.cao.go.jp/）を参考に筆者が作成した図 7-2 のデータをもとに、筆者作成。

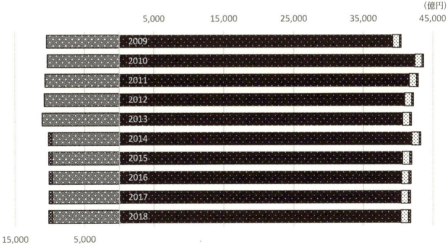

図 7-4 科技予算と文教等予算の変化（2009 〜 2018 年度）

注）単位は年度（縦軸）と億円（横軸）。左半分が科技（内閣府＋文科省科技）、右半分がそれ以外（文科省文教＋芸術文化＋スポーツ）。
出典）内閣府ホームページ（http://www.cao.go.jp/）と文科省ホームページ（http://www.mext.go.jp/）をもとに、筆者作成。

教等予算が減ったにもかかわらず科技予算が増えた（したがって文科省内で科技予算の比重が高まった）ことには、民主党政権の影響がうかがわれる。第2に、特に2014年度以降、CSTIが司令塔機能を強化していくのに伴って、内閣府の科技予算が目に見える形で付加された。とはいうものの、その直前と比べると科技予算は総じて減少した。しかも、内閣府の科技予算には文科省以外の府省も「手を突っ込める」ことから、本来科技を司るべき文科省自体の発言力がその分、低下したとも推察される。これは、文科省に統合された科技庁にとって不本意なことかもしれない。第3に、CSTIの司令塔機能強化にもかかわらず、関係府省の予算配分の変化は、それが認められるとしてもあくまでインクリメンタルなものだった。予算が最終的に各省に割り振られるためシェア増は見掛けほど大きくはない内閣府に対し、経産省のシェア増は、数字上それほど大きくないとはいえ、安倍政権の成長戦略が少なくとも初期において経産省に主導されてきたことを反映していよう。

2　人員面

科技閣僚に関しては、科技庁長官と科技政策担当大臣が省庁再編前後で対応関係にある。両者の就任当時の平均年齢を比べると、約6.3歳若返っており、セニオリティ・ルールを前提とするならば、閣内において総理への集権性が高まったといえる（村上 2018: 74-77）。

省庁再編前、科技庁では関係他省庁、とりわけ通産・文部各省と国立の研究所への出向・人事交流が多かった（木場 2009: 29）が、これは内閣府（科技イノベ担当）と同様である。まず、局長級分掌官の内閣府政策統括官（科技イノベ担当）は、**表7-13** の通りである。

少なくとも民主党政権期までは、科技系で科技・学術政策局長を務めた人物がこれに就くのが原則的だった。ところが第2次安倍政権期以降、その原則は崩れている。政策統括官の後に文科次官になった者はこれまで皆無だが、その一方で、2012年以降、科技系で文科次官になった2名がいずれも科技・学術政策局長経験者であったことをふまえると、同ポスト以後は内閣府側のトップに向かっていくのではなく、文科本省でさらに昇進していく際の「経由地」になってい

表7-13 歴代の内閣府政策統括官（科技イノベ担当）

年次	出身	前職	氏名（歳）	後職
2001	科技	科技振興局長	N.O.(56)	科学技術振興事業団専務理事
2001	科技	科技・学術政策局長	K.O.(56)	理化学研究所理事
2004	科技	科技・学術政策局長	Y.H.(55)	文部科学審議官
2006	科技	科技・学術政策局長	T.M.(55)	内閣官房宇宙開発戦略本部事務局長代理
2008	科技	研究開発局長	A.F.(54)	理化学研究所理事
2010	科技	科技・学術政策局長	S.I.(55)	JST社会技術研究センター長
2012	科技	国際統括官	T.K.(58)	JST研究開発戦略センター長代理
2014	科技	大臣官房審議官	K.M.(57)	国際統括官
2016	科技	国際統括官	Y.Y.(56)	文部科学審議官
2018	通産	内閣官房内閣審議官	K.A.(55)	―

注）政策統括官の氏名はイニシャル表記とした。
出典）日本経済新聞、朝日新聞、読売新聞などにより筆者作成。

るものと考えられる。その点では、科技・学術政策局長の地位が上がり、政策統括官の地位が相対的に下がったといえよう（ただしこれは、後述する通り、「軸足」の移し方により変動し得る）。そして2018年、ついに通産省出身者が政策統括官に就いた。現政権が経済政策と科技政策との連携を図りながら成長戦略を描こうとする中での出来事である。ただし、科技次官は1990年代以降、すべて同庁生え抜きだったが、科技庁設置当時の初代企画調整局長は通産省出身者であり、それ以降も同庁では逓信省、商工省、通産省の人物がみられた。

　その他、事務局員（内閣府政策統括官付職員）構成の特徴（村上 2016a: 125-126）として、第1に、文部系の勢力がCSTI事務局にあまり及んでいない。もっとも前述の通り、文科省統合後も局長ポストは各省庁出身者でそもそもの規模に応じて分け合っていることから、内閣府のそれが科技庁の「ホーム」であり続けることはそれほど不自然ではない。第2に、経産省が事務局における第2勢力となっている。そもそもの科技庁における出向人事パターンや原子力における政策的親近性から、科技庁と通産・経産省との間の長年にわたる一定の「連携」関係がうかがわれる。これは、経産省にかなり主導された司令塔機能強化の経緯とも整

合的に理解される。第3に、事務局員の出身母体省庁のバリエーションが増えている。具体的には厚労・外務・環境・防衛であり、それらは科技政策の国際化など、それを取り巻く様々な環境変容を反映している。このことは、科技イノベ戦略策定における科技系そのものの発言力のさらなる低下を意味する可能性がある。

3　科技庁の得失
(1) 対 他府省

2001年の省庁再編により、文科省では旧省庁の数多くの審議会を束ねる形で科技・学術審議会が設置された。同審議会の事務局である科技・学術政策局が立場が相対的に高まったというのはこの点からも推察され、これは前述した局長ポストの重み（前項）とも連動していよう。それに対し、CSTIは各府省の審議会より1段高い立場にあるため、科技イノベ政策に係る部分について、他の審議会はその決定事項との整合性が求められることになる。有本ら（2016: 154）によると、科技・学術審議会は「CSTIが科技基本計画を策定するのに先立ち同計画にあり方についての見解をとりまとめており、実質的にCSTIへの助言を行っている」が、これについては政治（内閣）主導の強弱によって揺らぎがあるのではないか。すなわち、科技・学術審議会が科技政策を主導する局面もあれば、CSTIが主導する局面もあり得る。時に、CSTIが他省の傀儡、ないし「出先機関」になる可能性さえある。

さらに、CSTIからの独立性が比較的高い会議体もある（例：宇宙開発戦略本部、原子力委、資源エネルギー調査会、中央環境審議会）（有本ら2016: 154-155）。それらの閣議決定文書とCSTIの基本計画とはお互いに平仄を合わせる必要があり、その点においてそれらは「調整」すべき縦割り状況にある。

その点では、科技庁のうち内閣府に行った部分については、政治（内閣）主導の中で各府省からさまざまな形で介入を受けざるを得ない。それに対し、科技庁系局の職員割合が予算に比して大きい分、彼らの思考様式が文科（文部）省側に漏れ出して、多少影響してくる可能性がある。

(2) 対政治

　政治主導の中で、科技庁は基本法策定時と同じく内閣や政治家のリーダーシップを頼りにすることができる。しかし、彼らやそれと協働する各省とは「同床異夢」である可能性がある。たとえば、科技を経済成長と結び付けることによる予算獲得はそうした状況下では容易かもしれないが、それが技官のメンタリティや価値観にそぐわないものになる恐れも大いにある。この距離感の保ち方は、科技庁にとって諸刃の剣となり得る。

　寺脇（2013: 228-238）は、「文部省側には、科技庁が技官中心の組織であること、そのために通産省から幹部を迎える歴史があったこと、職員数も文部省の2/3足らずであることなどから、いくぶん下に見る気分があったのは否めない」中で、両省庁は他と比べても「最もうまく融合した」と述べる。とはいえ東日本大震災に際し、文科省が「原子力の専門的見地からの科学的判定、社会的影響への配慮などから科技庁系の立場による判断で放射線量の許容される範囲（筆者注：20ミリシーベルト）を決定した」結果、「基準設定が甘いと非難の的にな」り、「教育担当の文科副大臣が原子力行政所管副大臣の責任で下した決定のために割を食うことになった」。科技・文部両省庁がいまだ十分に「融合」していないことと、政務が文科省全体を代表することとが緊張関係に立っている例といえよう。逆に、政治・政局が官僚制に作用する可能性も高まる。

閣僚						有識者議員					
	科技	経企	文部	大蔵	総理	①	学界				産
							●	●	○	○	○	○
経産	文科	財務	総務	科技	官房	総理	②	学界			産業界
							●	●	●	○	○	●	○
経産	文科	財務	総務	科技	官房	総理	③	学界			産業界

図7-5　科技会議・CSTP・CSTIの議員構成

注）①＝科技会議（1959〜2001年）、②＝CSTP（2001〜2014年）、③＝CSTI（2014年〜）。総理は議長を務める。官房＝官房長官、科技＝科技庁長官・科技政策担当大臣。●＝常勤、○＝非常勤。有識者議員には学術会議会長も含む。CSTIも、当初は産業界出身の有識者議員1名が常勤だった。
出典）2018年8月16日付け毎日新聞朝刊11面「科学技術の司令塔の変遷」を参考に、筆者作成。

(3) 対産業界

　科技会議・CSTP・CSTIの議員構成を図示した**図7-5**からは、次の3点が指摘できる。第1に、3会議ともに閣僚と有識者議員の比率に大きな変化はないが、常勤有識者議員はCSTIで1人に減り、会議の主導権は閣僚の方に傾いているように読める。その点で、政治主導が進んだ。第2に、産業界出身の有識者議員が当初の1人から3人に増えた。現在はいずれも非常勤議員だが、会議における産業界出身者の発言力の上昇（＝学界出身者の発言力の相対的低下）がうかがわれる。第3に、当初臨時で出席するに過ぎなかった通産大臣（現・経産大臣）は、省庁再編以降、正規メンバーとして会議に参加するようになっている。経企庁からの継続性もあるが、「経済政策としての科技政策」を反映しての変化と考えられる。

　こうして科技庁は、政治主導性の高まりと経産官庁や産業界の進出で相対的に発言力を低下させ、むしろそれらに囚われる可能性が高まっている。ただしこのことは、距離感の築き方により科技庁にとっては良くも悪くも評価し得る。

6　本章のまとめ・結論と今後の課題

1　本章のまとめ

　本章では、文科省幹部職員のサーベイ結果をその出身省庁別に分析した後、戦後、科技研究開発の必要性と原子力への国民的関心の高まりの中で科技庁が創設された経緯をみた上で、その所掌事務の実施状況と科技の省庁再編、科技庁の「解体」に至る経緯を振り返った。後半では、省庁再編以降、科技政策の司令塔機能が制度的に強化されていく一方で、経済官庁など関係省庁がその「威を借りる」形で政策の推進を図っている現状を述べた。本章では、科技庁が「総合調整」機構から「司令塔」へと「進化」していく中で、新たな府省間競争の中に置かれていること、その下で、技官の官庁としてのそれが主導権を握れる場合、科技系は他省との連携で内閣府での資源獲得に積極的になるが、それが難しい場合は、文科本省での活動が相対的に活発になる（ならざるを得ない）ということを論じた。

2　本章の結論

　科技庁は、科技政策の総合調整権限と個別プロジェクトの執行権限を有しつつ、原子力官庁としてのその存在意義を発揮してきたが、原子力事故への対応の拙さや産業化の進む宇宙政策への不適応などを理由として権限が徐々に引き剥がされていった。省庁再編により文科省と内閣府に引き継がれた後、科技系は政治主導の潮流の中で内閣府（CSTI）にその存在意義や活路を見出し、一時的には科技予算の増加とその「司令塔」として、それへの裁量行使の機会を獲得した。が、その主導権は他省、とりわけ経済官庁からの圧力に晒されることになり、いったん増えた科技予算は結果的にそれら他省に振り分けられる形となった。そのようにして技官の官庁の流れをくむ科技系は他省庁の影響を受ける状況にあるが、そうした中で科技庁はその時々の政治状況に応じ、政治主導を活用できる時は内閣府（CSTI）に軸足を移し、他方でそれにより他省の影響を避けられない場合には文科本省に軸足を移すことで、科技政策の展開と科技予算の獲得・増大を試みていることが明らかになった。

3　今後の課題

　第1に、本章では量的側面、たとえば、どれほどの科技系職員が、省庁再編前にいかなるキャリアパスを辿り、旧科技庁が一体いかなる割合で他省庁の職員を受け入れ、また省庁再編後、各省庁などに何人が分散したか、科技予算が厳密にはどのような形で各省から執行されているかなどについての検討がいまだ不足している。そうして質・量の両側面から、科技庁の行方を検証する必要がある。

　第2に、本章では旧科技庁の行方をテーマとし、それを行政学的に「解剖」することを試みたが、実際の着目点は、旧科技庁の「組織」の変遷、科技系「職員」の異動、科技「予算」の動向が混在していた。旧科技庁の制度官庁的特性は「予算」からだけでは測り切れない部分もあり、また、後に国立研究開発法人化する諸法人が科技政策を実質的に担ってきた役割も小さくない。たしかにこれが日本の科技政策の実態に他ならないが、当初掲げたテーマとの関係では、これらをより明快に整理することが必要である。

　第3に、旧科技庁、及び、我が国の科技政策を司る省庁体制が今後どうあ

るべきかを、国際比較の観点も入れつつ検討しなければならない。省庁再編後、政策形成を支えるエビデンスを産み出す調査分析組織が充実したという指摘（有本ら 2016: 153）もある。政治主導の中で、官僚制がその専門性を存在意義とすべきならば、各所からさまざまな形で関与されつつある旧科技庁は、その「政策志向」を受け継ぐ国立研究開発法人科学技術振興機構（JST）や科技・学術政策研究所（NISTEP）などを拠り所とすることで、その活路を見出し得る。もっとも、法令や予算を牛耳る事務官優位に技官の官庁たる旧科技庁がどう対抗するか、科学技術の国家戦略にその意図や期待をどう反映していくのかという古典的な課題が、ここで再び立ち現れることになる。

注

1 学術会議の科技政策への関与は、歴史的に変化した。原子力基本法における 3 原則の提案など、初期は一定の影響力を有したが、次第に「同会議の議論が政策形成の現場とはやや乖離したものになっていった」（有本ら 2016: 152）。
2 総務庁行政監察局編（1992: 34）では、この実行協議が予算成立後かなり遅れて行われ、研究期間が短くなって支障が出ているとの指摘がなされている。
3 国立研究開発法人科学技術振興機構ホームページ（https://www.jst.go.jp/shincho/koubo/17koubo/1-1gaiyou.html）を参照。
4 国立研究開発法人科学技術振興機構ホームページ（https://www.jst.go.jp/shincho/program/shincho.html）を参照。
5 国会議員においてもそれを前向きに捉える機運があり、「2000 年度の予算を 4 兆円超として、1996 年度から前年度比増加率額を一定と仮定」し試算された。これには大蔵省が消極的だったが、補正予算などを含め向こう 5 年間の総額で記述するならば可能とのことで、最終判断が下された（木場 2002: 39-42）。
6 第 4 期に関しても具体的な投資目標を掲げることに批判が起こる中、国会審議で野党自民党議員が与党民主党の姿勢を問い質したことを受けて、科技政策担当大臣（当時）がそれに積極的な意思を表明した結果、調整が財政当局を含め政府内で一気に進み、「25 兆円」という目標の明記に至ったとのエピソード（有本ら 2016: 164）もある。
7 一般財団法人高度情報科学技術研究機構ホームページ（http://www.rist.or.jp/atomica/data/dat_detail.php?Title_No=10-04-05-01）を参照。
8 日本エネルギー会議ホームページ・安方護明「科学技術庁の DNA はどこに引き継がれたのか」（http://www.enercon.jp/%E6%9C%AA%E5%88%86%E9%A1%9E/3657/?list=contribution）。

※ 本章で引用したウェブサイトの最終アクセスは、いずれも 2018 年 9 月 5 日である。

参考文献

青木栄一・伊藤正次・河合晃一・北村亘・曽我謙悟・手塚洋輔・村上裕一（2017）「2016 年度文部科学省幹部職員調査基礎集計」『東北大学大学院教育学研究科研究年報』66 巻 1 号、177-198 頁。

秋山昌廣（2007）「海洋利用と海洋空間の管理―「海洋基本法」立法政策決定過程の分析を通して」『国際安全保障』35 巻 1 号、81-113 頁。

有本建男・佐藤靖・松尾敬子（2016）『科学的助言―21 世紀の科学技術と政策形成』東京大学出版会。

榎孝浩（2013）「科学技術イノベーション政策の司令塔機能の現状と課題」『レファレンス』平成 25 年 11 月号、99-121 頁。

大熊健司（2009）「科学技術庁政策の発展史」新技術振興渡辺記念会『科学技術庁政策史―その成立と発展』科学新聞社出版局、3-86 頁。

尾身幸次（1996）『科学技術立国論―科学技術基本法解説』読売新聞社。

尾身幸次（2003）『科学技術で日本を創る』東洋経済新報社。

科学技術政策史研究会［編］（1990）『日本の科学技術政策史』社団法人未踏科学技術協会。

木場隆夫（2002）「科学技術庁の政策形成過程」城山英明・細野助博［編］『続・中央省庁の政策形成過程―その持続と変容』中央大学出版会、25-44 頁。

鈴木一人（2012）『宇宙開発と国際政治』岩波書店。

鈴木淳（2010）『科学技術政策』山川出版社。

総務庁行政監察局［編］（1992）『科学技術行政の現状と問題点―総務庁の行政監察結果からみて』大蔵省印刷局。

武安義光（2009）「科学技術庁成立の軌跡」新技術振興渡辺記念会『科学技術庁政策史―その成立と発展』科学新聞社出版局、87-154 頁。

寺脇研（2013）『文部科学省―「三流官庁」の知られざる素顔』中央公論新社（中公新書ラクレ）。

前川喜平（2002）「文部省の政策形成過程」城山英明・細野助博［編］『続・中央省庁の政策形成過程―その持続と変容』中央大学出版会、167-208 頁。

村上裕一（2009）「原子力安全規制体制の課題（補論）―規制調査の現状と課題」『原子力法制研究会 社会と法制度設計分科会 中間報告』、133-160 頁。

村上裕一（2015）「「司令塔機能強化」のデジャ・ヴュ―我が国の科学技術政策推進体制の整備を例に」『年報 公共政策学』9 号、143-168 頁。

村上裕一（2016a）「政治と公共政策―科学技術の省庁再編をめぐって」北海道大学公共政策学研究センター［監修］・西村淳［編］『公共政策学の将来―理論と実践の架橋をめざして』北海道大学出版会、99-130 頁。

村上裕一（2016b）『技術基準と官僚制―変容する規制空間の中で』岩波書店。

村上裕一（2018）「国土政策と地方創生との関係について」小磯修二・村上裕一・山崎幹根［編著］『地方創生を超えて―これからの地域政策』岩波書店、65-96 頁。

付　記

　本章は、2018 年度日本政治学会研究会（分科会 B4：文部科学省の行政学的研究）における口頭発表の内容に加筆・修正を施したものである。上記分科会にて討論者として貴重なコメントをくださった牧原出先生（東京大学）など、本研究にご指導・ご協力くださった皆様には深く御礼申し上げる。

第 8 章
文部科学省設置後の幹部職員省内人事と
地方出向人事の変容

青木栄一

　本章は人事の観点から文部科学省設置後の省内の状況変化を明らかにする。注目するのは本省幹部職員人事と、地方自治体への出向人事である。前者の検討からは、大きな文部省と小さな科学技術庁という統合時点の組織規模に違いがありながら、科技系のプレゼンスが高いことや、文部系と科技系の中核的なポストはそれぞれが保持していることが明らかとなる。後者の検討からは旧文部省時代に都道府県の教育委員会への出向があり、文科省となってからも文部系職員が出向を継続している反面、科技系が地方自治体へ出向することはまれであることが明らかとなる。また、出向先が首長部局や、小規模市町村へと多様化するとともに、ノンキャリアの出向も増加傾向であることが示される。

1 人事の観点から官僚制を分析する意義

1 なじみの薄い中央省庁の人事

　文科省に限らず、中央省庁という官僚制組織を分析するための切り口はいくつかある。本書ではサーベイが大きな柱となっているが（第2章、第3章）、本章では人事の切り口から文科省の実像に迫っていきたい。

　改めて文科省の特徴をみてみると、統合省庁だということが大きな特徴である。総務省、国土交通省、厚生労働省などと同じく、文科省は複数の省庁が統合して設置された。このことによって、旧省庁が統合前にそれぞれの省庁で自前の事務次官を輩出できていた時代は過ぎ去り、統合によってそれが確実なものではなくなってしまう。これが統合省庁にとっては大きなインパクトをもたらす。

　まず、印象的なエピソードを紹介するところからこの章を始めよう。

　　「旧科学技術庁出身ながら、通常は旧文部省出身者が務める官房総務課長
　　や会計課長などの中枢ポストを歴任」（『毎日新聞』WEB 版 2018 年 7 月 4 日付）

　これは、文科省の局長級幹部職員が 2 名続けて逮捕され、その後、幹部職員が複数名辞職したケースに関わっての報道内容である。2 名のうち 1 名の幹部職員は、大臣官房の主要な課長ポストを歴任していたことが書かれている。後に紹介することになる本章の結論を知ればわかる通り、この報道内容には事実誤認が含まれている。この記事を素直に受け止めることはできない。たしかに、大臣官房総務課長と会計課長というポストは、人事課長（もしくは人事参事官）と並んで官房三課長といわれる格上の課長ポストであることは間違いない。その意味で「中枢ポスト」という表現は誤認ではない。しかしながら、「旧科学技術庁出身ながら、通常は旧文部省出身者が務める」という表現となると明らかに事実誤認である。本章の結論として示されることであるが、官房三課長に代表される大臣官房のポストは文部系によって独占されてはいない。実際は文部系と科技系がそれぞれ半分ずつの人数を占めてきた。さらにいえば、統合時点での組織や職員数の比率からみれば、科技系が官房ポストの半数を占めていることは、むしろ科技系は人事

の面で文部系よりも手厚い処遇を受けているとみることすらできてしまう。このことから、この報道は少なくとも文科省の人事慣行についての事実誤認からなされたものであるといわざるを得ない。もし、意図的にこのような誤った人事慣行を背景とした記事としたのであれば、読者をミスリードする意図すらあったのではないかと思えてくる。つまり、文科省のなかで人事上不利な立場である科技系でありながら、中枢ポストを歴任するほどの職員であるというイメージを強化していることになる。そこには「有能さ」よりも「やり手」のイメージを強化しようとする意図がうかがえる。やや無理筋の仕事ぶりをしながら出世をしてきたイメージである。この記事自体を強く非難するつもりはない。むしろ、中央省庁の人事慣行を社会がどの程度理解しているかが問われているケースだと考えたい。いわば社会の官僚制リテラシーが求められている。本章ではそうした問題意識を背景として分析を進めていく。

　ところで人事を分析する目的や意義は何か。それは単に出世コースや出世頭をあぶりだしたい、というような野次馬趣味、のぞき見趣味ではない。統合省庁の例でいえば、統合前の組織の壁を越えて人事が行われる必要が少なからず生じるだろう。その際、統合前の人事慣行とは異なるものが観察されるようになる。統合に実質的な意味をもたらすために当該省庁がどのような考えを持っているかは、人事方針に現れるのではないか。こうした狙いから人事研究を行う。また、人事に関する情報は組織編制（定員、機構図）や予算と並んで公開度が高い。つまり、サーベイのような調査コストがかからず、しかも誰でもアクセスできる情報であり、客観性も高い。今回は文科省に限定しているが、将来的には他省庁の人事情報を得てデータセットを構築すれば、省庁間の比較ができるし、中央省庁の人事の全体像も解明されることになる。さらに、旧科技庁時代の分析も行えば、文科省の科技系との連続性もしくは断続性も検証することができる。

2　官僚制の人事研究

　まず官僚制における人事研究を振り返ってみよう。本章もそうだが、官僚制の人事研究にはいくつかの類型がある。

　第1に、人事慣行の解明を目指したものである。この類型の研究では、個人

に注目すると、キャリアパスの解明が目的となり、組織に注目すると、人事慣行から浮かび上がる機関哲学や組織としての力点の置き所を解明することが目的となる。この類型は記述的な関心が強いといえる。こうした研究の背景には、中央省庁の人事が自律的だという前提がある。つまり、官邸からの影響は最小限度であり、中央省庁自らが人事を決定し、人事慣行を蓄積してきたという認識がこうした研究の背景にはある。あるポストの時系列分析が典型であるが、ある時期に官邸からの影響が大きければ分析上のバイアスやノイズとなってしまう。これまでの官僚研究では、中央省庁の人事上の自律性を前提として、分析上のバイアスやノイズが小さいという認識から分析がなされてきたといってよい。

　第2に、特定の命題に回答を与えるために、その説明要素として中央省庁の人事を分析するものである。具体例を三つあげておこう。一つ目は、政策の調整主体が中央省庁のどの部門が担っているかという命題に答えるものである（青木・荻原 2004、荻原・青木 2004、青木 2007）。一般に大臣官房が政策の調整を期待される部門である。その象徴的ポストが官房長である。もし省内の原局間の調整を大臣官房が担っているのであれば、官房長というポストは局長級ポストの中でも上位の扱いとなるはずである。その場合、官房長は初任の局長級ポストではなく、さらに官房長経験後に事務次官へ昇進することが多いのではないか。二つ目は、内部統制と政治介入の比較研究である（曽我 2018）。中央省庁の人事が自律的に行われるのか、政権党や官邸の影響力を受けて決定されるのかを分析するものである。三つ目は、環境変化と人事・組織との関係についての研究である（曽我 2000）。

　また、中央省庁の人事研究の対象について付言しておこう。これまで人事研究ではキャリア、いわゆる官僚、キャリア官僚を対象としてきた傾向が見受けられる（稲継 1996、大谷 2015）。キャリア官僚は英語表現ではファストトラックの職員といわれる。すなわち昇進のスピードが速い職員という意味であり、実態を明確に示している。幹部職員となるキャリア官僚は政策決定などで重要な役割を果たしていると想定されるため、研究上の関心も寄せられてきた。これに対して、近年ではノンキャリアに注目する研究も現れるようになった。文科省に関連したものとして渡辺（2018）がある。文科省は国立大学法人化前、国立大学職員から選抜して

本省に受け入れてきた。国立大学法人化後、各国立大学は人材の抱え込みを志向するようになり、文科省はノンキャリア（国家公務員一般職）の本省直接採用に踏み切ることになった。ノンキャリアの採用方法がひいては当該省庁の組織としての能力に関わっていることを示す研究である。

中央省庁の官僚制の人事研究の特徴として三つをあげておこう。第1に、個人に注目する。ある個人のキャリアパスを分析する方法が一般的である。人事データを用いた研究でも、たとえばある事務次官経験者がどのようなキャリアパスを経て事務次官に到達したかという視点が採用されている。オーラルヒストリーでは特にこの特徴が見受けられる。第2に、ポストに着目する。たとえば、歴代事務次官や歴代各局長について、属性やキャリアパス上の特徴を析出するような研究である。これは各省の機関哲学を析出することを目指す意図を（人事研究とは別に）併せ持っている研究である（驛 2013a、2013b、2014）。第3に、本章でもそうであるが、サブユニット間の資源配分の観点から、ポストの配分に着目するものである。これは特に統合省庁の研究に適合的である。統合前の単位（文科省でいえば、文部省と科技庁）別にポストがどのように配分されているかを明らかにする。

3　中央省庁等改革後の統合省庁の人事慣行の構想

文科省が設置された中央省庁等改革はある面で中央省庁の数を減らすことを狙いとしていた。こうして統合省庁が誕生することになったが、統合の程度や方向性は確たるデザインがあったわけではなさそうである。論理的に考えれば、統合省庁は人事上次のような人事慣行を取り得る。まず、①家屋内完全別居である。一つ屋根の下に同居することにはなったものの、実際には玄関（採用）も別々で、生活（人事管理）も別々というものである。②完全同居である。玄関も一緒、生活も一緒（キッチンや風呂も共用）というものである。しかし、実際には両者を両極として、その間のどこかに位置づくことになる。本章で明らかとなるのは、文科省では、まず玄関は表向きは共用となったものの、実質的には採用カテゴリが異なる（文部系は法律職などの事務系、科技系は技術系）。そして人事管理は、課長級までは人事課長と人事参事官によってそれぞれの系統が分離して行われている。それ以上の職位については融合が進んでいる。本章ではこの融合の程度や方向性に

ついて明らかにしていく。

　このように、中央省庁等改革という大きな外部環境の変動が官僚制に与える影響を検討する際に、人事研究というのはその変化を可視化しやすいという利点がある。

　なお、第1章でも記したことであるが、文科省という対象に、官僚制研究のメソドロジーを用いてアプローチすることは学術界の中で稀なことであった。文科省の所管する教育分野に関心を持つのは教育行政学であるが、官僚制研究そのものへの無関心が学界全体を通じた特徴であった。その主たる関心は地方教育行政、すなわち教育委員会制度であったため、中央省庁への関心が希薄であった。他方、官僚制研究を主として担ってきた行政学においても文科省を対象とすることはほとんど見受けられなかった。推測の域を越えないが、教育行政学との棲み分け意識があったのかもしれない。やや穿った見方をすれば、教育行政学がある時期まで反政府的なスタンスを前面に出していたこともあり、官僚制分析として行政学からみれば教育行政学は対話の相手方とみなせなかったのかもしれない。本章は官僚制研究の一つの手法である人事分析を行うことを通じて、文科省の実態を解剖しようとするものである。

　さて、ここで本章が明らかにしようとする問いを示したい。それは、統合省庁の一つである文科省において、その人事慣行がどのようなものかということである。より具体的には組織の統合後の人事慣行として広く観察される「たすき掛け」人事慣行が観察できるかどうかということである。この分析作業を通じて、文部系、科技系を依然として文科省内に存在するユニットとして考えた際に、それぞれがどのような利益を得るようになったのか、文科省全体としてみた場合に、新たに形成された人事慣行が何をもたらすかを示していく。これらの作業から、文科省一省を対象とした分析でありつつも、中央省庁等改革という環境変動によって、中央省庁の人事慣行はどのように変化したかを解明する一つの手がかりが得られる。

　「たすき掛け」人事とは何かについて簡単に触れておく。本章ではある組織において、各ポストへ、二つ以上の下位ユニットの出身者から交互、もしくは一定の順に充てる人事慣行のことと定義する。「たすき掛け」人事は中央省庁にだけみられるものではないし、中央省庁等改革以降初めて行われるようになったわけで

第 8 章　文部科学省設置後の幹部職員省内人事と地方出向人事の変容　215

もない。たとえば、第一勧業銀行は旧第一銀行と旧日本勧業銀行の統合後に役員人事から支店長人事に至るまで、たすき掛け人事を行ってきた（上田 1982: 48-51）。中央省庁等改革以前の中央省庁でもたすき掛け人事は行われており、旧建設省では事務次官ポストを事務官 2 年、土木技官 1 年で交互に交替する人事慣行が確立していた。事務次官に次ぐポストであった技監ポストについては、河川系と道路系の土木技官が交替で就いていた。さらに、国土交通省発足後は、事務次官ポストが旧建設省事務官、旧運輸省事務官、旧建設省技官、旧建設省事務官というローテーションが少なくとも 7 代続いている（藤田 2008: 64）。

4　出向人事

　中央省庁から地方自治体へ出向する人事慣行を出向人事という。いわゆる「天下り」とは異なるものである。「天下り」は中央省庁を退職した後、関連企業や法人へ再就職することを指す。これに対して出向人事は出向先から出向元へ復帰するのが前提である[1]。出向人事は政府間関係論の分野では中央政府の地方自治体に対する統制手段として把握されてきた。特に旧自治省系の官僚が都道府県の総務部長などの重要ポストを占めていることが問題視されてきた。それに対して、地方自治体が中央省庁からの出向人事を受け入れるのは戦略的意図があるからだとする研究が提示された（稲継 2000）。筆者も稲継の分析視角に沿って文部省時代の出向人事を分析し、文部省からの出向人事を地方自治体（教育委員会）が戦略的に受け入れている可能性を示した（青木 2003）。その後出向人事と地方自治体の政策選択との関係を明らかにした研究（林・金戸 2010、林 2014）や出向人事経験がその後の出向官僚のキャリアに与えた影響を検討した研究（大谷 2015）が表れた。

　本章では文科省本省の人事分析に加えて、文部系の地方自治体への出向人事を検討し、文部省時代の出向人事との比較を行うことで、文部系の人事慣行の変化を浮き彫りにしてみたい。なお科技系についての検討を行わないのは、科技庁時代の人事慣行についての研究が見当たらないことと、元来科技庁は地方自治体との関係が浅く、関連法人（現在でいえば JST、JAXA など）への出向が多かったことによる。

2 幹部職員人事からみる科技系のプレゼンス向上

1 文科省の幹部ポスト

本章の分析対象である幹部ポストは、事務次官、文部科学審議官、官房長、各局長（生涯学習政策局、初等中等教育局、高等教育局、科学技術・学術政策局、研究振興局、研究開発局、スポーツ・青少年局[2]）、国際統括官、文化庁長官、文化庁次長、生涯学習総括官、科学技術・学術政策局次長、科学技術・学術総括官、官房総括審議官、官房政策評価審議官、官房審議官（官房担当、各局担当）、官房課長（人事課、総務課、会計課、政策課、国際課）、官房人事参事官、人事課企画官（併）副長である。

これらのうち、事務次官、文部科学審議官、官房長、官房総括審議官、官房政策評価審議官、大臣官房各課長、官房人事参事官、人事課企画官（併）副長を官房系幹部ポストとし、残りを原局系幹部ポストとする。

データセットの作成手順は以下の通りである。『文部科学省国立大学法人等幹部職員名鑑』（文教ニュース社）（以下、『名鑑』）の2001～2016年版から、上記幹部ポストに就いている職員名をとりあげ、それぞれ旧文部省、旧科技庁、その他（他省庁、民間人）にコーディングした。名鑑の性質上、在任期間の短い職員が漏れることがある。この名鑑は毎年おおむね8月下旬時点の情報で10月上旬頃に刊行されている。たとえば10月から翌年7月まで在任したケースでは名鑑に一度も掲載されないこととなる。ただし、このような事例は6ケースが確認されているだけである[3]。

2 官房幹部ポスト

事務次官についての分析結果（**表8-1**）を詳しくみていこう。『名鑑』では旧文部省出身者が11年、旧科技庁出身者が5年在任している。ただし、旧文部省2年、旧科技庁1年である。実際の在任期間や出身省庁をみると、以下のようになっている。

文部（2年）、文部（2年）、科技（1.5年）、文部（2年）、科技（1年）、

文部（1.5 年）、科技（1.5 年）、文部（2 年）、科技（1 年）、文部（0.5 年）[4]

　文科省がスタートした直後は 2 代文部系が続き、その後、科技系、文部系と交互に就任する人事慣行が確立した（辻 2009）。個々の在任期間は必ずしも文部系 2 年、科技系 1 年というわけではない。ただし、当該期間全体でみると、それぞれの出身者別の在任期間は 10 対 5 となり、文部系の方が科技系よりも長い。これは先にみた旧建設省事務次官の人事慣行下の事務官と技官の在任期間の状況と類似している。

　官房系幹部ポストでは合計ポスト 227 のうち、文部系 114、科技系 113 である。この数値の単位は年・人である。つまり、毎年の人事データで当該ポストに就いている職員の出身省庁で分類したものである。同じ職員が二年連続で同じポストに就いていた場合には「2」とカウントする。先にみた通り、事務次官ポストの内訳は文部系 11、科技系 5 である。文部科学審議官は全 32 のうち文部系 16、科技系 16 と半分ずつ分け合っている。

　二つの文部科学審議官ポストは文部系と科技系に分有されており、後任は同じ省庁出身者が就いている。この点は第 6 章の分析を合わせてみるとさらに興味深い。2015 年についてみると、文部系の文部科学審議官室の隣には総括審議官室があり、文部系が入室している。他方、科技系の文部科学審議官室の隣には政策評価審議官室（2016 年からサイバーセキュリティ・政策評価審議官と職名が変更となった）があり、科技系が入室している。2016 年の文部系の文部科学審議官室の隣にはサイバーセキュリティ・政策評価審議官室があり、文部系が入室している。他方、科技系の文部科学審議官室の隣には総括審議官室があり、科技系が入室している。つまり、部屋割りからみると、二つの文部科学審議官室の間に二つの官房系審議官室が置かれているものの、そこには機能的な分担関係は考慮されておらず、出身省庁のつながりだけが重視されているようである。科技系の文部科学審議官の隣に必ず政策評価審議官が入室している（科技系の方が政策評価を得意分野とするといった考えが省内で共有されている）わけではない。もちろん、これを「適材適所」というマジックワードで「説明」することは可能であるが、少なくとも「たすき掛け」人事の典型例としてみることもまた可能である。

表8-1 文部科学省幹部職員人事(2001～2016年)

	2001	2002	2003	2004	2005	2006	2007	2008
事務次官	文	文	文	文	科技	科技	文	文
文部科学審議官	文	文	文	文	文	文	文	文
文部科学審議官	科技	科技	科技	科技	科技	科技	科技	科技
官房長	科技	科技	科技	科技	文	文	科技	科技
官房総括審議官	文	文	文	文	科技	文	文	文
官房政策評価審議官					文	科技	科技	科技
官房審議官(官房担当)	科技	科技	科技	科技	文	文		
官房審議官(官房担当)				文				
官房人事課長	文	文	文	文	文	文	科技	文
官房参事官	科技	科技	科技	科技	科技	文	科技	科技
人事企画官(併)副長	文	文	文	文	文	文	文	文
人事企画官(併)副長	科技	科技	科技	科技	科技	科技	科技	科技
官房総務課長	文	文	文	科技	科技	文	文	科技
官房会計課長	科技	科技	科技	文	文	科技	科技	文
官房政策課長	科技	科技	科技	科技	科技	科技	文	科技
官房国際課長	文	文	文	科技	科技	文	文	文
生涯学習政策局長	文	文	文	文	文	文	文	文
生涯学習総括官				文	文	文	文	文
官房審議官(生涯学習政策局担当)	文	科技	科技	科技	運輸省	運輸省	運輸省	文
初等中等教育局長	文	文	文	文	文	文	文	文
官房審議官(初等中等教育局担当)	文	文	文	文	文	文	文	文
官房審議官(初等中等教育局担当)	文	文	文	文	文	文	文	文
高等教育局長	文	文	文	文	文	文	文	文
官房審議官(高等教育局担当)	文	文	文	科技	文	文	科技	科技
官房審議官(高等教育局担当)		文	文	文	科技	文	文	文
科学技術・学術政策局長	科技	科技	科技	科技	科技	科技	科技	科技
科学技術・学術政策局次長	文	文	文	文	科技	科技	科技	科技
科学技術・学術総括官					文	文	文	科技
官房審議官(科学技術・学術政策局担当)								
研究振興局長	文	文	文	文	文	文	科技	文
官房審議官(研究振興局担当)	科技	科技	科技	科技	科技	科技	科技	科技
研究開発局長	科技	科技	科技	科技	科技	科技	科技	科技
官房審議官(研究開発局担当)	文	文	文	文	文	科技	科技	通産省
官房審議官(研究開発局担当)					科技	科技	通産省	科技
国際統括官	科技	科技	科技	文	文	科技	文	文
スポーツ・青少年局長	文	文	文	文	文	文	文	文
文化庁長官	文	大学	大学	大学	大学	大学	大学	大学
文化庁次長	文	文	文	文	文	文	文	文
文部系	20	19	19	20	20	20	19	19
科技系	11	12	12	14	14	14	13	14
その他	0	1	1	1	2	2	3	2
総ポスト数	31	32	32	35	36	36	35	35

注)本表は東北大学大学院教育学研究科大学院生の伊藤愛莉氏に協力を頂き作成された。
出典)『文部科学省国立大学法人等幹部職員名鑑』各年版より作成。

2009	2010	2011	2012	2013	2014	2015	2016	文部系	科技系	その他	計
科技	文	文	科技	文	文	科技	文	11	5	0	16
文	文	文	文	文	文	文	文				
科技	科技	科技	科技	科技	科技	科技	科技	16	16	0	32
文	科技	科技	文	科技	科技	文	科技	5	11	0	16
科技	文	文	科技	文	文	科技	文	12	4	0	16
文	科技	科技	文	科技	科技	文	科技	4	8	0	12
								3	4	0	7
文	文	文	文	文	文	文	文	15	1	0	16
科技	科技	科技	科技	科技	科技	科技	科技	1	15	0	16
文	文	文	文	文	文	文	文				
科技	科技	科技	科技	科技	科技	科技	科技	16	16	0	32
科技	科技	科技	科技	文	文	文	文	9	7	0	16
文	文	文	文	科技	科技	科技	科技	7	9	0	16
科技	科技	科技	科技	科技	科技	科技	科技	1	15	0	16
文	文	文	文	文	文	文	文	14	2	0	16
文	文	文	文	文	文	文	文	16	0	0	16
文	文	文	文	文	文	文		13	0	0	13
科技	科技	科技	文	文	農水省	農水省	農水省	4	6	6	16
文	文	文	文	文	文	文	文	16	0	0	16
文	文	文	文	文	文	文	文	16	0	0	16
文	文	文	文	文	文	文	文	16	0	0	16
文	文	文	文	文	文	文	文	16	0	0	16
科技	科技	科技	文	文	文	文	文	10	6	0	16
文	文	文	科技	文	科技	科技	科技	10	5	0	15
科技	文	文	科技	科技	科技	科技	科技	2	14	0	16
科技	科技	科技	科技	科技	民間	民間		3	10	2	15
文	文	文	文	文	文	文		12	1	0	13
							科技	0	1	0	1
文	科技	科技	文	文	文	文	文	13	3	0	16
科技	文	文	科技	科技	科技	科技	科技	2	14	0	16
科技	科技	科技	科技	科技	科技	科技	科技	0	16	0	16
科技	科技	科技	科技	科技	科技	科技	科技	5	10	1	16
通産省	通産省	通産省	通産省	文	文	文	文	4	3	5	12
文	科技	科技	科技	科技	科技	科技	科技	5	11	0	16
文	文	文	文	文	文	文		15	0	0	15
文	外務省	外務省	外務省	大学	大学	大学	大学	2	0	14	16
文	文	文	文	文	文	文	文	16	0	0	16
20	19	19	19	21	19	19	18	310			
14	14	14	14	13	13	13	14		213		
1	2	2	2	1	3	3	2			28	
35	35	35	35	35	35	35	34				551

官房長は 2016 年までに文部系が 5、旧科技庁出身が 11 である。そして官房長ポストは事務次官ポストときれいに「シンクロ」している。つまり、事務次官が文部系の場合、官房長は常に科技系が就く。「たすき掛け」人事が貫徹しているのが、事務次官と官房長である。

　官房系審議官は文科省設置当初は官房総括審議官と官房審議官（官房担当）の二つのポストが置かれており、2004 年まで前者に文部系、後者に科技系が就いた。2004 年には官房審議官（官房担当）ポストが一つ増え、文部系が就いた。その後 2005 年に官房政策評価審議官ポストが新設され、官房総括審議官に初めて科技系が就き、官房政策評価審議官には文部系が就いた。官房審議官（官房担当）には文部系が就いた。2006 年には官房総括審議官に文部系、官房政策評価審議官に科技系、官房審議官（官房担当）に文部系が就いた。2004 年から 2006 年までの 3 年間は官房系審議官ポストが三つあり、文部系が二つ、科技系が一つ就く状態が続いた。2007 年から官房系審議官ポストは二つとなり、それぞれのいずれかを文部系と科技系で分け合うようになった。

　官房には人事、総務、会計の三課長（官房三課長）が置かれており、これらのポストは個室が与えられるという可視化された別格扱いがなされるポストである（政策課長、国際課長にも個室が与えられる）。さらに官房人事課長の隣室には官房人事参事官という課長級ポスト用の個室があり、実質的にもう 1 人の人事課長として機能している[5]。人事課長には 2006 年を除いて文部系が就き、官房人事参事官には 2006 年を除いて科技系が就いている[6]。さらに、人事企画官（併）副長ポストが二つ置かれており、それぞれ文部系、科技系が就いている。

　次に総務課長をみてみよう。座席表をみると、事務次官、官房長、総務課長室は同じエリアに配置されている。基本的に、総務課長には事務次官と同じ出身省庁の職員が就く。例外的に 2004 年（事務次官：文部系、総務課長：科技系）、2006 年（事務次官：科技系、総務課長：文部系）、2008 年（事務次官：文部系、総務課長：科技系）、2010 年・2011 年（事務次官：文部系、総務課長：科技系）、2015 年（事務次官：科技系、総務課長：文部系）で事務次官と総務課長ポストの出身省庁が同一でなかった。これらをふまえると、事務次官、官房長、官房総務課長の 48 ポストのうち、25 が文部系、23 が科技系となっている。

会計課長[7]についてみると、その出身省庁は総務課長の出身省庁と対照的である。たとえば、2016年の会計課長は科技系であり、総務課長は文部系である。政策課長は基本的に科技系のポストとして運用されてきた一方で、国際課長は文部系のポストとされてきた。例外は2004年・2005年（いずれも科技系）、2007年（いずれも文部系）である。

3　原局幹部ポスト

ここからは原局の幹部ポストについてみていこう。まず教育三局である。生涯学習政策局については、生涯学習政策局長、官房審議官（生涯学習政策局担当）、生涯学習総括官（2004年から）の三つのポストを対象とする。生涯学習政策局長と生涯学習総括官は文部系が常に就いている。官房審議官（生涯学習政策局担当）ポストは文科省設置当初は文部系（2001年）、科技系（2002年から2004年）出身者が就いてきたが、その後、他省庁からの出向を受け入れるようになった。2005年から2007年は国交省（旧運輸省）、2014年から2016年は農林水産省からの出向者が就いた。

初等中等教育局については、初等中等教育局長、二つの官房審議官（初等中等教育局担当[8]）の三つのポストを対象とする。これらのポストにはすべて文部系が就いている。これは他の原局ではみられないことである。

高等教育局については、高等教育局長、二つの官房審議官（高等教育局担当）の三つのポストを対象とする。高等教育局長はすべて文部系が就いている。これに対して官房審議官（高等教育局担当）には科技系も就いており、全体で文部系20、科技系11である。

次に、研究三局である。科学技術・学術政策局については、科学技術・学術政策局長、科学技術・学術政策局次長、官房審議官（科学技術・学術政策局担当）[9]、科学技術・学術総括官の四つのポストを対象とする。科学技術・学術政策局長については、ほぼすべて科技系が就いている。2010・2011年だけ文部系であった。科学技術・学術政策局次長は、科技系10、文部系3、民間2であった。初代の官房審議官は科技系であった。局長と次長が同時に文部系となったことはない。文科省設置当初、局長に科技系、次長に文部系が充てられ

が 2004 年にはそれが崩れ、両方のポストに科技系が就くようになった。科学技術・学術総括官が置かれるようになったのが 2004 年からであり、ポスト新設以降、基本的に文部系ポストとなっている。例外的に 2007 年に科技系が就いた。

研究振興局については、研究振興局長、官房審議官（研究振興局担当）の二つのポストを対象とする。研究振興局長は文部系 13、科技系 3 である。これはこの局が統合前の文部省学術国際局の流れも汲んでいるためであろうか。これに対して、官房審議官は文部系 2、科技系 14 である。

研究開発局については、研究開発局長、二つの官房審議官（研究開発局担当）[10]の三つのポストを対象とする。研究開発局長はこれまですべて科技系が就いてきた。官房審議官（研究開発局担当）についても科技系が比較的多く就いてきた（文部系 9、科技系 13）が、他省庁からの出向者が 6 という点が特徴的である[11]。

国際統括官は局長級ポストである。文科省発足当初は科技系が就いた（2003 年まで）。その後、文部系、科技系のいずれも就いていたが、2010 年以降は継続して科技系が就いている。

スポーツ・青少年局はスポーツ庁設置（2015 年 10 月）まで置かれていた局である。スポーツ・青少年局長には 15 年間すべて文部系が就いた。文化庁長官はほとんどの場合、民間人が就くが、ごくまれに文科省職員が就くことがある。これまで文部系が 2 年就いたことがある。他方、文化庁次長は 16 年間すべて文部系が就いてきた。

4　科技系が得た統合の果実

以上をまとめてみよう。まず、官房系ポストについては、文部系、科技系が拮抗していることがわかった。原局幹部ポストについては、教育三局と研究三局それぞれで文部系、科技系が数の面で多く就いていることがわかった。教育三局では局長はすべて文部系である。さらにいえば、スポーツ・青少年局長、文化庁次長についてもすべて文部系が就いてきた。研究三局については延べ 48 局長ポストのうち 33 ポストが科技系であったことから、文部系も研究三局に「進出」しているともみえる。ただし、各原局ではそれぞれの出身者が就いており、幹部職員グループ内では両者のバランスが保たれているといえる。ここでみてきた計 551 ポス

トのうち文部系 310、科技系 213、その他 28 であった。科技系の組織規模や定員からみると、旧官房系ポストはもとより、原局幹部ポストについても、科技系の文科省の中でのプレゼンスは高いといえるだろう。特に、原局幹部ポストを維持しつつ、官房系ポストをいわば「折半」している状態というのは「小が大を制する」ために有効な戦略ともいえる。

　局長ポストの「格」についてみてみよう。当該ポストを含む、局長ポストの経験数の平均値は、官房長 1.9、生涯 2.2、初中 2.3、高等 2.5、科政 1.3、振興 1.4、開発 1.2、スポ 1.3、文化 1、国際 1.2 である。これをみると、高等教育局長ポストが省内で最重要視されていることになる。官房長は初任の局長ポストとまではいかないにせよ、格上ポストとはいえない位置づけであり、文部省時代にいったん上昇した官房長ポストの位置づけがやや低下したようにみえる[12]。ただ、文科省となってからの事務次官の官房長経験をみると、全 10 代のうち 7 人が官房長経験者（うち 1 人は文部省時代）であり直近 4 代が官房長経験者である。官房長ポストは事務次官への登竜門ではあるが、局長ポストとしては初任ではないにしてもおおむね二つ目の局長ポストという運用がなされているようである。

　局長ポストの官房三課長経験についてみると、96 人中 72 人が官房三課長を経験している。官房長 100％、生涯 70％、初中 100％、高等 90％、科政 72％、振興 80％、開発 88.9％、スポ 86％、文化 55.6％、国際 0％である。科政局長が研究三局の筆頭局であるのに官房三課長経験が重視されていないのが意外である。科技系系統の人事ではそれほど官房三課長の経験が重視されないのだろうか[13]。この点は科技庁時代の人事慣行と今後の科技系の人事運用の推移をみながらの詳細な検証が必要である。

　ちなみに、文部科学審議官についても局長経験数[14]をカウントしたところ、文部系が 3.3、科技系が 3.7 であった。おおよそ二つから三つ局長ポストを経験して文部科学審議官へ昇格するのが平均的である。

　最後に事務次官のキャリアパスについてみてみよう。地方自治体への出向は、文部系全員（6 人）が経験しているが、科技系は経験していない。海外への出向や長期出張の経験については、科技系全員（4 人）が経験している一方で、文部系のうち 1 人しか経験していない。法人への出向経験については、科技系全員

が経験している一方で、文部系では1人しか経験していない。官邸・内閣官房・内閣府への出向経験については、文部系4人だけが経験している。出向が官僚としての「幅」を拡げる機会となるならば、文部系にとっては事実上の出先機関としての地方自治体への出向が何よりも重要なのでありドメスティックなキャリアパスの最終到達点としての事務次官という位置づけであろう。他方、科技系にとっては法人への出向経験が、文部系にとっての地方自治体への出向と同様の意味があるのだろう。ただし、これに加えて、海外への出向が「必修科目」となっているところに科技系の特徴がある。局長以上の経験数（事務次官含む）は、文部系4.2、科技系4.5である。文部科学審議官から直ちに事務次官に昇格していることが数値からも示されている。つまり、局長ポストを二つから三つ経験し、その中で官房長を比較的早めに経験した後、文部科学審議官を務め、事務次官へ昇格するというのが文科省の事務次官への「出世コース」の平均的な姿である。

3　地方出向人事からみる文部系ネットワークの変容

1　出向人事の概要

まず中央省庁の地方自治体への出向と、地方自治体から中央省庁への出向それぞれの全体像を確認しておこう。文科省は地方支分部局をもたず、本省組織だけであるが、他省庁には地方支分部局を持つところもある。そこで本省からの出向、本省への出向についてみてみよう（表8-2）。本省から地方自治体への出向数が多いのは、総務省、国交省であり、年間250件から300件である。次いで農水省と厚労省で100件程度である。文科省はこれらに次いで50〜60件である。地方自治体から本省への出向者数の多いのは、国交省、総務省、農水省、文科省、厚労省であり、いずれも60〜70件である。文科省については、他省と異なり、「輸入超過」ということである。つまり、文科省本省から地方自治体への出向者数よりも、地方自治体から文科省本省への出向者数の方が多いということである。

2　文科省の地方自治体への出向人事

文部省時代の地方自治体への出向人事は筆者の研究によりすでに明らかとなっ

表 8-2　出向人事の実態（2009 〜 2017 年）

国から地方	2009	2010	2011	2012	2013	2014	2015	2016	2017	総数	平均
総数	1011	1037	1058	1055	994	1003	1039	1063	1043		
総務省	293	296	305	293	284	266	260	264	283	2544	282.7
文部科学省	49	53	50	51	47	58	59	64	56	487	54.1
厚生労働省	89	93	99	98	88	97	97	98	96	855	95.0
農林水産省	102	95	99	104	109	117	129	126	131	1012	112.4
国土交通省	242	255	255	277	252	242	248	248	222	2241	249.0

地方から国	2009	2010	2011	2012	2013	2014	2015	2016	2017	総数	平均
総数	1014	1066	1140	1205	1242	1308	1325	1373	1457		
総務省	89	69	72	71	72	77	74	78	88	690	76.7
文部科学省	55	60	60	60	60	78	72	70	87	602	66.9
厚生労働省	61	59	58	61	57	67	59	61	63	546	60.7
農林水産省	61	58	59	65	68	74	73	78	83	619	68.8
国土交通省	35	39	43	51	56	63	75	97	109	568	63.1

出典）内閣官房「国と地方との間の人事交流の実施状況」各年版（2009 年から 2013 年までは総務省調査）より作成。

ている（青木 2003）。文教ニュース社『文部省幹部職員名鑑』（各年版）に掲載された地方自治体への出向者情報からデータセットを構築した。事例の集計方法であるが、ある職員がある県のあるポストに連続して 2 年間出向していた場合、2 事例とした。1977 年から 2000 年までの 825 事例が観察されている。つまり 825 事例というのは延べ数を示したものである。

　さて、825 の出向事例のうち、都道府県教育委員会への出向が 695 事例（82.4％）と大部分を占めていた。都道府県（知事部局）へは 68 事例（8.2％）、市町村へは 10 事例（1.2％）、市町村教育委員会へは 52 事例（6.3％）だった。

　これに対して、文科省となってからの出向人事は 2001 年から 2016 年までの間に 798 事例確認できる（青木・伊藤 2018）。まず 1 年あたりの出向人事数が増加している。文部省時代は 24 年間で 825 事例（年平均 34.4 事例）であったが、文科省となってからは 16 年間で 798 事例（年平均 49.9 事例）となった。出向先にも大きな変化が生じた。最も多い出向先は依然として都道府県教育委員会であるが、全出向人事に占める比率は 6 割を切った（56.9％、454 事例）。次に多いのは市町村教育委員会である（24.1％、192 事例）。その次に都道府県（12.0％、96 事

例)、最後に市町村（7.0%、56事例）である。

　文部省時代の出向先をみると、市町村への出向はほとんどなく、都道府県（教育委員会を含む）に出向が集中していたことがわかる。そもそも市町村への出向自体が稀なものであった。個別事例を詳細にみると、政令市4市（仙台市、千葉市、北九州市、福岡市）、一般市7市（北茨城市、成田市、掛川市、金沢市、垂水市、出雲市、鳴門市）への出向が確認されたものの、町村への出向は皆無であった。一般市への出向は1990年代に入ってから確認されるようになったものである[15]。政令市への出向も北九州市教育長（1980年から95年）、福岡市教育長（1977～78年）、同教育次長（1979～81年）を除いて、1990年代のものであった。文部省時代は出向先として市町村（教育委員会を含む）は対象外だったといえる。これに対して、文科省となってからは出向先として市町村教育委員会が存在感を増していることがわかる。他方、都道府県、市町村それぞれの首長部局に対しては、出向先としてのシェア自体は文部省時代よりも増えているものの、都道府県と市町村の教育委員会への出向シェアに比較すると少ない。文部省時代は都道府県と市町村の教育委員会への出向は合わせて9割だったものが、文科省となってからは合わせて8割となっている。つまり、かつては教育委員会対首長部局の出向シェアは9対1だったものが8対2となった。文科省にとって地方自治体への出向先として重要なのは教育委員会であることに変わりはなく、その中でも市町村教育委員会が重みを増している。

　次に、キャリアと非キャリア別に検討してみよう。一般にキャリアは官僚の代名詞であり、ノンキャリアがその反意語として用いられる。しかし、文部（科学）省の場合には、学校建設を担う技官が文部省時代から存在していた他、そして教員経験のある職員も勤務する。後者は都道府県の初等中等学校で教員をした後、都道府県教育委員会などで教育行政経験を経て文部省へ移籍（視学官、教科調査官など）した職員である。これらを包括した呼称として、一般職（かつてのII種職員）の代名詞であるノンキャリアではなく、非キャリアを用いる。文部省時代は出向者の9割がキャリアであり、非キャリアの出向者は全体の1割に満たなかった。さらに、キャリアの出向者のうちほとんどが都道府県（教育委員会含む）へ出向したものであり、市町村（教育委員会含む）への出向者はキャリアの出向者の1割

に満たない。非キャリアの出向先についてもキャリアと同様で都道府県がほとんどであり、市町村へ出向した非キャリアはわずかに3事例に過ぎない。これに対して、文科省となってからの地方自治体への出向は大きく様相が変わっている。まず、全出向事例のうち約8割がキャリアによって占められている。文部省時代は9割がキャリアの出向だったことから、ややシェアが低下したことがわかる。キャリアの出向先としては都道府県が依然として最も多い状況は変わらないが、市町村への出向もシェアは二倍に拡大した。非キャリアについてみると、都道府県への出向は、出向数、シェアともに減った。その一方で市町村への出向が激増していることが注目すべき変化である。これが文科省になってからの地方自治体への出向人事の最も大きな変化である。

　全体を通じてみると、文部省時代はキャリアが都道府県教育委員会へ出向する事例がほとんどであったものが、文科省となってからはいくつかの面で多様化が進んだ[16]。第1に、出向先が多様化し、都道府県教育委員会への出向ばかりではなくなった。市町村教育委員会への出向も増えた。さらに、教育委員会への出向が首長部局への出向よりも多いことに変わりはないが、それでも首長部局への出向はシェアを増やしてはいるのも確かである。第2に、出向者の属性についてであるが、非キャリアのシェアが増えた。このことは非キャリアの処遇が省内で変化したことをうかがわせる。国立大学法人化によってノンキャリアの本省直接採用が開始されるなど、かつての国立大学と文科省本省の間でのノンキャリアの異動慣行が失われた。そのことが本省のノンキャリアの異動先として国立大学の代わりに地方自治体が期待されるようになった可能性がある。もちろん、これは文科省本省の論理であるが、他方で地方自治体にもノンキャリアを中心とした非キャリアを受け入れる状況が現出しているかもしれない。2000年の分権改革がトリガーとなってから、地方自治体では独自の教育政策を立案、実施することが珍しくなくなっている。そうした地方自治体にとって必要な人材として非キャリアが注目されているのかもしれない。実際に、ある政令指定都市では、公立小中学校教職員の給与負担権限の都道府県からの移譲をうけて、文科省の初等中等教育局のノンキャリアを受け入れている。こうした出向元である文科省と出向先である地方自治体双方の利益が一致することで非キャリアの出向が増えているものと推測できる。

文部省時代の地方自治体への出向人事分析（青木 2003）でも指摘した通り、地方自治体が出向人事を受け入れる（あるいは出向を要請する）背景には改革のエージェントとしての出向者ニーズがある。たとえば、長野県で初めて文科省からの出向者となった職員はそのことを明確に自覚して職務に邁進した[17]。

なお、本章では科技庁時代の地方自治体への出向は扱っていないが、文科省となってからの出向人事データから旧科技庁出身者の地方自治体への出向について、ここでふれておきたい。旧科技庁出身者もしくは文科省設置後に科技系として採用されたと思われる職員の出向例は 798 事例のうち、21 事例（2.6％）である。いずれも首長部局への出向である。具体的には、つくば市（4 事例）、東海村（3 事例）、神奈川県（5 事例）、神戸市（9 事例）である。多くが科学技術に関するポストへ出向している。つくば市では企画部主幹（2011〜2013 年）、科学技術振興部長（2016 年）、東海村では理事・企画政策部長（2010〜2012 年）、神奈川県では県企画部科学技術振興課長（2001〜2004 年）、科学技術政策担当部長（2016 年）、神戸市では企画調整局参事（2003〜2004 年）、同（医療産業連携担当）（2007〜2008 年）、同（科学技術担当）（2009〜2010 年）、企画調整局科学技術担当部長（2014〜2016 年）が確認されている。なお、神戸市企画調整局科学技術担当部長については、2012 年から 2013 年までは文部系が就いていた。つまり、文部系から科技系へ出向ポストが移った唯一の例と思われる例である。

4 一つの家屋に同居する二つの家庭？

ここまで記してきたことから、人事面からみた文科省の姿を検討してみよう。まず、明確にいえることとして、文科省は文部省とは異なる姿を私たちにみせているということである。これはあまりにも自明な言明である。しかし、多くの人々が文科省を文部省の延長線上としてしかみていないのではないだろうか。実際には文科省は文部省と科技庁が統合して誕生した新しい行政組織である。旧科技庁の要素を無意識のうちに捨象してしまうことで文科省の真の姿がみえなくなってしまう。本章はそれを人事分析から可視化してきた。

幹部職員人事分析からわかったのは、文部系と比較して組織規模の小さかっ

第 8 章　文部科学省設置後の幹部職員省内人事と地方出向人事の変容　229

た科技系が、統合後の幹部職員人事では省内で高いプレゼンスを獲得していることである。事務次官は文部系と科技系から交互に就く慣行が確立しており、文部科学審議官、官房長、官房担当審議官などの枢要なポストは完全な「たすき掛け」人事が確立している。さらに原局においては、教育三局と研究三局それぞれについて、文部系、科技系が局長ポストをほぼ独占している[18]。さらにいえば、科技系は密接に関わりのある高等教育局の官房審議官ポストにも「進出」している。統合前の組織規模からみて科技系は文部系との統合の「果実」を獲得したといえるだろう。

　さて、ここで第一勧業銀行[19]の人事慣行に立ち戻ってみよう。第一勧銀での人事は、人事第一部（旧第一）、人事第二部（旧勧銀）に分かれて発令がなされていたそうである。そのため「私が支店長の時でしたが、人事第二部から直接次長に電話がかかってきて、どこそこへ異動すると発令が出るんだ。支店長を差しおいてね。後で次長から赴任先を聞くんだが、はて、また、その後任もわからない。つまり、支店長は部下がどこに行き、その後、どんな人間がくるのかしらないわけだ。まったく、驚いた」（上田 1982: 50-51）という旧第一系の支店長の証言となるわけである。この第一勧銀の様相と比較してみると、文科省の人事はどうみることができるか。まず、省内に事実上二つの人事課が存在していることは確かであろう。人事課長と人事参事官がそれぞれ文部系と科技系の人事を担っている。課長よりも下位の職位の人事については入り口（入省）から二系統で進められると思われる。その意味では第一勧銀の支店人事と似ているように思われる。それでは、課長級以上の幹部人事となるとどうか。まず大臣官房については「たすき掛け」が徹底しており、新しい事務次官が誕生した際には、それに伴って幹部職員は文部系、科技系が入れ替わる。その意味では人事の融合は貫徹してはいないと考えることができる。さらに、原局の幹部人事については基本的に教育三局と研究三局に分かれて人事が行われている。第一勧業銀行は銀行であるから合併以前の業務も似通っている（もちろん、合併前にはそれぞれの得意分野は異なっていたが）。これに対して省庁の場合は銀行ほどには業務の内容は似通ってはない。そのため原局の融合が進んでいないのも頷けることではある。むしろ、科技系の高等教育局への「進出」という現象は珍しいものとみることもできる。つまり、異なる組織が一つ

の組織となった場合において、銀行の例では「たすき掛け」という人事慣行は批判されやすいが、行政組織の場合は、対象となる行政分野が異なる組織の統合であれば「たすき掛け」自体はそこまで批判されるべきものではないだろう。

　本章の分析を通じて興味深いことを指摘したい。それは科技系が統合の「果実」を得たことである。統合時点の定員規模で明らかに旧文部省よりも小さな組織だった旧科技庁が、大臣を戴く省の事務次官ポストを手中にしたことは極めて重要な意義を持つだろう。大臣官房のポストについても文部系と匹敵するポスト数を得ている。さらに、文部系ポストの原局にも「進出」している。少なくとも人事の面では科技系は統合の効果を実感しているはずである。

　もちろん、統合の効果を考える際には、人事や組織面の考察にとどまってはいけない。政策面でどのような変化が生じるのかを検討する必要がある。それは今後の課題としたいが、ここではそのことに関連して文科省の地方自治体への出向人事について触れておきたい。文科省から地方自治体への出向ポストは依然として文部系の「独占」となっている。科技系が教育委員会に出向しても満足に業務を完遂できないのだろうかと単純に思う。このあたりに文部系の最終防衛ラインがあるのかもしれない。そう考えると初等中等教育局の局長と審議官ポストが文部系によって独占されてきたことにも合点がいく。初等中等教育局はその政策実施を地方自治体に依存している[20]。これらのポストを科技系に「開放」することはなんとしても避けたいのではないだろうか。サーベイデータでも、文科省と地方自治体との関係が今後「かなり密接になる」と回答した割合は、文部系25%、科技系12.5%、全体で20.0%であった。文部系は地方自治体との関係を重視している。さらに、地方自治体の仕事ぶりの評価については、「かなり肯定的」と回答した割合は、文部系9.1%、科技系0%、「やや肯定的」と回答したのは、文部系38.6%、科技系16.7%であった。つまり、文部系にとって初等中等教育行政は幅広い所管分野の中でも最重要領域であり、地方自治体はその初等中等教育政策実施の上で重要な存在であるため、初中局のポストと地方自治体への出向ポストを「死守」しているとみることができる[21]。もし、そのことが初等中等教育行政のイノベーションを疎外しているとすれば、こうした人事慣行は改めることを検討してもよいだろう。ただ、そうはいっても、科技系が教育委員会事務局に出向する

のは経験してきた業務とのマッチングの観点からはリスクがあるかもしれない。

　以上のことから、比喩的に文科省の人事分析を通じてみえてくる文科省の姿とは、一つ屋根の下に二つの家族が同居しているものの、玄関は別々に作られていて、キッチン、風呂、トイレは共用しているが、順番に使用していて、リビング（大臣官房）でも二つのテレビをそれぞれ視聴しているといえるだろう[22]。

　しかし、それでも一つ屋根の下で同居していることの意味合いはあるのではないか。それは人事、組織分析からは垣間みることは難しいが、第7章で行った政策分析からはこの点についてのさらなる解明が必要であることはうかがえる。比喩的にいえば、別々の家屋に居住せず、共用しているのであれば、そこには自ら共用のルールというものができているはずである。また家長たる大臣チームは一つであるし、そのもとで家事を切り盛りするのも一つの個人（＝事務次官）である。焼肉パーティーを一緒にするのであれば、ある程度の対立や譲り合いもあるだろう。そして同居が16年も続けば何らかの統一感も少しは生まれているかもしれない。それは今後の研究によって明らかにしていきたい。

注

1　内閣人事局「国と地方公共団体との間の人事交流の実施状況」の定義。
2　スポーツ・青少年局は、スポーツ庁が設置された2015年10月1日の改組で廃止された。そのためスポーツ・青少年局長は2015年までがデータ収集と対象となっている。なお、スポーツ庁長官は民間人が任命され、スポーツ長次長が官僚のポストとなっている。初代、二代目ともに文部系の職員が就いている。
3　2003年1月〜7月の文部科学審議官、2007年1月〜7月の文部科学審議官、2006年11月〜2007年4月の文化庁長官、2013年4月〜7月の官房政策評価審議官、2012年12月〜2013年5月の官房総務課長、2014年1月〜7月の研究振興局長である。
4　不祥事のため辞職。
5　文科省の若手職員たちの書籍によれば、これを「いわゆるダブルトラックの問題」として認識している。「特にこれが顕著にみられたのが官房の人事課と会計課でしたが、年々改善されています」（文部科学省未来研究会 2007: 235）と指摘があるが、「改善」については、おそらく人事課のことではなく会計課のことだけを指しているのだろう（注6参照）。
6　ただし、常に出身省庁別に部屋の位置と内線番号は固定されている（第6章）。
7　2001年から2003年までは会計課長に加えて総括会計官が置かれており、事実上2

人の会計課長が存在していた。その一つの傍証として総括会計官にも個室が与えられていたことをあげておきたい。会計課長が科技系であり、総括会計官が文部系であった。2004年に会計課長に文部系が初めて就いた。総括会計官ポストの廃止とともに科学技術・学術政策総括官が新設された。

8 　官房審議官の担当局の表記は多様化している。たとえば2016年では官房審議官（高大接続及び初等中等教育局担当）がいる。本章執筆時点の情報（2018年改組後）では、同（高等教育局及び高大接続担当）、同（高等教育局及び科学技術政策連携担当）、同（研究振興局及び高等教育政策連携担当）というように担当する原局に加えてもう一つの担当分野が示されることが増えているようである。

9 　官房審議官（科学技術・学術政策局担当）は2016年から新設された。かわりにそれまで置かれていた科学技術・学術政策次長が廃止された。なお座席表をみる限り、これらの二つのポストの部屋（個室）の位置は変わっていないことから、局内での位置づけは同じだと推測できる。少し想像力を働かせてみると、従来は研究三局の省内での独立性（分立制）が高かったのではないかと思われる。官房審議官とはたとえ個室が大臣官房フロアに置かれずに各原局に置かれるとしても、位置づけとしては大臣官房のスタッフの一つである。たとえば文化庁やスポーツ庁にも審議官は置かれているが、外局の審議官であるから当然のこととはいえ大臣官房審議官ではない。つまり、研究三局は文科省の設置当初から省内で独立性が高く、その筆頭局の科学技術・学術政策局は研究三局としてのとりまとめさえすればよかったのではないか。そのような考え方が象徴的に示されていたのが局次長職ではなかったのではないか。そう考えると、次長職の官房審議官への移行は職名の変更にとどまらず、省全体の調整過程に研究三局が組み込まれたことを意味するのではないか。ただし、それが旧文部省的な意味での文科省への組み込みなのか、旧科技庁が旧文部省を飲み込んだ（小が大を飲み込む）結果なのかは検討の余地がある。

10 　2人体制となったのは2005年からである。

11 　いずれも旧通産省（2007年から2012年に各1人）であった。

12 　文部省時代26代の官房長がいたが、8代目まではすべて初任の局長ポストであった。局長ポストの経験（官房長含む）は平均で1.9だった。前半13代の平均が1.5、後半13代の平均が2.3であった。他方、科技庁時代の官房長は全部で28代であり、局長経験は平均1.4であった。14代までは初任の局長ポストであり（つまり平均は1.0）、後半14代平均は1.7であった（青木2007）。

13 　科技庁時代の歴代官房長（28代）の官房三課長経験者は9名である。同様に歴代事務次官については21代のうち11人が官房三課長経験者である。直近6代は経験者（秘書課長2人、総務課長1人、会計課長3人）である（青木2007）。

14 　初任の局長ポストに就いてからの経験ポスト数（文部科学審議官含む）である。省外の局長級ポスト（例：内閣府政策統括官（科学技術政策担当））を含む。

15 最初の事例は、1990年の出雲市教育長への出向である（1991年まで）。
16 女性職員の地方自治体への出向についても検証が必要である。旧文部省で初の女性キャリア職員として1962年に採用された遠山敦子（後に小泉政権で文部科学大臣）の手記によると、「（前略）入省して8年後のキャリア公務員の異動は、通常、県へ出向し県庁か県の教育委員会で課長クラスの経験を積むケースがほとんどであった。しかし、当時はまだ女性のキャリアを地方で受け入れる環境にはなく、私の場合は総理府出向となった」という（遠山 2013）。
17 長野県では教育界に対する県民の不信感が高まったことを受け、知事が「県の教育行政に外の風を入れることが必要と判断（後略）」したとされる（戸田 2014: 246）。
18 なお、初等中等教育局は局長と2つの官房審議官ポストを文部系が独占している点が特徴的である。初等中等教育局が教育三局の中でも特別な位置を占めていることを如実に示している。
19 第一勧業銀行は1971年に旧第一銀行と旧勧業銀行が合併して誕生した。
20 出向先で改革に邁進した「成果」を単著書で披露する場合もある（金城 2017）。
21 出向者を通じて文科省が当該地方自治体の状況を知悉することは十分考えられることである。それが当該県へ出向を継続させている、いわば慣行化しているとすれば情報収集ルートとして重要となるだろう。次の証言はそのことを裏付ける。「（前略）文部科学省の行政官としてみたとき、実は長野県がどのような教育行政をしているかということはあまりよく承知していませんでした。というのも、長野県教委は、これまで文部科学省から課長などで出向を受け入れたことがなく、その実情が文部科学省内でもよく知られていなかったというのが現実でありました」（戸田編著 2014: 247-248）。
22 「政策課」が省内に五つもある（大臣官房、総合教育政策局、科学技術・学術政策局、スポーツ庁、文化庁）ことは省としての一体感が希薄であることの証左かもしれない。文部科学省の若手職員自身も統合後6年後にこのことを課題として提示していた。当時は「政策課」が省内に四つあったが、その後スポーツ庁が外局となったためそこにも置かれるようになった（文部科学省未来研究会 2007: 234）。要するに教育三局と研究三局が分立しており、それぞれの筆頭局（生涯学習政策局〈当時〉と科学技術・学術政策局）に取りまとめ局としての政策課が置かれていたわけである。となると、それぞれの家族用のミニリビングも誂えられているとみた方がいいかもしれない。

参考文献

青木栄一（2003）「文部省から地方政府への出向人事——1977年から2000年までの全825事例分析」『東京大学大学院教育学研究科教育行政学研究室紀要』22号、19-36頁。
青木栄一（2007）「機構面と人事面からみる文部科学省の大臣官房」『官房等省内調整組織の在り方に関する調査研究報告書（平成18年度）』（総務省大臣官房企画課）

30-60 頁。

青木栄一・伊藤愛莉（2018）「文部科学省から地方政府等への出向人事―2001 年から 2016 年までの全 798 事例分析」『東北大学大学院教育学研究科研究年報』66 巻 2 号、53-76 頁。

青木栄一・荻原克男（2004）「官房－原局関係からみた文部省の政策立案過程の分析」『日本教育行政学会年報』30 号、80-92 頁。

稲継裕昭（1996）『日本の官僚人事システム』東洋経済新報社。

稲継裕昭（2000）『人事・給与と地方自治』東洋経済新報社。

上田洸 (1982)『第一勧銀経営の秘密』笠倉出版社。

驛賢太郎（2013a）「官僚の専門性とキャリアパス―大蔵省を事例として」『神戸法學雜誌』63 巻 2 号、39-111 頁。

驛賢太郎（2013b）「大蔵省銀行局の人事、専門性、政策：自由化志向の機関哲学の形成と継承」『神戸法學雜誌』63 巻 3 号、27-80 頁。

驛賢太郎（2014）「財務省ならびに金融庁幹部のキャリアパス」『神戸法學雜誌』63 巻 4 号、1-45 頁。

大谷基道（2015）「自治官僚の昇進と地方出向―出世コースと出向先との関係」『NUCB journal of economics and information science』60 巻 1 号、21-38 頁。

荻原克男・青木栄一（2004）「文部省の官房機能―機構面と人事面からの分析」『教育制度学研究』11 号、144-158 頁。

金城太一（2017）『チーム鹿児島！教育改革の挑戦―風は南から』悠光堂。

曽我謙悟（2000）「環境変動と行政組織の変化―通産省を事例として」『季刊行政管理研究』89 号、35-59 頁。

曽我謙悟（2018）「『安倍一強』のデータ分析―内閣人事局は何を変えたのか」『中央公論』132 巻 6 号、50-59 頁。

辻隆夫（2009）「中央省庁再編と公務員人事」『早稲田社会科学総合研究』9 巻 3 号、53-69 頁。

遠山敦子（2013）『来し方の記―ひとすじの道を歩んで五十年』かまくら春秋社。

戸田忠雄［編著］（2014）『学校を変えれば社会が変わる―信州からの教育再生』東京書籍。

林正義・金戸伸幸（2010）「出向官僚と地方歳出―90 年代後半の地方単独事業をめぐって」『公共選択の研究』54 号、29-40 頁。

林眩廷（2014）「地方政府における障害者の就労支援政策と官僚制―出向官僚の役割の視点から」『政策科学』21 巻 2 号、67-80 頁。

藤田由紀子（2008）『公務員制度と専門性―技術系行政官の日英比較』専修大学出版局。

文部科学省未来研究会（2007）『国家百年の計―未来への先行投資のために　文部科学省若手官僚の政策提言！』ぎょうせい。

渡辺恵子（2018）『国立大学職員の人事システム―管理職への昇進と能力開発』東信堂。

英文要旨

Chapter 1

Bringing MEXT in the Context of Bureaucracy Research

Eiichi AOKI（Tohoku University）

The purpose of this chapter is to provide an outline of this book. First, we review the results of the empirical studies on bureaucracy in public administration and indicate the importance of conducting surveys on bureaucrats. Second, we point out that no survey has been conducted on the Ministry of Education, Culture, Sports, Science and Technology-Japan (MEXT) and state the significance of studying about MEXT as a subject of research into bureaucracy. Third, we summarize the survey results of all senior officers in MEXT conducted in 2016. In particular, these results indicate a lack of contact with the prime minister's office, an emphasis on the intergovernmental fiscal transfer system for local government, and difficulties in coordinating with the Ministry of Finance.

Chapter 2

How Do MEXT Bureaucrats Think and What Do They Do?: Quantitative Analysis Based on a Survey of Questionnaires

Kengo SOGA (Kyoto University)

Chapter 2 outlines various aspects of MEXT bureaucrats based on the analysis of questionnaires distributed to the bureaucrats. Comparing three waves of surveys conducted on other ministries from 1970s to 2000s, this chapter reveals the attitudes, thoughts, and behaviors of MEXT bureaucrats. These bureaucrats tend to believe that they analyze public issues from the perspective of national interests. Refusing the importance of efficiency and evaluating public policies are also representative of their attitudes. In policy-making processes, they cooperate very well with interest groups on education and LDP legislators who specialize in educational policies, the so called "Bunkyo-Zoku." On the contrary, the bureaucrats have very weak connections with prime ministers and cabinet offices. Further, their relationship with the ministry of finance is also adversarial.

Chapter 3

Analysing MEXT Bureaucrats' attitudes towards Local Government:
Policy Partners or Regulation Targets to Pursue Their Own Policy Goals?

Wataru KITAMURA (Osaka University)

This chapter analyses how senior-ranked bureaucrats of MEXT recognise, evaluate, and contact local government in pursuing social welfare-oriented policies to which they strongly adhere. In the first part, it reveals that, based on the result of MEXT bureaucrats' survey held in 2016, total 75 respondents can be classified into 4 types from a viewpoint of delivering redistributive education policies; full interventionists, decentralisationists, centralisationists, laisse-faire fundamentalists. In the second part, it illuminates similarities and differences among 4 types over their attitudes towards local government and their political behaviours such as frequency of interaction with local government. Finally, from inconsistence between their interventionistic dogma and their belittling attitudes towards local government, it can be pointed out that there might be "bitterness" against local government, among MEXT senior-ranked bureaucrats, who fully knows their policy goals can be achieved through cooperation with local government. According to their perception, local government is regarded as just a target of their regulations, not as a policy partner.

Chapter 4

Is MEXT Really a 'Third-rate Ministry'? : Rethinking the Relationships between MEXT and Other Organizations

Masatsugu ITO (Tokyo Metropolitan University)

This chapter clarifies the position of MEXT in the Japanese bureaucracy and reconsider a popular view that MEXT is a 'third-rate ministry'. For that purpose, this chapter reveals the relationships in policy-making and personnel exchange between MEXT and other organizations. Based on two case studies, which are analyses of the formulation process of the Education Promotion Basic Plan, and of the decision process to decommission the Fast Breeder Reactor Monju, it is clarified that MEXT could not secure its own interests. Therefore, it is assumed that MEXT is a 'third-rate' ministry in the policy-making process. This is consistent with the results of the survey on MEXT bureaucrats. On the other hand, the ratio of MEXT bureaucrats being transferred to other ministries is relatively high and they also actively promote personnel exchange with local governments. Therefore, MEXT is not a 'third-rate' but a multifaceted ministry on personnel relationships with other organizations.

Chapter 5

MEXT Bureaucrats and the Prime Ministerial Power in Japan

Koichi KAWAI (Kanazawa University)

Chapter 5 examines the relationship between MEXT and the Prime Minister's Official Residence. As a result of the political and governmental reforms that took place since 1990s, the political power of the core executives, centered on the Prime Minister, has been structurally increasing. Accordingly, this chapter poses two research questions.

The first question is: As the political power of the Prime Minister grows, how is its relationship with MEXT structured? This chapter analyzes the relationship between MEXT and the Prime Minister's Official Residence by using human resources data from MEXT staff who were seconded to the Prime Minister's Official Residence, and the results of a survey of MEXT staff. This analysis reveals that although MEXT is aware of increase of Prime Ministerial power, it generally does not associate with the executives centered on the Prime Minister.

The second question is: Why is the relationship between MEXT and the Prime Minister's Official Residence structured like this? To get to the bottom of this puzzle, this chapter combines the concepts of policy communities, timing, and sequence to establish hypotheses and conduct case studies.

This chapter aims to use the above analyses to gain a multi-faceted understanding of the relationship between MEXT and the Prime Minister's Official Residence.

Chapter 6

The Gap between Organization Chart and Seating Chart: Examining the Realities of Integrating Minisitries from the Viewpoint of Changing Office Space

Yosuke TEZUKA（Osaka City University）

Chapter 6 analyzes the realities of integration of ministries from the viewpoint of change of office space, because bureaucratic organization in japan often has different organization chart and actual office space. Two methods were used for that purpose: (1) considering the arrangement of each department and office within the government buildings of MEXT overall and (2) examining the layout of the seats in each office room of the Minister's Secretariat and the three research bureaus. As a result, it reveals that even if taking a department arrangement within the government office building, placement of executive offices, and placement of seats within each office room, the divided state at the former ministries has been continued approximately. On the other hand, there are sections where the section manager has been unified from early on as General Affairs Division and Budget and Accounting Division. It is suggested, however, that the tradition of "weak Minister's Secretariat" which the former Ministry of Education had in the past was reflected even after the integration rather than the result of the fusion of both former two ministries.

Chapter 7

Where Has the Former Science & Technology Agency Gone ?:
The Significance of Its Evolution from a "Comprehensive Coordinator" to a "Control Tower" of Innovation Policy

Yuichi MURAKAMI (Hokkaido University)

As part of the ministerial reshuffle in 2001, the former Science and Technology Agency (STA) was succeeded partly by the Ministry of Education, Culture, Science, and Technology (MEXT) and partly by the newly built Cabinet Office (or the Council of Science, Technology & Innovation Policy, or CSTI in short). Our survey of the executive officers of MEXT during 2016 and 2017 demonstrates that some staff who were originally appointed to the former STA recognized that recently their agency's policy had been prioritized by the government while others felt the opposite. Their agency's policy has been deprioritized as the former STA, which was established as a powerful nuclear agency and then gradually lost its authority and presence because of its repeated accidents and malfunctions. Since 2001, the former STA, which had been a bureaucratic "comprehensive coordinator" in the post-war period, has been upgraded to become a "control tower" of science, technology, and innovation policy backed by the Cabinet leadership. Other economic ministries familiar with the administration and backed by industrial pressure groups can intervene in the "control tower," and so it is losing its autonomy as a technical agency. Chapter 7 aims to compare the STA as a "comprehensive coordinator" and CSTI as a "control tower," and assess the significance of the Cabinet enhancement and the central ministerial reorganization almost twenty years ago.

Chapter 8

Two Families in One House with Living Room Shared

Eiichi AOKI（Tohoku Univrrsity）

The purpose of this chapter is to describe the reality of personnel affairs for senior officers in MEXT and personnel transfers to local government. When the former Science and Technology Agency was integrated in 2001, they had quite few personnel than the former Ministry of Education. First, the analysis of personnel affairs for senior officers in MEXT from 2001 to 2016 reveals that almost the same number of personnel from both groups had become senior officers. Second, there were 798 personnel transfers to local governments from 2001 to 2016, most of which consisted of personnel from the former Ministry of Education. The destinations have diversified, with personnel transferred not only to prefectural governments but also to municipal governments. Furthermore, not only fast-track bureaucrats but also rank-and-file bureaucrats began to be transferred.

巻末資料

文部科学省の組織図

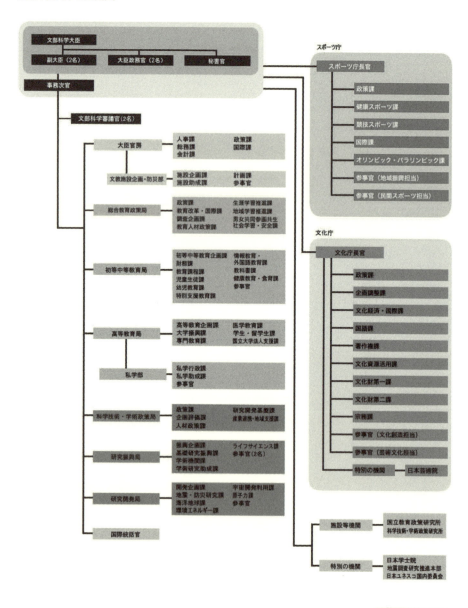

出典）文部科学省ウェブサイト「組織図・各局の紹介」より。

文部科学省の予算

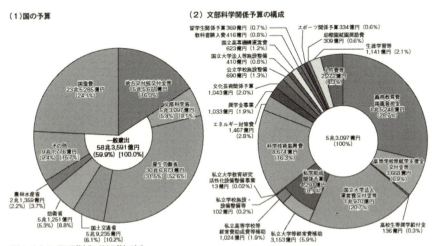

(1) 国の予算
(2) 文部科学関係予算の構成

(注) 1 ( ) は、国の予算全体に対する割合である。
   2 [ ] は、一般歳出に対する割合である。

(単位：億円)

年度	国の予算					文部科学省予算		国の予算に占める文部科学省予算の割合	
	一般会計		左のうち一般歳出		一般歳出/一般会計	予算額	増加率	文部科学省/国の一般会計	文部科学省/国の一般歳出
	予算額	増加率	予算額	増加率					
		%		%	%		%	%	%
平成14年度	812,300	△1.7	475,472	△2.3	58.5	65,798	0.02	8.1	13.8
15	817,891	0.7	475,922	0.1	58.2	63,220	△3.9	7.7	13.3
16	821,109	0.4	476,320	0.1	58.0	60,599	△4.1	7.4	12.7
17	821,829	0.1	472,829	△0.7	57.5	57,333	△5.4	7.0	12.1
18	796,860	△3.0	463,660	△1.9	58.2	51,324	△10.5	6.4	11.1
19	829,088	4.0	469,784	1.3	56.7	52,705	2.7	6.4	11.2
20	830,613	0.2	472,845	0.7	56.9	52,739	0.1	6.3	11.2
21	885,480	6.6	517,310	9.4	58.4	52,817	0.1	6.0	10.2
22	922,992	4.2	534,542	3.3	57.9	55,926	5.9	6.1	10.5
23	924,116	0.1	540,780	1.2	58.5	55,428	△0.9	6.0	10.2
24	903,339	△2.2	517,957	△4.2	57.3	54,128	△2.3	6.0	10.5
25	926,115	2.5	539,774	4.2	58.3	53,558	△1.1	5.8	9.9
26	958,823	3.5	564,697	4.6	58.9	53,627	0.1	5.6	9.5
27	963,420	0.5	573,555	1.6	59.5	53,378	△0.3	5.5	9.3
28	967,218	0.4	578,286	0.9	59.8	53,216	△0.3	5.5	9.2
29	974,547	0.8	583,591	0.9	59.9	53,097	△0.2	5.4	9.1

(注) 1 平成16年度一般会計予算額には、「NTT無利子貸付償還時補助金等（235億円）」を含む。
   2 平成17年度文部科学省予算額には、「NTT無利子貸付償還時補助金等（1,321億円）」を含む。
   3 増加率は、前年度予算額（平成27年度以降の文部科学省予算については、子ども・子育て支援新制度移行分を除いた額）に対する増加率である。
   4 国の一般歳出は、国の一般会計予算から国債費、地方交付税交付金等を除いたいわゆる政策的経費である。

出典）『文部科学白書』（平成29年度）、452頁。

◎　教育・科学技術行政調査　◎

２０１６年１０月
（調査主体）教育・科学技術行政研究会
（調査実施）一般社団法人　中央調査社

調査月日	点検者名
月　日（　）	

Q1．あなたは、日本の現状について、どう思っていらっしゃいますか。次の尺度のどのあたりが、あなたの気持に一番近いものでしょうか。

0.0	17.3	25.3	16.0	36.0	2.7	0.0	2.7
非常に満足	かなり満足	やや満足	ふつう	やや不満	かなり不満	非常に不満	無回答

Q2．あなたが、日本国民にとって、今重要であると考えておられる問題を、次の中から重要な順に3つお選びください。

	（最も重要）	（2番目に重要）	（3番目に重要）	合計
1．都市問題	4.0	0.0	1.3	5.3
2．科学技術	8.0	8.0	16.0	32.0
3．外交・安全保障	13.3	24.0	9.3	46.7
4．国際経済	0.0	2.7	0.0	2.7
5．環境・エネルギー	4.0	5.3	13.3	22.7
6．教育	32.0	24.0	13.3	69.3
7．社会福祉・医療	21.3	14.7	29.3	65.3
8．経済成長	16.0	20.0	13.3	49.3
無回答	1.3	1.3	4.0	

巻末資料 251

Q3. あなたが、日本国民にとって、今重要であると考えておられる領域（文部科学省所管分）を、下の選択肢の中から重要な順に3つお選びください。それぞれ番号でお答えください。

5.3	教育に関する基本的な法律・計画	1.3	科学技術・学術の国際活動
29.3	幼児教育・家庭教育	1.3	生命倫理・安全
62.7	小学校、中学校、高等学校	4.0	子どもの体力向上
57.3	大学・大学院、専門教育	1.3	学校体育・運動部活動
5.3	特別支援教育	0.0	国民のスポーツライフ
1.3	学校保健、学校安全、食育	1.3	障害者スポーツ
8.0	教員の免許、採用、人事、研修	0.0	競技力の向上
2.7	国際教育	1.3	スポーツの国際交流・国際協力
2.7	学校等の施設設備	1.3	スポーツ施設の整備・運営
8.0	青少年の健全育成	2.7	スポーツによる地域・経済の活性化
1.3	社会教育	0.0	スポーツ界の透明性、公平・公正性の向上
8.0	生涯学習の推進	2.7	芸術文化
2.7	地方教育行政	4.0	文化財
8.0	科学技術・学術に関する基本的政策	0.0	著作権
24.0	科学技術関係人材の育成・確保	2.7	国際文化交流・国際貢献
8.0	分野別の研究開発	1.3	国語施策・日本語教育
13.3	研究費、研究開発評価	0.0	宗教法人と宗務行政
12.0	研究環境・基盤整備、研究拠点形成	0.0	美術館・歴史博物館
14.7	産学官連携、地域科学技術振興		

Q4. 現代において、政府は経済の上でより大きな役割を演じるべきだという意見があります。他方、経済は民間部門(Private Sector)に委ねるべきだともいわれます。あなたはどういうお考えでしょうか。次の中からお選びください。

17.3　政府はもっと大きな役割を果たすべきだ
56.0　今くらいでよい
26.7　もっと民間に委ねるべきだ

Q5. 良い政策が行われる条件を、次の中から重要な順に2つお選びください。

	(最も重要)	(2番目に重要)	合計
1. 立法機関（国会）が行政（官）のとるべき方向を明確に示すとき	34.7	30.7	65.3
2. 一定の広いガイドラインの中で、行政官が決定を行う裁量権をもつとき	28.0	18.7	46.7
3. 行政官が、決定によって影響をうける団体の意見を聞くとき	13.3	13.3	26.7
4. 行政官が、外部の専門的知見を考慮するとき	22.7	36.0	58.7
無回答	1.3	1.3	

Q6. 行政の役割としては、次のようなものがあげられます。あなたは、今の行政が、一番時間を使って行っているのは、次のうちのどれだと思われますか。次の中から1つだけお選びください。

29.3　社会の利害や意見の対立を調整すること
26.7　重要な問題について調査・分析し、政治的決定のための基礎作業をすること
18.7　社会の構造や制度を望ましい方向に変えていくこと
24.0　国会や政党の意見を政策の立案や実施に反映させること
 1.3　その他（具体的に　　　　　　　　　　　　　　　　　）

Q7. 一般的にいって、官僚の影響力は、近い将来において増大すると思われますか。それとも減少すると思われますか。次の尺度のどのあたりかお選びください。

0.0	4.0	34.7	57.3	4.0
非常に増大	少し増大	現在の程度	少し減少	非常に減少

巻末資料 253

Q8. 次にあげる人、組織、団体との接触の頻度を、次の尺度の中から1つお選びください。
現ポストについてお答えください。ただし、着任直後の場合、
この1年間で最も長く経験した国家公務員としてのポストについてお答えください。
(「2 ほとんどない」～「6 頻繁に」と回答された項目について、それぞれ右のSQをお答えください。)
SQ. その際、こちらから働きかける方が多いですか、先方から働きかけてくる方が多いですか。

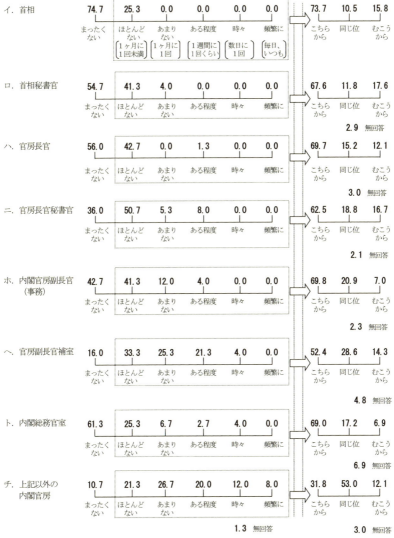

(Q8続き)

	まったくない	ほとんどない	あまりない	ある程度	時々	頻繁に		こちらから	同じ位	むこうから	
リ．内閣府（内閣官房は除きます。）	10.7	14.7	28.0	21.3	13.3	12.0		14.9	65.7	17.9	1.5 無回答
ヌ．あなたの省の大臣	0.0	9.3	20.0	24.0	30.7	16.0		82.7	17.3	0.0	
ル．あなたの省の副大臣	0.0	10.7	30.7	26.7	22.7	9.3		81.3	18.7	0.0	
ヲ．あなたの省の政務官	0.0	10.7	29.3	30.7	20.0	9.3		81.3	18.7	0.0	
ワ．あなたの省の事務次官	1.3	14.7	32.0	16.0	30.7	5.3		77.0	21.6	0.0	1.4 無回答
カ．あなたの省の省名審議官	4.0	9.3	25.3	22.7	30.7	8.0		70.8	26.4	1.4	1.4 無回答
ヨ．所属局の局長（外局の次長を含みます。）	1.3	1.3	1.3	8.0	28.0	60.0		59.5	40.5	0.0	

省名審議官は、同一府省内の他の省名審議官についてお答えください。

局長・外局の次長は、省内の他の局長・外局の次長についてお答えください。
事務次官・省名審議官は、省内の全ての局長、外局の次長についてお答えください。

巻末資料 255

(Q8続き)

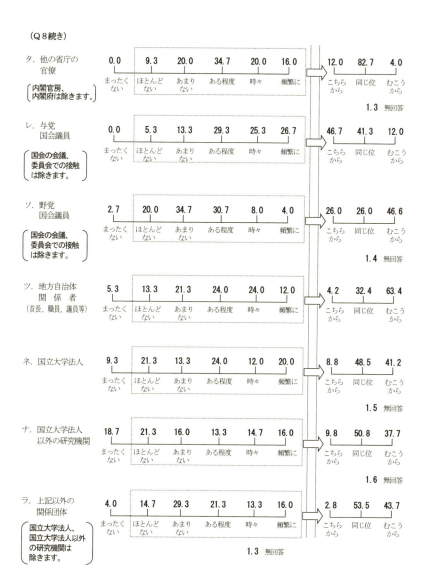

Q9. 法案の作成や改定において、あなたが1番時間を使っている事柄は何でしょうか。
次の中から、時間を使っている順に2つお選びください。
現ポストについてお答えください。ただし、着任直後の場合、
この1年間で最も長く経験した国家公務員としてのポストについてお答えください。

	（1番時間を使うもの）↓	（2番目）↓	合計
1．新規事業のアイディア提供	12.0	5.3	17.3
2．他の府省との調整	17.3	13.3	30.7
3．省内の他部局との調整	9.3	10.7	20.0
4．政治家との調整	22.7	22.7	45.3
5．各種団体との調整	2.7	16.0	18.7
6．部下の活動に指示を与えて作業をまとめること	14.7	12.0	26.7
7．その他（具体的に）	1.3	0.0	1.3
無回答	20.0	20.0	

Q10．予算過程を考えた場合、あなたは、与党とはどの程度相談・協力をしておられますか。
それぞれについて、次の尺度のどのあたりかお選びください。
現ポストについてお答えください。ただし、着任直後の場合、
この1年間で最も長く経験した国家公務員としてのポストについてお答えください。

	非常に	かなり	ある程度	あまりない	ない	無回答
イ．課レベルでの要求素案	6.7	8.0	18.7	36.0	24.0	6.7
ロ．局レベルでの要求素案	8.0	17.3	28.0	21.3	21.3	4.0
ハ．省レベルでの概算要求案の決定	12.0	22.7	29.3	16.0	17.3	2.7
ニ．財務省の原案内示までの折衝	12.0	14.7	34.7	17.3	18.7	2.7
ホ．復活要求	13.3	10.7	18.7	20.0	32.0	5.3

Q11. 今後、地方でのあなたの省での行政を進める上で、次の財源はどの程度重要だと思われますか。
それぞれの財源について、あなたのご意見に近いものを1つお選びください。

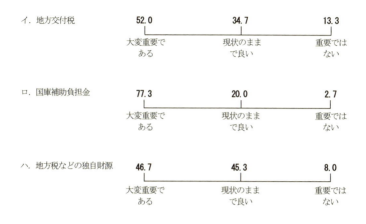

Q12. あなたは、あなたの省と地方自治体との関係が、これから密接になっていくと思いますか、逆に密接でなくなると思いますか。次の尺度のどのあたりかお選びください。

Q13. 地方自治体の仕事ぶりについて、肯定的な評価と否定的な評価があるように思われます。あなたは、総合的にみて、地方自治体をどのように評価しておられますか。次の尺度のどのあたりかお選びください。

Q14. あなたの省の政策を決定する場合に、どの国の事情を参照していると思いますか。
次の中から、参照していると思われる順に2つお選びください。

	(最も参照している)↓	(2番目)↓	合計
1. アメリカ	70.7	14.7	85.3
2. イギリス	24.0	28.0	52.0
3. ドイツ	1.3	20.0	21.3
4. フランス	0.0	14.7	14.7
5. 韓国	0.0	8.0	8.0
6. その他(具体的に)	2.7	10.7	13.3
無回答	1.3	4.0	

Q15. 一般的にいって、行政が議員と議会外で接触することには、利点と弊害が言われていますが、まず、どのような利点があると思われますか。次の中から、あなたが、利点があると思われる順に2つお選びください。

	(最も利点がある)↓	(2番目)↓	合計
1. 行政の決定や主張に正当(統)性を与える	5.3	12.0	17.3
2. 複雑な利害の調整に役立つ	13.3	17.3	30.7
3. 必要な情報を得ることができる	13.3	24.0	37.3
4. 政策に対する反対を緩和させることができる	1.3	18.7	20.0
5. 政策の趣旨を説明し、協力を求めることができる	66.7	25.3	92.0
6. その他(具体的に)	0.0	1.3	1.3
無回答	0.0	1.3	

Q16. 行政が議員と議会外で接触することには、どのような弊害があると思われますか。
次の中から、あなたが、弊害があると思われる順に2つお選びください。

	(最も弊害がある)	(2番目)	合計
1. 行政が断片的になり、長期的な視野を欠くようになる危険がある	18.7	18.7	37.3
2. 行政は自律性を失い、議員に従属するようになる	26.7	18.7	45.3
3. 情報が外部に漏れる	8.0	18.7	26.7
4. 行政が公平を欠くようになる	32.0	24.0	56.0
5. 時間の浪費になる	4.0	5.3	9.3
6. その他(具体的に)	2.7	0.0	2.7
無回答	8.0	14.7	

Q17. あなたは、国会における審議は、どの程度政策形成に影響を与える力をもっていると思われますか。
次の中から、該当するものを1つお選びください。

- 1.3 実質的にほぼ国会の審議で決まる
- 80.0 国会における審議は政策形成にかなり影響を及ぼす
- 8.0 国会における審議は政策形成にあまり影響を及ぼさない
- 6.7 国会における審議は政策形成にほとんど影響を及ぼさない
- 4.0 その他(具体的に   )

Q18. あなたは、わが国のように複雑な社会において、さまざまな団体の活動は、国民の要求やニーズを政治に反映させるために必要であると思われますか。次の尺度のどのあたりかお選びください。

33.3	62.7	4.0	0.0
大いに必要	やや必要	あまり必要でない	ほとんど必要でない

Q19. 行政が関係団体と接触することには、利点と弊害が言われていますが、まず、どのような利点があると思われますか。次の中から、あなたが、利点があると思われる順に2つお選びください。

	(最も利点がある)	(2番目)	合計
1. 行政の決定や主張に正当(統)性を与える	2.7	9.3	12.0
2. 複雑な利害の調整に役立つ	21.3	29.3	50.7
3. 必要な情報を得ることができる	46.7	22.7	69.3
4. 政策に対する反対を緩和させることができる	1.3	5.3	6.7
5. 政策の趣旨を説明し、協力を求めることができる	28.0	30.7	58.7
6. その他(具体的に)	0.0	1.3	1.3
無回答	0.0	1.3	

Q20. 行政が関係団体と接触することには、どのような弊害があると思われますか。
次の中から、あなたが、弊害があると思われる順に2つお選びください。

	(最も弊害がある)	(2番目)	合計
1. 行政が断片的になり、長期的な視野を欠くようになる危険がある	20.0	17.3	37.3
2. 行政は自律性を失い、関係団体に従属するようになる	10.7	14.7	25.3
3. 情報が外部に漏れる	17.3	20.0	37.3
4. 行政が公平を欠くようになる	37.3	26.7	64.0
5. 時間の浪費になる	1.3	4.0	5.3
6. その他（具体的に）	4.0	0.0	4.0
無回答	9.3	17.3	

Q21. あなたが、様々な意志決定をする上で最終的に相談する最上位の相手の割合（比率）はどの程度でしょうか。すべての意志決定を想定し、すべての選択肢の合計が10になるように各選択肢に0から10までの数字を整数でお答えください。ご自身限りの判断も含めてお答えください。
また、現ポストについてお答えください。ただし、着任直後の場合、この1年間で最も長く経験した国家公務員としてのポストについてお答えください。

1)	大臣	2.3
2)	副大臣	0.4
3)	政務官	0.2
4)	事務次官	0.5
5)	省名審議官	0.6
6)	局長	3.4
7)	審議官	0.9
8)	課長	1.6
	合計	10

Q22. 現在、あなたの省の政策形成や執行について、理解と協力が得やすいのは、次のうちどれでしょうか。
あなたが、理解と協力が得やすいと思われる順に4つお選びください。
現ポストについてお答えください。ただし、着任直後の場合、
この1年間で最も長く経験した国家公務員としてのポストについてお答えください。

	(1位)	(2位)	(3位)	(4位)	合計
1．首相	0.0	1.3	0.0	2.7	4.0
2．経済財政諮問会議	0.0	1.3	0.0	0.0	1.3
3．総合科学技術・イノベーション会議	9.3	1.3	4.0	9.3	24.0
4．産業競争力会議	0.0	1.3	0.0	1.3	2.7
5．中央防災会議	0.0	0.0	1.3	0.0	1.3
6．男女共同参画会議	0.0	0.0	0.0	0.0	0.0
7．国家戦略特別区域諮問会議	0.0	0.0	0.0	0.0	0.0
8．財務省	0.0	2.7	5.3	0.0	8.0
9．経済産業省	1.3	1.3	2.7	0.0	5.3
10．他の府省	4.0	5.3	6.7	4.0	20.0
11．与党首脳（三役等）	0.0	1.3	0.0	0.0	1.3
12．与党政調会	5.3	4.0	5.3	1.3	16.0
13．与党「族」議員	24.0	24.0	16.0	10.7	74.7
14．その他与党	2.7	5.3	5.3	16.0	29.3
15．野党	0.0	0.0	0.0	1.3	1.3
16．野党「族」議員	0.0	0.0	1.3	5.3	6.7
17．国会委員会	0.0	1.3	0.0	1.3	2.7
18．審議会、諮問委員会等	25.3	21.3	14.7	10.7	72.0
19．関連団体	21.3	20.0	14.7	16.0	72.0
20．マスメディア	2.7	5.3	14.7	5.3	28.0
21．その他（具体的に）	2.7	0.0	2.7	1.3	6.7
無回答	1.3	2.7	5.3	13.3	

Q23. 現在、あなたの省の政策形成や執行について、次のどことの調整が一般的にいって困難でしょうか。
あなたが、困難だと思われる順に4つお選びください。
現ポストについてお答えください。ただし、着任直後の場合、
この1年間で最も長く経験した国家公務員としてのポストについてお答えください。

	（1位）	（2位）	（3位）	（4位）	合計
1. 首相	4.0	0.0	2.7	1.3	8.0
2. 経済財政諮問会議	0.0	12.0	6.7	5.3	24.0
3. 総合科学技術・イノベーション会議	0.0	2.7	0.0	2.7	5.3
4. 産業競争力会議	0.0	1.3	1.3	5.3	8.0
5. 中央防災会議	0.0	0.0	0.0	0.0	0.0
6. 男女共同参画会議	0.0	0.0	0.0	0.0	0.0
7. 国家戦略特別区域諮問会議	1.3	1.3	2.7	0.0	5.3
8. 財務省	45.3	13.3	8.0	8.0	74.7
9. 経済産業省	4.0	0.0	5.3	4.0	13.3
10. 他の府省	2.7	5.3	13.3	4.0	25.3
11. 与党首脳（三役等）	0.0	0.0	2.7	0.0	2.7
12. 与党政調会	2.7	0.0	0.0	1.3	4.0
13. 与党「族」議員	8.0	8.0	5.3	1.3	22.7
14. その他与党	2.7	1.3	5.3	6.7	16.0
15. 野党	16.0	22.7	10.7	9.3	58.7
16. 野党「族」議員	2.7	6.7	4.0	4.0	17.3
17. 国会委員会	1.3	1.3	5.3	6.7	14.7
18. 審議会、諮問委員会等	0.0	2.7	2.7	2.7	8.0
19. 関連団体	1.3	6.7	6.7	9.3	24.0
20. マスメディア	1.3	5.3	6.7	10.7	24.0
21. その他（具体的に）	4.0	1.3	0.0	0.0	5.3
無回答	2.7	8.0	10.7	17.3	

巻末資料　263

Q24. 現在、あなたの省の政策形成や執行について、省外で影響力をもつのはどれでしょうか。
あなたが、影響力をもつと思われる順に4つお選びください。
現ポストについてお答えください。ただし、着任直後の場合、
この1年間で最も長く経験した国家公務員としてのポストについてお答えください。

	（1位）	（2位）	（3位）	（4位）	合計
1. 首相	37.3	4.0	2.7	0.0	44.0
2. 経済財政諮問会議	2.7	2.7	2.7	4.0	12.0
3. 総合科学技術・イノベーション会議	4.0	8.0	5.3	2.7	20.0
4. 産業競争力会議	1.3	1.3	4.0	4.0	10.7
5. 中央防災会議	0.0	1.3	0.0	1.3	2.7
6. 男女共同参画会議	0.0	1.3	0.0	0.0	1.3
7. 国家戦略特別区域諮問会議	0.0	0.0	0.0	0.0	0.0
8. 財務省	9.3	25.3	14.7	14.7	64.0
9. 経済産業省	1.3	0.0	2.7	2.7	6.7
10. 他の府省	2.7	0.0	1.3	5.3	9.3
11. 与党首脳（三役等）	0.0	14.7	1.3	4.0	20.0
12. 与党政調会	2.7	10.7	12.0	1.3	26.7
13. 与党「族」議員	30.7	13.3	18.7	9.3	72.0
14. その他与党	0.0	8.0	1.3	2.7	12.0
15. 野党	0.0	0.0	0.0	1.3	1.3
16. 野党「族」議員	0.0	1.3	0.0	1.3	2.7
17. 国会委員会	0.0	1.3	4.0	4.0	9.3
18. 審議会、諮問委員会等	1.3	0.0	8.0	14.7	24.0
19. 関連団体	1.3	4.0	8.0	8.0	21.3
20. マスメディア	1.3	0.0	10.7	10.7	22.7
21. その他（具体的に）	4.0	1.3	0.0	0.0	5.3
無回答	0.0	1.3	2.7	8.0	

Q25. 現代の日本において、国の政策を決める場合に、最も力をもっているのは、次の中のどれだと思われますか。次の中から、あなたが、力をもっていると思われる順に3つお選びください。

	（最も力があるもの）↓	（2番目）↓	（3番目）↓	合計
1. 政党	78.7	17.3	2.7	98.7
2. 行政官僚	8.0	46.7	22.7	77.3
3. 裁判所	1.3	0.0	0.0	1.3
4. 財界・大企業	4.0	9.3	25.3	38.7
5. 労働組合	0.0	0.0	1.3	1.3
6. 農業団体、医師会等の利益団体	0.0	4.0	14.7	18.7
7. マスメディア（新聞、テレビ等）	1.3	20.0	25.3	46.7
8. 学者・知識人	0.0	1.3	6.7	8.0
9. 宗教団体	0.0	0.0	0.0	0.0
10. 市民運動・住民運動等	0.0	0.0	0.0	0.0
11. その他（具体的に	6.7	0.0	0.0	6.7
無回答	0.0	1.3	1.3	

Q26. あなたは、府省が持っている行政的裁量の範囲は、現在よりも増大した方が望ましいと思われますか。それとも減少した方が望ましいと思われますか。次の中から1つお選びください。

  28.0　増大した方が望ましい
  60.0　現状が望ましい
  10.7　減少した方が望ましい
   1.3　その他（具体的に　　　　　　　　　　　　　　　　）

Q27. あなたは、許認可事務や行政指導といったような、高度の判断を必要とするような裁量的な行政決定を行う場合、あなたは主として何を基準としておられますか。次の中から1つお選びください。

   1.3　自分の専門分野の知識・情報
  41.3　社会における利害のバランス
  46.7　国益
   0.0　関係団体との協調
   4.0　先例・類似例
   5.3　その他（具体的に　　　　　　　　　　　　　）　1.3　無回答

Q28. 審議会の果たしている役割として、次のような事項をあげることができると思いますが、あなたが、これらの中で最も重要であると思われるものを1つお選びください。

  53.3　専門的意見、情報や新しいアイディアを与える
  10.7　政策や行政の決定に権威を与えている
   8.0　種々の団体や社会の利害や意見の対立を調整する
  25.3　政策や行政決定がより公正になる
   2.7　その他（具体的に　　　　　　　　　　　　　　　）

Q29. 次にいろいろな意見を挙げてあります。それぞれについて賛成と思われますか、反対と思われますか、あなたのお考えに最も近いものを1つお選びください。

イ．"政府を評価する基準としては政策の効率性が最も重要である" という意見がありますが、どう思われますか。

賛成	どちらかといえば賛成	どちらかといえば反対	反対
1.3	34.7	50.7	13.3

ロ．"行政においては能率よりも調整の方が大切である" という意見がありますが、どう思われますか。

賛成	どちらかといえば賛成	どちらかといえば反対	反対	無回答
5.3	57.3	33.3	1.3	2.7

ハ．"官僚はしばしば、問題を、全体の立場からでなく、自分の属している機関の観点から考える傾向がある" という意見がありますが、どう思われますか。

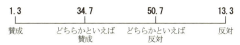

賛成	どちらかといえば賛成	どちらかといえば反対	反対
5.3	53.3	34.7	6.7

ニ．"事務事業の内容の効率は測定不能である" という意見がありますが、どう思われますか。

賛成	どちらかといえば賛成	どちらかといえば反対	反対
9.3	37.3	44.0	9.3

ホ．"政府の主要な課題は、国民間の所得格差是正だ" という意見がありますが、どう思われますか。

賛成	どちらかといえば賛成	どちらかといえば反対	反対
4.0	45.3	38.7	12.0

ヘ．"経済社会に対する国家の関与は、少なければ少ないほどよい" という意見がありますが、どう思われますか。

賛成	どちらかといえば賛成	どちらかといえば反対	反対
4.0	30.7	54.7	10.7

ト．"行政事務事業の評価を合理的に行うためには、政治の介入はさけられねばならない" という意見がありますが、どう思われますか。

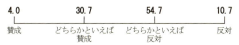

賛成	どちらかといえば賛成	どちらかといえば反対	反対	無回答
8.0	49.3	30.7	10.7	1.3

(Q29続き)

チ．"各省（庁）の政策形成には関係団体との協力が不可欠だ"という意見がありますが、どう思われますか。

賛成	どちらかといえば賛成	どちらかといえば反対	反対
20.0	74.7	4.0	1.3

リ．"国全体をリードする少数のエリートはいつも必要だ"という意見がありますが、どう思われますか。

賛成	どちらかといえば賛成	どちらかといえば反対	反対
6.7	64.0	21.3	8.0

ヌ．"政府の主要な課題は、地域間格差の是正だ"という意見がありますが、どう思われますか。

賛成	どちらかといえば賛成	どちらかといえば反対	反対
10.7	58.7	24.0	6.7

ル．"政策評価は政策の質を高める"という意見がありますが、どう思われますか。

賛成	どちらかといえば賛成	どちらかといえば反対	反対
8.0	53.3	30.7	8.0

Q30．次に、市民参加についておたずねします。あなたは、今よりも、市民参加が増えた方がよいと思いますか。減った方がよいと思いますか。次の尺度の中からお選びください。

今よりずっと増えた方がよい	今より少し増えた方がよい	今ぐらいでよい	今より少し減った方がよい	今よりずっと減った方がよい	無回答
9.3	42.7	40.0	5.3	1.3	1.3

Q31．あなたが入省（庁）された際の省（庁）はどちらですか。

58.7　文部省　　32.0　科学技術庁　　9.3　その他（具体的に　　　　　　）
→（18ページのQ33へ）

（Q31で「文部省」か「科学技術庁」と回答された方のみお答えください。）

Q32．あなたは、2001年の省庁再編前と比べて、文部科学省（旧文部省、旧科学技術庁）の政策の位置づけは、政府全体の政策優先順位の中でどう変化したと思われますか。次の尺度の中からお選びください。

かなり上昇した	ある程度上昇した	あまり変わらない	ある程度低下した	かなり低下した
8.8	50.0	23.5	13.2	4.4

ここから、あなたご自身のことについておたずねします。
いずれも分析に欠かせない項目ですのでよろしくご協力をお願いいたします。

(全員の方に)
Q33. 何年にお生まれですか。

19 ☐☐ 年　(昭和 ☐☐ 年)

Q34. 何県でお生まれになりましたか。

5.3	北海道	5.3	神奈川	5.3	大阪	1.3	福岡
1.3	青森	0.0	新潟	5.3	兵庫	0.0	佐賀
0.0	岩手	1.3	富山	0.0	奈良	0.0	長崎
2.7	宮城	0.0	石川	0.0	和歌山	0.0	熊本
0.0	秋田	1.3	福井	1.3	鳥取	1.3	大分
0.0	山形	1.3	山梨	0.0	島根	0.0	宮崎
4.0	福島	2.7	長野	1.3	岡山	2.7	鹿児島
0.0	茨城	0.0	岐阜	1.3	広島	0.0	沖縄
0.0	栃木	4.0	静岡	2.7	山口	1.3	外国
1.3	群馬	2.7	愛知	2.7	徳島		
1.3	埼玉	1.3	三重	1.3	香川		
6.7	千葉	0.0	滋賀	0.0	愛媛		
25.3	東京	4.0	京都	0.0	高知		

Q35. あなたは15歳の頃、どこに住んでおられましたか。

5.3	北海道	9.3	神奈川	4.0	大阪	1.3	福岡
1.3	青森	0.0	新潟	6.7	兵庫	0.0	佐賀
0.0	岩手	2.7	富山	0.0	奈良	0.0	長崎
4.0	宮城	1.3	石川	0.0	和歌山	0.0	熊本
0.0	秋田	1.3	福井	1.3	鳥取	1.3	大分
0.0	山形	1.3	山梨	0.0	島根	0.0	宮崎
0.0	福島	1.3	長野	2.7	岡山	2.7	鹿児島
0.0	茨城	0.0	岐阜	2.7	広島	0.0	沖縄
0.0	栃木	2.7	静岡	0.0	山口	0.0	外国
1.3	群馬	5.3	愛知	2.7	徳島		
6.7	埼玉	1.3	三重	1.3	香川		
6.7	千葉	0.0	滋賀	0.0	愛媛		
17.3	東京	4.0	京都	0.0	高知		

Q36. a. あなたが入省直前に卒業された学校は次のどちらですか。

　　　　26.7 大学院　　**73.3** 大学　　**0.0** 高等学校　　**0.0** その他（具体的に　　　　　　）

　　b. では、その時の研究科・学部・学科をお聞かせください。
　　　（大学院の場合は研究科、大学の場合は学部、高校の場合は学科をお聞かせください。）

Q37. 入省（庁）後、通信制なども含めて、学校に通われた経験はありますか。

　　　　21.3 ある　　　　　　　　**78.7** ない　　━━━▶　（Q39へ）

（Q37で「ある」と回答された方のみお答えください。）

Q38. a. 入省（庁）後に、あなたが最終的に卒業された学校は次のどちらですか。

　　　　87.5 大学院　　**6.3** 大学　　**0.0** 高等学校　　**6.3** その他（具体的に　　　　　　）

　　b. では、その時の研究科・学部・学科をお聞かせください。
　　　（大学院の場合は研究科、大学の場合は学部、高校の場合は学科をお聞かせください。）

（全員の方に）

Q39. あなたが、合格し、採用された国家公務員試験の名称をお聞かせください。
　　　例　国家公務員採用Ｉ種試験　国家公務員採用Ⅱ種試験　など

Q40. あなたが、合格し、採用された国家公務員試験の試験区分をお聞かせください。
　　　例　行政　法律　など

長い時間ご協力いただき、誠にありがとうございました。

事項索引

英字

Civil Service People Survey……………14
CSTI（Council for Science, Technology, and Innovation）（「総合科学技術・イノベーション会議」の項を参照）
CSTP（Council of Science, and Technology Policy）（「総合科学技術会議」の項を参照）
Federal Employee Viewpoint Survey……………14
JAXA……………190, 191, 215
JST……………215
NASDA……………188, 190
SIP……………188, 189, 197
STAC……………175, 176

ア行

天下り斡旋問題……………11
イデオローグ……………9
イノベーション……………196
宇宙開発事業団（NASDAの項を参照）
宇宙基本法……………190
宇宙航空研究開発機構（JAXAの項を参照）
大部屋主義……………136, 164
オーラルヒストリー……………15

カ行

下位政府……………113, 114
介入主義（アプローチ）……………58
海洋基本計画……………188
海洋基本法……………188
科学技術……………24
科学技術会議（科技会議）……………177-179, 185, 193, 194, 203, 204
科学技術・学術政策局（科技・学術政策局）……………170, 200, 202
科学技術振興調整費（科振費）……………177, 179, 180, 183
科技基本計画……………185, 191, 195, 202
科技基本法……………175, 178, 183, 184, 191, 194
科技行政協議会……………175
科技庁……………230
格差是正志向……………56
学術会議（日本学術会議の項を参照）
官庁
　「鎖国型」――……………85, 93
　三流――……………7, 75-77, 82, 94
　「植民地型」――……………85
　「宗主国型」――……………85, 87, 88, 95
　「多民族国家型」――……………84, 91, 93
官邸……………98, 108, 109, 112-114, 116-118, 120-122, 124, 127, 128
官邸主導……………33
官房会計課……………142, 154
官房三課長……………220
官房人事課……………10, 146
官房人事参事官……………220
官房総務課……………145
官房長……………145, 220, 223
官房長官……………33
官房副長官補室（内閣官房副長官補室の項を参照）

官僚
　——サーベイ･････････････････････････5
　——主導･･･････････････････････････27
　——制研究･････････････････････････4
　キャリア——･････････････････46, 212
　「国土型」——･･･････････････････62
　「古典型」——･･･････････････62, 72
　「調整型」——･･･････････････61, 72
　「超然型」——･･･････････････62, 72
　「吏員型」——･･･････････････62, 72
技官･････････････････45, 49, 176, 203-206
機関哲学･･･････････････････････････15
技術系･･･････････････････････････213
基本法･････････････････････････184, 203
義務教育費国庫負担金････････････････7
キャリア（キャリア官僚の項を参照）
キャリアパス･･････････････････････16, 212
教育･････････････････････････････････24
教育行政学･･････････････････････････8, 9
教育三局････････････････････････････221
教育振興基本計画････････････････77-80
教育政策共同体････････････････117, 121-123
行政学･････････････････････････････4
行政裁量･････････････････････････173
グループ別人事管理･･･････････････83
経済財政諮問会議････････････････193, 195
経済同友会･････････････････････177, 195
経産省･････････････････････････････40
経団連･･････････････････････177, 195, 196
研究開発局････････････････････････170
研究三局･･････････････････････････221
原局･･････････････････････････････221
原子力官庁････････････････････174, 186, 205
原子力基本法･････････････････････206
原子力局･･･････････････････････177, 186
高等教育局････････････････････170, 171
効率性･･････････････････････25, 44, 46
国益･･････････････････････････････28, 45
国立研究開発法人････････････････162

国立大学法人化･･･････････････････212
国会連絡室････････････････････････146
国庫補助負担金･････････････････66, 73

サ行

サーベイ･･････････････168, 172, 174, 204
再分配･････････････････････････････25
財務省･････････････････････13, 33, 40, 45
産業競争力会議････････････････････196
三位一体の改革･････････････････････55
市町村教育委員会･･････････････････225
事務系････････････････････････････213
事務次官･･････････････････144, 216, 223
社会調査･･････････････････････････6
集権主義（アプローチ）･･･････････58
重要政策に関する会議････････････174, 193
重力レンズ･････････････････････････8
首相･･････････････････････････････33
出向人事････････････････16, 215, 224, 230
生涯学習政策局････････････････････170
小官房制･････････････････････････164
初等中等教育局･･･････････････････170
司令塔･･････････174, 175, 180, 195, 196, 200, 201,
　　　　　　　　　　　　　　　204, 205
審議会･････････････････････13, 30, 163
人事慣行･････････････････････211, 217
スポーツ庁････････････････････････222
政策共同体･･････････114-116, 118, 124, 126-128
研究振興局････････････････････････170
政策統括官････････････････169, 187, 200, 201
政策評価審議官････････････････････144
政府間関係･････････････････････････12
セクショナリズム（割拠主義）･･･････76
接触頻度･･････････････････････････12
戦略的イノベ創造プログラム････････196
総括審議官････････････････････････144
総合科学技術・イノベーション会議････168, 169,
　　　　　　　　　185, 194, 200-202, 204, 205
総合科学技術会議･･････145, 161, 174, 180, 185,

　　　　　　　　　　　　　　193-197, 204
総合調整……174, 177, 178, 180, 194, 195, 204, 205
族議員…………… 13, 33, 110-112, 116, 117, 120

タ行

大学共同利用機関法人………………………162
第 5 福竜丸事件………………………………177
大臣官房…………………………138, 141, 210
大臣官房審議官………………………………137
タイミング……………………………116, 128
タイムユーズサーベイ…………………………11
「たすき掛け」人事………………… 214, 229
団体……………………………………… 27, 33
地方教育行政……………………………………9
地方交付税………………………………65, 72
地方分権一括法………………………………227
中央省庁再編…………………………………136
中央調査社………………………………………10
適材適所………………………………………217
統合省庁…………………………………16, 210
都道府県教育委員会…………………………225

ナ行

内閣官房………………… 98-100, 103-105, 224
内閣官房副長官補室………… 100, 102, 103, 105, 108, 109, 111, 112
内閣機能強化……………………………174, 193
内閣総務官室…… 100, 102, 103, 105, 108, 109, 112
日本学術会議（学術会議）……… 175-178, 183, 195, 198
日本再興戦略：JAPAN is BACK………… 196
ノンキャリア…………………………………213

ハ行

配列………………………………………16, 128
非キャリア……………………………………226
副長……………………………… 145, 147, 155
文教族……………………… 98, 114-117, 121-128
分権主義（アプローチ）………………………58
部屋割り………………………………………137
放任主義（アプローチ）………………………58
法令審議室……………………………………146

マ行

身内意識…………………………………………93
もんじゅ……………………………… 77, 80, 81
文部科学審議官（文科審）…………144, 216
文部省……………………………………………6

ヤ行

与党「族」議員（族議員の項を参照）

ラ行

臨時教育審議会…………………………………59
連絡室参事官……………………… 118-120, 127

事項索引　271

人名索引

ア行

安倍晋三 ……………………………… 125
池田亀三郎 …………………………… 176, 177
池田正之輔 …………………………… 178
小川正人 ……………………………… 10
尾身幸次 ……………………………… 183

カ行

茅誠司 ………………………………… 175
河村建夫 ……………………………… 190
小泉純一郎 …………………………… 193

サ行

斎藤憲三 ……………………………… 177
嵯峨根遼吉 …………………………… 175
笹川堯 ………………………………… 193
下村博文 ……………………………… 125, 126
正力松太郎 …………………………… 177

タ行

竹中平蔵 ……………………………… 193

田宮博 ………………………………… 175

ナ行

中曽根康弘 …………………………… 177

ハ行

橋本龍太郎 …………………………… 183
藤田宙靖 ……………………………… 192
ポール・ピアソン ……………………… 116
保利耕輔 ……………………………… 121, 122

マ行

前田正男 ……………………………… 176, 177
町村信孝 ……………………………… 193
松前重義 ……………………………… 176, 177
村松岐夫 ……………………………… 4, 20
森喜朗 ………………………………… 117, 121, 122

ラ行

レオナード・ショッパ ………………… 113

編者・執筆者紹介

青木栄一（あおき・えいいち）……………………………編者、はじめに、第 1 章、第 8 章
東北大学大学院教育学研究科・准教授（教育行政学）
1973 年　千葉県生まれ
2002 年　東京大学大学院教育学研究科修了、博士（教育学）
主要著作
『復旧・復興へ向かう地域と学校』（編著、東洋経済新報社、2015 年）、『地方分権と教育行政―少人数学級編制の政策過程―』（2013 年、勁草書房）、『教育行政の政府間関係』（2004 年、多賀出版）。

曽我謙悟（そが・けんご）………………………………………………………………第 2 章
京都大学大学院法学研究科・教授（行政学）
1971 年　兵庫県生まれ
1994 年　東京大学法学部卒業
主要著作
『日本の地方政府』（中公新書、2019 年）、『現代日本の官僚制』（東京大学出版会、2016 年）、『行政学』（有斐閣、2013 年）。

北村　亘（きたむら・わたる）……………………………………………………………第 3 章
大阪大学大学院法学研究科・教授（行政学）
1970 年　京都府生まれ
1998 年　京都大学大学院法学研究科博士後期課程修了、京都大学博士（法学）
主要著作
『地方自治論』（共著、有斐閣ストゥディア、2017 年）、『政令指定都市』（中公新書、2013 年）、『地方財政の行政学的分析』（有斐閣、2009 年）。

伊藤正次（いとう・まさつぐ）……………………………………………………………第 4 章
首都大学東京大学院法学政治学研究科・教授（行政学・都市行政論）
1972 年　東京都生まれ
2001 年　東京大学大学院法学政治学研究科政治専攻博士課程修了、博士（法学）
主要著作
『多機関連携の行政学』（編著、有斐閣、2019 年）、『はじめての行政学』（共著、有斐閣ストゥディア、2016 年）、『日本型行政委員会制度の形成』（東京大学出版会、2003 年）。

河合晃一（かわい・こういち）………………………………………………………………第 5 章
　金沢大学人間社会研究域法学系・准教授（行政学）
　1984 年　大阪府生まれ
　2014 年　早稲田大学大学院公共経営研究科博士後期課程研究指導終了退学
　2017 年　博士（公共経営）を早稲田大学より取得
　主要著作
　『政治権力と行政組織』（勁草書房、2019 年）、『現代日本の公務員人事』（共編著、第一法規、2019 年）、『東日本大震災大規模調査から読み解く災害対応』（共著、第一法規、2018 年）。

手塚洋輔（てづか・ようすけ）………………………………………………………………第 6 章
　大阪市立大学大学院法学研究科・教授（行政学）
　1977 年　東京都生まれ
　2004 年　東北大学大学院法学研究科博士課程退学
　2008 年　博士（学術）（東京大学）
　主要著作
　『はじめての行政学』（共著、有斐閣ストゥディア、2016 年）、『戦後行政の構造とディレンマ』（藤原書店、2010 年）。

村上裕一（むらかみ・ゆういち）………………………………………………………………第 7 章
　北海道大学大学院法学研究科・法学部・准教授（行政学）
　1981 年　愛媛県生まれ
　2012 年　東京大学大学院法学政治学研究科博士課程修了、博士（法学）
　主要著作
　『技術基準と官僚制―変容する規制空間の中で』（岩波書店、2016 年）、『地方創生を超えて―これからの地域政策』（共編著、岩波書店、2018 年）。

文部科学省の解剖　　　　　　　　　　　　　　　　　　　　〔検印省略〕

2019 年 3 月 30 日　初　版　第 1 刷発行　　　　　＊定価はカバーに表示してあります。
2019 年 10 月 30 日　初　版　第 2 刷発行

編著者 ⓒ 青木栄一　　発行者　下田勝司　　　　　印刷・製本／中央精版印刷株式会社

東京都文京区向丘 1-20-6　郵便振替 00110-6-37828　　　　　　発　行　所
〒 113-0023　TEL 03-3818-5521（代）　FAX 03-3818-5514　　株式会社 東信堂

Published by TOSHINDO PUBLISHING CO., LTD.
1-20-6, Mukougaoka, Bunkyo-ku, Tokyo, 113-0023 Japan
E-Mail：tk203444@fsinet.or.jp　http://www.toshindo-pub.com

ISBN978-4-7989-1553-1　C3037　ⓒAoki Eiichi

東信堂

大学の組織とガバナンス―高等教育研究論集第1巻	羽田貴史	三五〇〇円
検証 国立大学法人化と大学の責任―その制定過程と大学自立への構想	田中弘允・佐藤博明・田原博人 著	三七〇〇円
文部科学省の解剖	青木栄一編著	三三〇〇円
国立大学職員の人事システム―管理職への昇進と能力開発	渡辺恵子	四二〇〇円
国立大学法人の形成	大崎仁	二六〇〇円
国立大学・法人化の行方―自立と格差のはざまで	天野郁夫	三六〇〇円
教育と比較の眼	江原武一	二六〇〇円
大学は社会の希望か―大学改革の実態からその先を読む	江原武一	二六〇〇円
大学の管理運営改革―日本の行方と諸外国の動向	江原武一・杉本均編著	三六〇〇円
大学経営・政策入門	東京大学 大学経営・政策コース編	二四〇〇円
大学経営とマネジメント	新藤豊久	二五〇〇円
大学戦略経営の核心	篠田道夫	二四〇〇円
戦略経営論	篠田道夫	三六〇〇円
戦略経営Ⅲ大学事例集	篠田道夫	三六〇〇円
大学戦略経営論―中長期計画の実質化によるマネジメント改革	篠田道夫	三四〇〇円
カレッジ(アン)バウンド―米国高等教育の現状と近未来のパノラマ	J・J・セリンゴ著 船守美穂訳	三四〇〇円
米国高等教育の拡大する個人寄付	福井文威	四七〇〇円
大学の財政と経営	丸山文裕	四二〇〇円
私立大学マネジメント	(社)私立大学連盟編	三四〇〇円
私立大学の経営と拡大・再編―一九八〇年代後半以降の動態	両角亜希子	三六〇〇円
大学教学マネジメントの自律的構築	関西国際大学編	二八〇〇円
主体的学びへの大学創造二〇年史	濱名篤	二四〇〇円
大学におけるライティング支援―どのように〈書く〉力を伸ばすか	関西大学ライティングラボ・津田塾大学ライティングセンター編	二四〇〇円
グローバルに問われる日本の大学教育成果	加藤真紀	二八〇〇円
学修成果への挑戦―地方大学からの教育改革	喜始照宣著	三二〇〇円
大学再生への具体像〔第二版〕	潮木守一	二四〇〇円
転換期を読み解く―大学とは何か 時評・書評集	潮木守一	二六〇〇円
リベラル・アーツの源泉を訪ねて	潮木守一	二八〇〇円
大学教育の思想―学士課程教育のデザイン	絹川正吉	二八〇〇円
「大学の死」、そして復活	絹川正吉	三二〇〇円
大学教育の在り方を問う	絹川正吉	二八〇〇円
北大 教養教育のすべて―エクセレンスの共有を目指して	山田宣夫 小笠原正明・安藤厚編著 細川敏幸	二三〇〇円 二四〇〇円

〒113-0023 東京都文京区向丘1-20-6 TEL 03-3818-5521 FAX 03-3818-5514 振替 00110-6-37828
Email tk203444@fsinet.or.jp URL:http://www.toshindo-pub.com/

※定価：表示価格（本体）＋税

東信堂

いま、教育と教育学を問い直す——教育哲学は何を究明し、何を展望するか	森田尚人・松浦良充 編著	三三〇〇円
教育的関係の解釈学	坂越正樹 監修	三二〇〇円
教員養成を哲学する——教育哲学に何ができるか	下林泰政・山名淳・古屋恵太 編著	四二〇〇円
大学教育の臨床的研究	田中毎実	二八〇〇円
臨床的人間形成論の構築——臨床的人間形成論第1部	田中毎実	三六〇〇円
人格形成概念の誕生——近代アメリカの教育概念史——臨床的人間形成論第2部	田中智志	三八〇〇円
社会性概念の構築——アメリカ進歩主義教育の概念史	田中智志	三五〇〇円
空間と時間の教育史——アメリカの学校建築と授業時間割からみる	宮本健市郎	三九〇〇円
アメリカ進歩主義教授理論の形成過程——教育における個性尊重は何を意味してきたか	宮本健市郎	七〇〇〇円
ネオリベラル期教育の思想と構造——書き換えられた教育の原理	福田誠治	六二〇〇円
マナーと作法の社会学	加野芳正 編著	二四〇〇円
マナーと作法の人間学	矢野智司 編著	二〇〇〇円
学びを支える活動へ——存在論の深みから	田中智志 編著	二〇〇〇円
グローバルな学びへ——協同と刷新の教育	田中智志 編著	二〇〇〇円
子どもが生きられる空間——生・経験・意味生成	高橋勝	二四〇〇円
流動する生の自己生成——教育人間学の視界	高橋勝	二四〇〇円
子ども・若者の自己形成空間——教育人間学の視線から	高橋勝 編著	二七〇〇円
文化変容のなかの子ども——経験・他者・関係性	高橋勝	二三〇〇円
アメリカ 間違いがまかり通っている時代	D.ラヴィッチ著 末藤美津子訳	三八〇〇円
教育による社会的正義の実現——アメリカの挑戦 (1945-1980)	末藤美津子著	五六〇〇円
公立学校の企業型改革への批判と解決法	D.ラヴィッチ著 末藤美津子訳	六四〇〇円
学校改革抗争の100年——20世紀アメリカ教育史	D.ラヴィッチ著 末藤・宮本・佐藤訳	四六〇〇円
アメリカ公立学校の社会史——コモンスクールからNCLB法まで	小川佳万W.J.リース著 浅沼茂監訳	〈近刊〉
〔コメニウスセレクション〕		
地上の迷宮と心の楽園	J.コメニウス著 藤田輝夫訳	三六〇〇円
パンパイデイア——生涯にわたる教育の改善	J.コメニウス著 太田光一訳	五八〇〇円
覚醒から光へ：学問、宗教、政治の改善	J.コメニウス著 太田光一訳	四六〇〇円

〒113-0023 東京都文京区向丘1-20-6　TEL 03-3818-5521　FAX 03-3818-5514　振替 00110-6-37828
Email tk203444@fsinet.or.jp　URL:http://www.toshindo-pub.com/
※定価：表示価格（本体）＋税

東信堂

放送大学に学んで——未来を拓く学びの軌跡	放送大学中国・四国ブロック学習センター編	二〇〇〇円
ソーシャルキャピタルと生涯学習	J・フィールド 矢野裕俊監訳	二五〇〇円
NPOの公共性と生涯学習のガバナンス	高橋満	二八〇〇円
コミュニティワークの教育的実践	高橋満	二〇〇〇円
学級規模と指導方法の社会学——実態と教育効果	山崎博敏	三二〇〇円
高等専修学校における適応と進路——後期中等教育のセーフティネット	伊藤秀樹	四六〇〇円
「夢追い」型進路形成の功罪——高校改革の社会学	荒川葉	二八〇〇円
進路形成に対する「在り方生き方指導」の功罪——高校進路指導の社会学	望月由起	三六〇〇円
教育から職業へのトランジション——若者の就労と進路職業選択の社会学	山内乾史編著	二六〇〇円
学力格差拡大の社会学的研究——小中学生への追跡的学力調査結果が示すもの	中西啓喜	二四〇〇円
教育と不平等の社会理論——再生産論をこえて	小内透	三二〇〇円
マナーと作法の社会学	加野芳正編著	二四〇〇円
マナーと作法の人間学	矢野智司編著	二〇〇〇円
拡大する社会格差に挑む教育	西村和雄・大森不二雄・木村拓也編	二四〇〇円
混迷する評価の時代——教育評価を根底から問う	西村和雄・大森不二雄・倉元直樹・木村拓也編	二四〇〇円
教育における評価とモラル	西村和雄・倉元直樹・木村拓也編	二〇〇〇円
〈シリーズ 日本の教育を問いなおす〉《大転換期と教育社会構造：地域社会変革の学習社会論的考察》	西村和雄編	
第1巻 教育社会史——日本とイタリアと	小林甫	七八〇〇円
第2巻 現代的教養I——生活者生涯学習の展開	小林甫	六八〇〇円
第2巻 現代的教養II——技術者生涯学習の生成と展望	小林甫	六八〇〇円
第3巻 学習力変革——地域自治と社会構築	小林甫	近刊
第4巻 社会共生力——東アジアと成人学習	小林甫	近刊

〒113-0023 東京都文京区向丘1-20-6
TEL 03-3818-5521　FAX 03-3818-5514　振替 00110-6-37828
Email tk203444@fsinet.or.jp　URL:http://www.toshindo-pub.com/

※定価：表示価格（本体）＋税

東信堂

溝上慎一監修 アクティブラーニング・シリーズ（全7巻）

① アクティブラーニングの技法・授業デザイン　安永悟 編　一六〇〇円
② アクティブラーニングとしてのPBLと探究的な学習　水野正朗 編　一八〇〇円
③ アクティブラーニングの評価　石井英真 編　一六〇〇円
④ 高等学校におけるアクティブラーニング：理論編（改訂版）　溝上慎一 編　一六〇〇円
⑤ 高等学校におけるアクティブラーニング：事例編　溝上慎一 編　二〇〇〇円
⑥ アクティブラーニングをどう始めるか　成田秀夫 編　一六〇〇円
⑦ 失敗事例から学ぶ大学でのアクティブラーニング　亀倉正彦　一六〇〇円

学びと成長の講話シリーズ

① アクティブラーニング型授業の基本形と生徒の身体性　溝上慎一　一六〇〇円
② 学習とパーソナリティ——「あの子はおとなしいけど成績はいいんですよね…」をどう見るか　溝上慎一　一八〇〇円

大学生白書2018
——今の大学教育では学生を変えられない　溝上慎一　二八〇〇円

アクティブラーニングと教授学習パラダイムの転換　溝上慎一　三八〇〇円

グローバル社会における日本の大学教育
——全国大学調査からみえてきた現状と課題　河合塾 編著　三二〇〇円

大学のアクティブラーニング
——経済系・工学系の全国大学調査からみえてきたこと　河合塾 編著　二〇〇〇円

アクティブラーニングでなぜ学生が成長するのか
——全国大学の学科調査報告とカリキュラム設計の課題　河合塾 編著　二八〇〇円

「深い学び」につながるアクティブラーニング
——全国大学調査から　河合塾 編著　二八〇〇円

「学び」の質を保証するアクティブラーニング
——3年間の全国大学調査から　河合塾 編著　二〇〇〇円

附属新潟中式「3つの重点」を生かした確かな学びを促す授業
——教科独自の眼鏡を育むことが「主体的・対話的で深い学び」の鍵となる！　新潟大学教育学部附属新潟中学校 編著　二〇〇〇円

社会に通用する持続可能なアクティブラーニング
——ICEモデルが日本の大学と社会をつなぐ　土持ゲーリー法一　二五〇〇円

ポートフォリオが日本の大学を変える
——ティーチング／ラーニング／アカデミック・ポートフォリオの活用　土持ゲーリー法一　二五〇〇円

ティーチング・ポートフォリオ——授業改善の秘訣　土持ゲーリー法一　二〇〇〇円

ラーニング・ポートフォリオ——学習改善の秘訣　土持ゲーリー法一　二五〇〇円

〒113-0023　東京都文京区向丘1-20-6　TEL 03-3818-5521　FAX 03-3818-5514　振替 00110-6-37828
Email tk203444@fsinet.or.jp　URL:http://www.toshindo-pub.com/

※定価：表示価格（本体）＋税

東信堂

国際法新講〔上〕〔下〕	田畑茂二郎	〔上〕二九〇〇円 〔下〕二七〇〇円
ベーシック条約集［二〇一九年版］	編集代表 薬師寺・坂元・浅田	二六〇〇円
ハンディ条約集［第2版］	編集代表 薬師寺・坂元・浅田	一五〇〇円
国際環境条約・資料集［第2版］	編集代表 松井・富岡・田中・薬師寺	八六〇〇円
国際人権条約・宣言集［第3版］	編集代表 松井・薬師寺・徳川	三八〇〇円
国際機構条約・資料集［第2版］	編集代表 香西・安藤・小畑・桐山	三三〇〇円
判例国際法［第3版］	編集代表 浅田・酒井	三八〇〇円
日中戦後賠償と国際法	浅田正彦	五二〇〇円
国際法［第4版］	浅田正彦編著	二九〇〇円
国際環境法の基本原則	松井芳郎	三八〇〇円
講義 国際経済法	柳赫秀編著	四六〇〇円
国連の金融制裁—法と実務	吉村祥子編著	三三〇〇円
新版 国際商取引法	高桑昭	三六〇〇円
国際民事訴訟法・国際私法論集	高桑昭	六五〇〇円
21世紀の国際法と海洋法の課題	編集 松井・富岡・薬師寺・桐山・西村	七八〇〇円
国際海洋法の現代的形成	田中則夫	六八〇〇円
国際海峡	坂元茂樹	四六〇〇円
条約法の理論と実際	坂元茂樹編著	四二〇〇円
北極国際法秩序の展望—科学・環境・海洋	稲垣治・柴田明穂編著	五八〇〇円
北極海のガバナンス	奥脇直也・城山英明編著	三六〇〇円
国際立法—国際法の法源論	村瀬信也	六八〇〇円
小田滋・回想の海洋法	小田滋	六八〇〇円
小田滋・回想の法学研究	小田滋	七六〇〇円
国際法と共に歩んだ六〇年—学者として裁判官として	小田滋	四八〇〇円
21世紀の国際法秩序—ポスト・ウェストファリアの展望	R・フォーク／川崎孝子訳	六八〇〇円
国際法から世界を見る—市民のための国際法入門［第3版］	松井芳郎	三八〇〇円
国際法／はじめて学ぶ人のための〔新訂版〕	大沼保昭	三六〇〇円
国際規範としての人権法と人道法	篠原梓	三三〇〇円
戦争と国際人道法—赤十字の歴史とあゆみ	井上忠男	二四〇〇円
人道研究ジャーナル5・6・7・8号	日本赤十字国際人道研究センター編	各二八〇〇円
核兵器のない世界へ—理想への現実的アプローチ	黒澤満	二三〇〇円
軍縮問題入門［第4版］	黒澤満編著	二五〇〇円

〒113-0023 東京都文京区向丘1-20-6
TEL 03-3818-5521 FAX 03-3818-5514 振替 00110-6-37828
Email tk203444@fsinet.or.jp URL:http://www.toshindo-pub.com/

※定価：表示価格（本体）＋税

東信堂

オックスフォード キリスト教美術・建築事典	P&L.マレー著 中森義宗監訳	三〇〇〇〇円
イタリア・ルネサンス事典	J・R・ヘイル編 中森義宗・清水忠ほか訳	七八〇〇円
美術史の辞典	中森義宗・P.デューロ訳	三六〇〇円
涙と眼の文化史――中世ヨーロッパの標章と恋愛思想	徳井淑子	三五〇〇円
青を着る人びと	伊藤亜紀	三六〇〇円
社会表象としての服飾――近代フランスにおける異性装の研究	新實五穂	
バロックの魅力	河田悌一	一八〇〇円
新版 ジャクソン・ポロック	藤枝晃雄	五四〇〇円
西洋児童美術教育の思想――ドローイングは豊かな感性と創造性を育むか？	荻江田野厚佳生編著	二八〇〇円
ロジャー・フライの批評理論――知性と感受性の間で	小穴晶子編	二六〇〇円
レオノール・フィニ――境界を侵犯する新しい種	要真理子監訳 前田茂監訳	三六〇〇円
美を究め美に遊ぶ――芸術と社会のあわい	要真理子	四二〇〇円
日本人画工 牧野義雄――平治ロンドン日記	ますこひろしげ	
書に想い 時代を讀む	尾形希和子	二八〇〇円

〔世界美術双書〕

バルビゾン派	井出洋一郎	二三〇〇円
キリスト教シンボル図典	中森義宗	二三〇〇円
パルテノンとギリシア陶器	関隆志	二三〇〇円
中国の版画――唐代から清代まで	小林宏光	二三〇〇円
象徴主義――モダニズムへの警鐘	中村隆夫	二三〇〇円
中国の仏教美術――後漢代から元代まで	久野美樹	二三〇〇円
セザンヌとその時代	浅野春男	二三〇〇円
日本の南画	武田光一	二三〇〇円
画家とふるさと	小林忠	二三〇〇円
ドイツの国民記念碑――一八一三年	大原まゆみ	二三〇〇円
日本・アジア美術探索	永井信一	二三〇〇円
インド、チョーラ朝の美術	袋井由布子	二三〇〇円
古代ギリシアのブロンズ彫刻	羽田康一	二三〇〇円

〒113-0023 東京都文京区向丘1-20-6　TEL 03-3818-5521　FAX 03-3818-5514　振替 00110-6-37828
Email tk203444@fsinet.or.jp　URL:http://www.toshindo-pub.com/

※定価：表示価格（本体）＋税

東信堂

倫理学と法学の架橋——ファインバーグ論文選	J・ファインバーグ 著／嶋津・飯田編監訳	六八〇〇円
責任という原理——科学技術文明のための倫理学の試み〔新装版〕	H・ヨナス 著／加藤尚武監訳	四八〇〇円
主観性の復権——『心身問題』から『責任という原理』へ	H・ヨナス 著／宇佐美・滝口訳	二〇〇〇円
ハンス・ヨナス「回想記」	H・ヨナス 著／盛永・木下・馬渕・山本訳	四八〇〇円
生命の神聖性説批判	H・クーゼ 著／飯田・石川・小野谷・片桐・水野訳	四六〇〇円
生命科学とバイオセキュリティ——デュアルユース・ジレンマとその対応	四ノ宮成祥・河原直人編著	二四〇〇円
医学の歴史	今井道夫監訳／石渡隆司訳	四六〇〇円
安楽死法：ベネルクス3国の比較と資料	盛永審一郎監修	二七〇〇円
生命学の問い——生命倫理学と死生学の間で	丸祐一・小野谷・片桐・水野訳	一二〇〇円
死生学入門——小さな死・性・ユマニチュード	加奈恵・飯田亘之訳	一二〇〇円
バイオエシックスの展望	松坂昭宏編著	三三〇〇円
死の質——エンド・オブ・ライフケア世界ランキング	大林雅之	一二〇〇円
生命の淵——バイオシックスの歴史・哲学・課題	大林雅之	二〇〇〇円
今問い直す脳死と臓器移植〔第2版〕	澤田愛子	三二〇〇円
キリスト教から見た生命と死の医療倫理	浜口吉隆	二三八一円
動物実験の生命倫理——個体倫理から分子倫理へ	大上泰弘	四〇〇〇円
医療・看護倫理の要点	水野俊誠	二〇〇〇円
テクノシステム時代の人間の責任と良心	H・レンク 著／山本・盛永訳	三五〇〇円
原子力と倫理——原子力時代の自己理解	H・リット 著／小笠原・野平編訳	一八〇〇円
科学の公的責任——科学者と私たちに問われていること	Th・リット 著／小笠原・野平編訳	一八〇〇円
歴史と責任——科学者は歴史にどう責任をとるか	Th・リット 著／小笠原・野平編訳	一八〇〇円
カンデライオ（ジョルダーノ・ブルーノ著作集）より	加藤守通訳	三二〇〇円
原因・原理・一者について	加藤守通訳	三二〇〇円
傲れる野獣の追放	加藤守通訳	四八〇〇円
英雄的狂気	加藤守通訳	三六〇〇円
ロバのカバラ——ジョルダーノ・ブルーノにおける文学と哲学	N・オルディネ 著／加藤守通訳	三六〇〇円

〒113-0023 東京都文京区向丘1-20-6　TEL 03-3818-5521　FAX 03-3818-5514　振替 00110-6-37828
Email tk203444@fsinet.or.jp　URL: http://www.toshindo-pub.com/

※定価：表示価格（本体）＋税